छत पर मैराथन 38 सालों से पत्रकारिता की दौड़ में कुछ मील के पत्थर, कुछ स्पीड ब्रेकर, विकल्पों के दोराहे, अनिर्णय के चौराहे और लाल-पीली हरी बत्तियों के अनुशासन के बीच अन्दर के पत्रकार को बचाये रखने का सीधा-सच्चा दस्तावेज़ है। जो कवर किया, जो आँखों देखा, जो कानों सुना उसे वैसे-का-वैसा लिख दिया है। पिछले 38 सालों में अख़बारों ने आधुनिक छपाई देखी है। न्यूज़ चैनलों में हर पाँचवें साल तकनीक अपग्रेड होती चली गयी है। डिजिटल मीडिया में तो सारा खेल ही एल्गोरिदम, लाइक, सब्सक्राइब और शेयर का है। लेकिन तब एक स्टोरी होती थी, कहानी कहने की कला होती थी। आज क्या हमारे समय का पत्रकार दिल पर हाथ रख कर कह सकता है कि कहानी की तलाश में वही जोश है, वही जुनून है? उस समय की स्टोरी में फील्ड रिपोर्टिंग बहुत होती थी। आज 'लैपटॉप जर्नलिज़्म' हो रहा है। टीवी न्यूज़ चैनलों में घण्टों की बहस के नाम पर 'लेजी जर्नलिज़्म' (आलसी पत्रकारिता) हो रहा है। पहले स्टोरी ख़ुद ही नैरेटिव बनाती थी। अब स्टूडियो नैरेटिव बना रहे हैं या यूँ कहा जाये कि इस भ्रम में हैं। *छत पर मैराथन* इस फर्राटा दौड़ को समझने की कोशिश है। ऐसा भी नहीं है कि हर कोई इस अन्धी दौड़ में शामिल है। पत्रकारिता प्रशिक्षण संस्थानों में जाना होता रहता है। विद्यार्थी कठिन सवाल पूछते हैं। पत्रकारिता की नयी पीढ़ी में अकुलाहट और बेचैनी दिखाई देती है जो आश्वस्त करती है। उधर हमारे समय के साठ पार पत्रकारों में से कुछ का कहना है कि पत्रकारिता की तो दरअसल मौत हो चुकी है। तो क्या छत के एक कोने में जाकर मौत का मातम मनाया जाये या छत पर मैराथन का अभ्यास किया जाये?

वैसे 38 साल की भाग-दौड़ बेहद रोमांचक रही है। 1987 से 2014 के बीच तो इतना कुछ घटा कि कभी फुर्सत ही नहीं मिली। बोफोर्स कांड, राजीव गांधी की हत्या, कमण्डल के बीच मण्डल, आर्थिक सुधार, कारगिल, गुजरात दंगा, बीजेपी की पहली वाजपेयी सरकार, राहुल गांधी और नरेन्द्र मोदी की दस्तक और कोरोना। 2014 के बाद नयी तरह की राजनीति है, ओटीटी है, स्मार्टफोन हैं आदि-आदि है पर पत्रकारिता में कुछ तो है जो पीछे छूट गया लगता है। इस मैराथन में पत्रकारिता जैसे हाँफने लगी है। ऐसे में नये फेफड़ों की ज़रूरत महसूस होती है। ग़ालिब याद आते हैं :

ऐसा आसां नहीं लहू रोना,
दिल में ताक़त, जिगर में हाल कहाँ।
फ़िक्रे दुनिया में सर खपाता हूँ
मैं कहाँ और ये बवाल कहाँ।

छत पर मैराथन

विजय विद्रोही

वाणी प्रकाशन

प्रकाशन के उत्कृष्टतम 63 वर्ष

vaniprakashan.com

पेपरबैक पहला संस्करण : 2026

वाणी प्रकाशन

4695, 21-ए, दरियागंज, नयी दिल्ली-110 002

फ़ोन : + 91 11 23273167, 23275710

शाखाएँ

अशोक राजपथ, पटना-800 004, बिहार

कॉफ़ी हाउस कैम्पस, महात्मा गांधी मार्ग, प्रयागराज-211 001, उत्तर प्रदेश

महात्मा गांधी अन्तरराष्ट्रीय हिन्दी विश्वविद्यालय, वर्धा-442 001, महाराष्ट्र

sales@vaniprakashan.in

vaniprakashan@gmail.com

Chhat Par Mairathan

by Vijay Vidrohi

ISBN : 978-93-6944-814-2

Journalism

मूल्य : ₹ 350

आर. टेक ऑफ़सेट, दिल्ली-110 032 में मुद्रित

वाणी प्रकाशन का लोगो मक़बूल फ़िदा हुसैन की कूची से

अनुक्रम

मेरी तरफ़ से

ग़ालिब का शेर है–

ले के ख़त मुँह देखता है नामावर
कुछ तो पैगाम ए ज़बानी और है।

जो कहना था किताब में लिख चुका लेकिन फिर भी कुछ छूटा-सा लगता है। पत्रकारिता का सुनहरा दौर जो देख चुका हो, जिसने बुरा दौर भी झेला हो और मौजूदा समय में नक़्क़ारख़ाने में तूती हो, उस शख़्स के अनुभवों को बाँट रहा हूँ। ज़िद है कि नक़्क़ारखाने में तूती बजती रहे क्योंकि तूती नगाड़ा पत्रकारिता की लय को तोड़ती है। तूती इसलिए भी बजती रहनी चाहिए क्योंकि नगाड़ा पत्रकारिता को तूती आईना दिखाती रहती है। तूती इसलिए भी बजती रहनी चाहिए क्योंकि तूती कभी-कभी ही सही लेकिन नगाड़े को शर्मिन्दा करती रहती है। कुछ लोगों का कहना है कि 2014 के बाद नगाड़ा पत्रकारिता का उद्भव हुआ। लेकिन मैं तो पत्रकारिता में 1987 से हूँ और पहले भी नगाड़ा पत्रकारिता देख चुका हूँ। फ़र्क़ इतना है कि 2014 से पहले इतनी बेशर्मी नहीं थी। पहले तूती बजती थी तो नगाड़ा कुछ समय के लिए बन्द हो जाता था लेकिन अब तूती के बजने के साथ ही नगाड़े एक तयशुदा रिदम में बजने लगते हैं। एक साथ सैकड़ों नगाड़े बजने लगते हैं। कुल मिलाकर पहले नगाड़ा पत्रकारिता में तूती पत्रकारिता की भी मेन स्ट्रीम मीडिया में जगह थी। लेकिन अब तूती पत्रकारिता को मेन स्ट्रीम मीडिया से क़रीब-क़रीब बेदख़ल कर दिया गया है। तूती पत्रकारिता अब डिजीटल प्लेटफ़ार्म पर ही नज़र आती है। वहाँ भी नगाड़े पहुँचे हुए हैं लेकिन दर्शकों के एक वर्ग को तूती पसन्द आ रही है। यह राहत की बात है।

1989 का लोकसभा चुनाव सबसे पहले कवर किया था। तब जयपुर दूरदर्शन में आकस्मिक प्रस्तुति सहायक के रूप में काम करता था। आसान शब्दों में कहा जाये तो दिहाड़ी पर प्रोडेक्शन एसिस्टेंट। तब जयपुर और नज़दीक के दौसा

लोकसभा क्षेत्र में जाना हुआ था। तब मतपेटियों में मत डाले जाते थे। मैंने पहली बार अपनी आँखों से मतपेटियों को लुटते देखा, मतपेटियों में आग लगाते लोग देखे और मतदान केन्द्रों के बाहर पहरा देते लोग देखे जो एक जाति विशेष के वोटरों को धमकाने में लगे थे। कैमरामैन ने शूट किया लेकिन कुछ भी प्रसारित नहीं हुआ। सरकार नहीं चाहती थी कि चुनाव में गड़बड़ी का सन्देश समाज में जाये। तब से 2024 तक के सभी लोकसभा चुनाव कवर कर चुका हूँ। पूरे देश में घूम-घूम कर अलग-अलग राज्यों में विधानसभा चुनाव भी कवर किये हैं। अब ईवीएम आ गयी हैं। अब मशीनें लूटी नहीं जाती। अलबत्ता गड़बड़ी के आरोप अब भी विपक्ष लगाता रहता है। चुनाव लड़ने का तरीक़ा बदला है और चुनाव कवर करने का सलीका भी बदला है। पुस्तक में ऐसी ही कुछ घटनाओं का विस्तार से वर्णन किया गया है। कई बार बहुत कुछ मनोरंजक घट जाता है, कई बार टैक्सी ड्राइवर पते की बात बता देते हैं, कई बार यूँ ही चलते-चलते कोई आम आदमी देसी कहावत सुनाकर चुनाव नतीजे का जैसे ऐलान ही कर देता है। कुल मिलाकर चुनाव कवर करने के अपने अलग मज़े हैं, अलग मिज़ाज है और अलग अनुभव हैं।

पत्रकारिता में हर स्टोरी सिफ़ स्टोरी नहीं होती। कभी-कभी कोई स्टोरी आपको छू जाती है। जिन्दग़ी का मक़सद सामने रख देती है। आप उस स्टोरी का फॉलोअप करना नहीं भूलते और स्टोरी भी आपको भूलने नहीं देती। ऐसा ही कुछ सूचना के अधिकार से जुड़ी स्टोरी के साथ हुआ। मैगासेसे अवार्ड से सम्मानित आईएएस की नौकरी छोड़ ठेठ गाँव में रह कर अरुणा रॉय ने अस्सी के दशक में मज़दूर किसान शक्ति संगठन बनाया। राजसमन्द ज़िले (उस समय उदयपुर ज़िला) की भीम तहसील के देवडूंगरी गाँव में। अरुणा राय ने गाँवों में पंचायत के कामों का हिसाब किताब सामने लाने के लिए जन सुनवाई का दौर शुरू किया था। कभी कभार कुछ अख़बारों के अन्दर के पन्नों पर छपता था जिसे मैं कभी कभार देख लिया करता था। धीरे-धीरे उत्सुकता हुई तो पता लगाया। बात 1994 की है जब मैं जवाजा (देवडूंगरी के पास) की जन सुनवाई की रिपोर्टिंग करने गया। उस समय मैं 'नवभारत टाइम्स' में रिपोर्टर हुआ करता था। जन सुनवाई में जिस तरह से घोटालों की पोल खोली गयी और गाँववालों के सामने ही सरपंच से लेकर तहसीलदार और पानी बिजली विभाग के इंजीनियरों से लेकर ठेकेदारों को बेनकाब किया गया वह सब हिला देने वाला था। उसके बाद से लगातार अगले दस सालों तक रिपोर्टिंग करता रहा। सूचना के अधिकार के लिए अरुणा राय आगे बढ़ती रही और मेरे जैसे कुछ पत्रकार साथ

देते रहे। आज तक में आने के बाद भी सिलसिला रुका नहीं। कुल मिलाकर अरुणा राय के साथ रिश्ता-सा बन गया। हम कभी ब्यावर की जनसुनवाई में मिलते तो कभी जयपुर में सचिवालय के बाहर धरने पर। किताब में मैंने पूरा एक अध्याय सूचना के अधिकार को समर्पित किया है।

कभी-कभी अचानक ही कोई दिलचस्प ख़बर हाथ लग जाती है। उदयपुर तो किसी अन्य स्टोरी के लिए जाना हुआ था लेकिन हाथ लग गयी लपकों की दिल को छूने वाली स्टोरी। दरअसल हम चेतक सर्किल के कुछ स्टाक शॉट्स ले रहे थे। तभी देखा कि एक नौजवान घोड़े की तरह आवाज़ें निकाल रहा है और आसपास लोग हँस रहे हैं। कैमरामैन शॉट्स लेने लगा और मैंने लोगों से बात की। पता चला कि महाराणा प्रताप के घोड़े चेतक के नाम पर बने चेतक सर्किल पर आवाज़ें निकाल रहा नौजवान लपका है। लपके वही जो विदेशी सैलानियों को घुमाने के साथ-साथ शॉपिंग कराते हैं। तो उस नौजवान को एक विदेशी बाला से प्यार हो गया। बाला उदयपुर घूमने के बाद अपने देश फ्रांस वापस चली गयी यह वायदा करके कि फ़रवरी में एयर टिकट भेजेगी। फ़रवरी आ गयी लेकिन एयर टिकट नहीं आया। लपका प्यार में बावला तो पहले से ही था, टिकट नहीं आने पर और ज़्यादा बावला हो गया। ऐसी दो अन्य कहानियाँ आगे जाकर हाथ लगीं।

कोरोना का भयानक दौर ख़त्म हो चुका है लेकिन यादें बाक़ी हैं। जिस रात बारह बजे से पूरे देश में लॉक डाउन लगा था, उसी रात मैं दिल्ली से जयपुर अपने घर पहुँचा था। अगले चौदह दिनों तक घर की छत पर बने कमरे में काटे। मुझे कोरोना नहीं हुआ था लेकिन अपनी तरफ़ से चौदह दिनों की घरबन्दी के दौर से गुज़रा। यह एक तरह से ख़ुद की रिपोर्टिंग करने जैसा था। चौदह दिनों में क्या-क्या महसूस किया, पड़ोसियों के साथ सम्बन्ध सुधारे, छत पर दौड़ लगायी यह अपने आप में नये तरह के अनुभव थे। दिन रात कोरोना से जुड़ी ख़बरें देखने और पढ़ने से एक बार तो दिल इस क़द्र दहला कि ईसीजी कराने अस्पताल तक जाना पड़ा। वहाँ डॉक्टर दोस्त ने दूध में हल्दी डालकर पीने और कोरोना की ख़बरों से कुछ दिन दूर रहने का सलाह दी। किताब में यह सारे अनुभव दर्ज़ किये हैं। चलते-चलते कुछ बात ग़ज़लों कविताओं की हो जाये। रिपोर्टिंग में तो बहुत बार ग़ालिब से लेकर फ़ैज़, मीर, दाग़ की शायरी का ख़ूब इस्तेमाल किया। लेकिन कई बार कार में सफ़र करते हुए कुछ लिखने का मन किया तो मन को मना नहीं किया। गोमुख तक जाना और वापसी में हरिद्वार तक का सफ़र पाँच दिन का था। इस दौरान गंगा और पहाड़ के

सिवा कुछ नहीं देखा। ऐसे में कविता निकलनी ही थी। मानों झरना ही बह निकला। इसी तरह बिहार में विधानसभा चुनाव की रिपोर्टिंग लगातार एक महीने तक की। रोज़ नया शहर, नयी रैली, नये पुराने नेता, पोस्टर, ख़ुद को दोहराते हुए भाषण, कहीं ताली, कहीं गाली देती जनता, नीतीश कुमार की दी साइकिल पर स्कूल जाती लड़कियाँ...इन सब को अपनी स्टोरी में समेटा लेकिन कुछ छूट गया। जो छूटा वह ग़ज़ल में बदल गया। किताब का एक अध्याय कविता ग़ज़लों के ज़रिये हक़ीक़त को सामने रखने की कोशिश को समर्पित है।

मैं आभारी हूँ उन सभी लोगों का जिनकी स्टोरी करने का मुझे मौक़ा मिला। यह लोग नहीं, अपनी कहानी नहीं सुनाते तो किताब क्या ख़ाक लिख पाता। पत्रकारिता करते हुए बहुत से लोगों को इंसाफ़ मिला लेकिन यह मेरा फ़र्ज़ था। मैं आभारी हूँ एबीपी न्यूज़ में मेरे सम्पादक रहे शाज़ी ज़माँ का जिन्होंने किताब लिखने के लिए हमेशा प्रेरित किया। मैं आभारी हूँ पत्नी सीमा का जिन्होंने प्रूफ़ रीडिंग में मदद की। ख़ासतौर से नुक़्तों को लेकर। अन्त में, मैं आभारी हूँ वाणी प्रकाशन का।

बना है शाह का मुसाहिब फिरे है इतराता,
वरना इस शहर में ग़ालिब की आबरू क्या है?

–विजय विद्रोही

माइक और बाइट

चुनाव की रिपोर्टिंग करने का अपना अलग मज़ा है। हमारे दौर में यानी बीस साल पहले वोटर थोड़ी देर की बातचीत के बाद दिल खोल देते थे या फिर किसी-न-किसी बहाने कोई इशारा कर देते थे कि इस बार किसे वोट देने जा रहे हैं। आजकल मुश्किल होता जा रहा है। ख़ासतौर से हाथ में चैनल विशेष का माइक देखकर मतदाता अन्दाज़ लगा लेते हैं कि चैनल वाला चाहता क्या है और इसे क्या बोलना है, क्या नहीं बोलना है। यह ठीक ऐसे ही है कि बिहार में लालू की तारीफ़ करने वाला हर दूसरा वोटर जाति से यादव होता है या यूपी में बीजेपी के गुणगान करने वाला हर तीसरा वोटर सवर्ण जाति का होता है। चुनाव कवरेज के दौरान कभी-कभी बड़े मज़ेदार क़िस्सों से दोचार होना पड़ा। बात 2019 की है। लोकसभा चुनावों की घोषणा बस होने को थी और मैं बिहार में था। रामविलास पासवान के लोकसभा क्षेत्र हाजीपुर में। वहाँ आमतौर पर पासवान के समर्थक मिले। लेकिन एक किराणे की दुकान वाला पासवान से भरा बैठा था। माइक सामने किया तो पासवान की दलित राजनीति की पोल खोलने लगा। देखते-ही-देखते कुछ लोग वहाँ जमा हो गये। ज़ाहिर है कि सभी दलित थे। दुकानदार ने बोलना बन्द किया तो दलितों ने उसे खरी-खोटी सुनाई। कहा कि यह जो पक्की सड़क पासवान जी ने बनवायी उस पर क्या सिर्फ़ दलित चलते हैं। गाँव में डिस्पेंसरी से लेकर सहकारी बैंक क्या कुछ नहीं है। अन्त में एक दलित ने चेतावनी दी कि दुकान से सौदा लेना बन्द कर देंगे तो होश ठिकाने आ जायेगा। अब बारी दुकानदार थी। मुझसे अनुरोध करने लगा कि उसका इंटरव्यू डिलीट कर दूँ।

मैं यह दिलचस्प वाकयुद्ध सुन रहा था और मेरा ध्यान बग़ल के खेत पर था जहाँ केले के छोटे-छोटे पौधे लगे हुए थे। बाद में एक चखा जो ग़ज़ब का मीठा था। मुझे लगा कि 'बनाना रिपब्लिक' शब्द की उत्पत्ति केले की खेती करने वाले

किसी देश ने ही की होगी। हाजीपुर से आगे चले तो एक जगह घण्टाघर के बाहर मैं पीटीसी करने लगा। वहीं एक सज्जन आ गये जो रेल फ़ैक्टरी की यूनियन के नेता थे, जो पासवान के प्रयासों से खुली थी। मैंने लाख मना किया कि सरकारी नौकरी में हो कैमरे के सामने नहीं आओ तो ठीक रहेगा। लेकिन यूनियन ने नेता जी नहीं माने। कहने लगे कि कई सालों से इच्छा थी माइक पर बोलने की। यह मौक़ा हाथ से जाने नहीं दूँगा। वैसे भी रिटायरमेंट साल भर दूर है। माइक पर उन सज्जन ने पासवान जी की तारीफ़ की, कुछ आलोचना भी। उसके बाद मैंने मोदी सरकार के पाँच साल पर सवाल पूछा तो मिला जुला जवाब दिया। उसके बाद बोले कि क्या कैमरा बन्द है। मैंने हाँ में सिर हिलाया तो वह सज्जन ज़ोर से बोले...झूठ बहुत बोलते हैं...

दो

ऐसा ही कुछ 2022 के यूपी के विधानसभा चुनावों के दौरान हुआ। जेवर इलाक़े में हम घूम रहे थे। एक गाँव से गुज़रे तो मस्जिद दिखाई दी। गाड़ी रुकवाई। मस्जिद तक पहुँचे तो आसपास की दुकानों पर खड़े लोग भी वहाँ जुटना शुरू हो गये। देखते-ही-देखते संख्या सौ से ज़्यादा हो गयी। मैंने अपना परिचय दिया तो कुछ ने पहचान लिया। एक ने कहा कि आपका चैनल वैसे तो गोदी मीडिया ही है लेकिन आप थोड़ा अलग बोलते हैं। मैंने शुक्रिया अदा किया और साथ ही जोड़ दिया कि आप लोगों से यही उम्मीद है कि आप लोग मन की बात करेंगे। कैमरा ऑन हुआ। बातचीत का दौर शुरू हुआ। लेकिन यह क्या। क्या युवा क्या बुज़ुर्ग सभी मुस्लिम बीजेपी के गुण गा रहे थे, स्थानीय बीजेपी उम्मीदवार की तारीफ़ कर रहे थे। मैंने विपक्ष के वकील की तरह सवाल दागने शुरू किये तो कुछ युवा नाराज़ हो गये। कहने लगे कि मैं भड़का रहा हूँ। हिन्दू मुसलमान करने की कोशिश कर रहा हूँ।

ख़ैर, जैसे तैसे इंटरव्यू का दौर ख़त्म हुआ। चाय आ गयी। चाय पीते पीते कुछ बुज़ुर्ग बोले कि देखिए दरअसल आप जो सवाल उठा रहे थे वह सवाल हम भी चाहते हैं कि उठने चाहिए। बीजेपी मुसलमानों को टिकट नहीं देती है, मुस्लिम वोटों की उसे ज़रूरत नहीं है, ख़ुद मुख्यमन्त्री अस्सी-बीस की बात कर हमें शर्मिन्दा करते हैं लेकिन हम चाह कर भी कैमरे के सामने बोल नहीं सकते। बीजेपी के विधायक बहुत दबंग हैं, उनका जीतना तय है, ऐसे में हम ख़िलाफ़ बोलकर उन्हें नाराज़ नहीं करना चाहते। आपसी रिश्ते ख़राब नहीं करना चाहते। कुछ बोला तो जीतने के बाद मुस्लिम मोहल्लों में हैंडपम्प तक नहीं ख़ुदेगा। मैं चुपचाप चाय पीता रहा। मेरा पास कोई जवाब नहीं था।

तीन

उत्तर प्रदेश के अमेठी में ग़ज़ब अनुभव हुआ। बात 2019 के लोकसभा चुनावों की है। हम एक रास्ते से गुज़र रहे थे। एक जगह कुछ घर बन रहे थे। गाड़ी रुकवायी। पता चला प्रधानमन्त्री आवास योजना के तहत घर बन रहे हैं। ऐसे ही बनते हुए एक घर में घुसे। हल्की-हल्की बारिश हो रही थी। घर का मालिक एक दलित था। नयी-नयी खिड़की लगवाई थी जिसे रस्सियों से बाँधा हुआ था और ताज़ा-ताज़ा सीमेंट किया गया था। बारिश से बचाने के लिए चुनावी बैनर से उसे ढक दिया गया था। मैंने बैनर देखा। वह स्मृति ईरानी के चुनाव अभियान का अवशेष था। वह सज्जन राहुल गांधी और मायावती दोनों को गलिया रहे थे। मैंने बैनर से झाँकती स्मृति ईरानी की तस्वीर की तरफ़ इशारा करते हुए पूछा तो वह कहने लगा कि 2014 में राहुल गांधी को वोट दिया था, 2017 के विधानसभा चुनाव में मायावती की बसपा को वोट दिया लेकिन इस बार स्मृति ईरानी को ही वोट दूँगा। आख़िर उनकी पार्टी ने घर दिया है।

यह स्टोरी जब टेलीकास्ट हुई तो मेरे पास फ़ोन आया। फ़ोन करने वाले ने कहा कि स्मृति ईरानी जी अमेठी के उस दलित के घर जाकर अपने हाथों से सवा लाख रुपये का चेक देना चाहती हैं। मुझसे पता पूछा गया। मुझे ठीक से पता याद नहीं था। कह दिया कि रेलवे स्टेशन से बाहर निकलने के बाद हम गांधी जी की मूर्ति वाले चौराहे से दायें मुड़े थे। आगे आकर फिर दायें घूमे थे। क़रीब आधा किलोमीटर आगे जाने पर गली में उस दलित का घर आया था। फ़ोन करने वाले ने कहा कि क्या मैं वहाँ स्मृति ईरानी के साथ जाकर स्टोरी कर सकता हूँ। मैंने साफ़ कह दिया कि अमेठी का हमारा स्ट्रिंगर स्टोरी कर देगा। मेरा काम स्टोरी करना था मैंने कर दी। आगे ईरानी जी अपनी राजनीति करने के लिए स्वतन्त्र हैं। मेरा उससे कोई लेना-देना नहीं है।

चार

एक क़िस्सा मन्दसौर, मध्य प्रदेश का है। मन्दसौर में पुलिस की गोली से कुछ किसानों की मौत हुई थी। तब शिवराजसिंह चौहान की सरकार के ख़िलाफ़ कांग्रेस ने इसे बड़ा मुद्दा बनाया था। छुपते-छुपाते, पुलिस से बचते-बचाते राहुल गांधी भी यहाँ आये थे। तो विधानसभा चुनावों में यह कितना बड़ा मुद्दा है यह जानने की कोशिश मैं कर रहा था। किसानों की मंडी में कैमरामैन के साथ घूम रहा था। कोई

शिवराजसिंह चौहान को कंस मामा कह कर मज़ाक़ उड़ा रहा था तो कोई मामा जी की तारीफ़ कर रहा था। विरोध करने वाले जितने थे लगभग उतने ही समर्थन में बोलने वाले भी थे। दाल के ढेर के आगे हम खड़े थे। कैमरा ऑन था। किसान अपने अपने गिले-शिकवे सामने रख रहे थे। अचानक भीड़ को चीरते हुए एक किसान सामने आया। क़रीब पाँच फुट दो इंच, दुबला-पतला शरीर, सस्ती-सस्ती-सी शर्ट और फटी जींस पहने हुए।

कहने लगा कि भावान्तर योजना के तहत चने के पौने दो लाख रुपये उसके अकाउंट में आने थे। अभी तक नहीं आये हैं। अधिकारियों के चक्कर काट-काट कर...घिस गयी है। दस सालों से बीजेपी को वोट दे रहा हूँ लेकिन इस बार कमलनाथ ज़िन्दाबाद, राहुल गांधी ज़िन्दाबाद। युवक ज़बरदस्ती माइक को पकड़ कर बोलता रहा। मैंने बड़ी मुश्किल से माइक छीना। अरे भाई और लोगों से भी तो बात करनी है। उस किसान ने चिढ़कर कहा कि हम लोग दिल्ली से आये हैं, मोदी जी की तरफ़ से भेजे गये हैं, बीजेपी के ख़िलाफ़ हम लोग कुछ दिखाने वाले नहीं है। मैंने प्रतिवाद किया तो कहने लगा कि क़सम खाओ कि शिवराजसिंह चौहान के ख़िलाफ़ उसके ग़ुस्से को हम लोग दिखायेंगे। मैंने भरोसा दिलाया कि जितना लम्बा बोले हो उतना तो नहीं लेकिन काम की बात ज़रूर दिखायेंगे कि पौने दो लाख का भुगतान बाक़ी है। वह कुछ कुछ सन्तुष्ट दिखा।

मंडी में हमने किसानों, आढ़तियों, व्यापारियों, मंडी के अधिकारियों से बात की। इसमें आधा घण्टा तो लगा ही होगा। दस मिनट ट्रैक्टरों के कारण लगे जाम से गाड़ी को निकालने में ख़र्च हो गये। हम मंडी से बाहर निकले ही थे कि वह किसान फिर दिखा। मोबाइल हवा में हिलाते हुए वह चला आ रहा था। हमसे रुकने को कह रहा था। हमने गाड़ी रुकवाई। किसान मोबाइल नचाते हुए कहने लगा कि अभी अभी बैंक से सूचना आयी है कि मेरे अकाउंट में पौने दो लाख रुपये जमा हो गये हैं। बैंक से मैसेज आया है। मामा जी ज़िन्दाबाद, शिवराजसिंह की सरकार भला काम कर रही है। मैंने कैमरामैन से कैमरा निकालने को कहा ताकि किसान की नये सिरे से बाइट ली जा सके। इस बीच मुझे अन्दाज़ा लग चुका था कि यह एक अच्छा स्टोरी बनेगी। पौने दो लाख का बकाया नहीं मिलने से किसान दुखी, पौने दो लाख का बकाया मिलने से किसान ख़ुश।

पाँच

यूपी में 2022 का विधानसभा चुनाव बीजेपी ने पाँच किलो मुफ़्त अनाज देकर जीत लिया। आप ने पंजाब में मुफ़्त बिजली और महिलाओं को हज़ार रुपये हर महीने देने

का वायदा करके जीत लिया। दिल्ली में भी आप मुफ़्त पानी बिजली के सहारे सत्ता तक पहुँची। पहले की बात करें तो राजस्थान, छत्तीसगढ़ और मध्य प्रदेश में कांग्रेस ने किसानों का क़र्ज़ माफ़ करने के नाम पर सत्ता में वापसी की। कुल मिलाकर चुनाव जीतने का यह एक आसान फार्मूला बन गया है। वैसे देखा जाये तो अगर राजनीतिक दलों को मुफ़्तख़ोरी के बदले वोट मिल रहे हैं तो उधर वोटर भी अपने वोट की क़ीमत समझने भी लगा है और वसूलने भी। आमतौर पर वोटर कहते मिल जाते हैं कि सरकार हमें देती ही क्या है। सरकार से हम स्वास्थ्य, शिक्षा, मज़बूत क़ानून व्यवस्था की उम्मीद करते हैं लेकिन सरकारें इतना भी देने को तैयार नहीं।

छह

ख़ैर, इस पर लम्बी बहस चल सकती है लेकिन मुफ़्तख़ोरी को लेकर दिलचस्प क़िस्सा याद आता है। बात नवम्बर 2018 की है। मैं राजस्थान, मध्य प्रदेश और छत्तीसगढ़ के विधानसभा चुनाव कवर कर रहा था। घूमते-घामते राजस्थान के अलवर शहर पहुँचा। वहाँ से जयपुर जा रहा था। सरिस्का टाइगर रिजर्व के आगे से गुज़रते हुए थानागाजी पहुँचा। शाम का वक़्त था। सड़क किनारे एक चाय की थड़ी पर कुछ किसान बैठे थे। लाल साफा दूर से ही दिख रहा था। हम भी चाय पीने रुक गये। वहाँ किसानों से बात होने लगी। बातों-ही-बातों में हमें बताया गया कि किसानों को वसुन्धरा राजे के शासन से कोई दिक़्क़त नहीं है। आमतौर पर लोग वसुन्धरा सरकार से सन्तुष्ट नज़र आये लेकिन साथ ही साथ यह भी कहते रहे कि इस बार वोट तो अशोक गहलोत को ही देंगे। यह कुछ हैरान कर देने वाला था। लेकिन कोई अजूबी बात नहीं थी। राजस्थान के लिए कहा जाता है कि लोग पाँच साल बाद सरकार बदल देते हैं क्योंकि उनका मानना है कि तवे पर रोटी पलट दो तो करारी बनती है।

चाय क़रीब-क़रीब पी जा चुकी थी। किसान कह रहे थे वसुन्धरा राजे का राज ठीक ही रहा। किसानों को सुविधाएँ मिलीं, क़र्ज़ में रियायतें मिलीं, महिलाओं को सहुलियतें मिलीं, बुज़ुर्गों की पेंशन में इज़ाफ़ा हुआ, बच्चों को वज़ीफ़े आसानी से मिले, ई-मित्र योजना से सरकारी जन्म मरण के दस्तावेज़ मिलने आसान हुए, रिश्वत नहीं देनी पड़ी। एक बुज़ुर्ग किसान बीड़ी सुलगाते हुए बोले जा रहे थे। मैंने उन्हें टोका कि जब वसुन्धरा ने इतना सब दिया तो फिर गहलोत को वोट देने की बात क्यों कर रहे हो। इस पर किसान भड़क गया। बीड़ी का कश लेते हुए तैश में

बोला...गहलोत आया तो क्या यह सब छीन लेगा। उल्टे और देगा, ज़्यादा देगा। साफ़ है कि वोटर भी बहुत डिमांडिंग हो गया है।

सात

राजस्थान के चुनावी सफ़र के दौरान ही बाड़मेर में था। वहाँ से हम जैसलमेर जा रहे थे। दोनों तरफ़ रेत के टीले-ही-टीले थे। एक छोटे से क़स्बे से गुज़रना हुआ। चाय-पकोड़े की तलब जागी। गाड़ी रुकवायी गयी। बिना कैमरे के बातचीत शुरू की। गाँव वाले कलेक्टर की माँ-बहन कर रहे थे। दरअसल गाँव काग़ज़ों में तो ओडीएफ घोषित हो गया था यानी खुले में शौच से मुक्त लेकिन हक़ीक़त अलग थी। गाँव में तीस फ़ीसद से ज़्यादा घरों में शौचालय बनना बाक़ी था। गाँववालों का कहना था कि एक-दो जगह सामूहिक शौचालय बना दिये गये और उनकी गिनती दिखाकर गाँव को खुले में शौच से मुक्त बताया जा रहा है। अब गाँव वाले सुबह खेत की तरफ़ जाते हैं तो पुलिस पीछे भागती है। खेत में नहीं जाये तो फिर जाये कहाँ। गाँव में यही मुद्दा छाया हुआ था।

ख़ैर, हमने ख़ुद को सैलानी बताया। कहा यूपी के हैं और घूमने जैसलमेर जा रहे हैं। गाँव के लोग थोड़ा खुले। खुलकर बात करने लगे। बातें हो रही थीं और साथ में चाय और लहसुन की पकौड़ी का दौर चल रहा था। मैंने चाय पकौड़ी का पैसा देने के लिए जींस की पिछली जेब में हाथ डाला। (पर्स मैं रखता नहीं हूँ।) दुकानदार को रुपये दिये। इतने में देखा कि ज़मीन पर मेरा दफ़्तर का विजिटिंग कार्ड गिरा पड़ा है जो नोट निकालते हुए साथ में आ गया था। मैंने आसपास देखा। कार्ड को उठाया। तब तक एक गाँव वाले की नज़र कार्ड पर पड़ चुकी थी। एबीपी न्यूज़ उसमें चमक रहा था। गाँव वाले ने मेरी तरफ़ देखा फिर साथियों से बोला। अरे, यह तो पत्रकार छै। चूतिया बनावै छै।

क़िस्सा तो यहाँ ख़त्म हो गया लेकिन आप सोच रहे होंगे कि मेरा क्या रिएक्शन रहा या पोल खुलने के समय क्या करना चाहिए। तुरन्त ग़लती मान लेनी चाहिए। मैंने भी यही किया। जिस शख़्स ने मुझे मेरा विजिटिंग कार्ड उठाते देखा था मैंने उसकी पारखी नज़रों की तारीफ़ की। कार्ड उसे दे दिया। ख़ुद का और अपने कैमरामैन का परिचय दिया। सबसे हाथ मिलाया। सबको यही कहा कि आप लोग खुलकर बोलते नहीं है इसलिए बिना कैमरे के पहचान छुपाकर बात की। गाँववालों ने इस बात पर चाय पीने आग्रह किया तो प्रस्ताव तुरन्त स्वीकार कर लिया। चाय

पीते-पीते एक शख़्स ने कहा कि आपकी आवाज़ सुनकर ही उसे सन्देह हो गया था कि मैं टीवी चैनल का हूँ। उसे याद आया कि मैं आज तक चैनल का राजस्थान ब्यूरो चीफ़ हुआ करता था और 2003 के अकाल के समय बाड़मेर आया था। तब उसने मुझे रेलवे स्टेशन के आगे देखा भी था।

आठ

वोटर कभी-कभी झूठ तो नहीं बोलते लेकिन वोट देते समय दिल बदल जाता है। इससे आप का सारा आकलन गड़बड़ा जाता है। बात 2017 के यूपी के विधानसभा चुनावों की है। नोटबन्दी हो चुकी थी। मैं मुरादाबाद में था। पीतल नगरी में। कुछ व्यापारियों से बात हुई जो नोटबन्दी से दुखी दिखाई दिये। कहने लगे कि पहले जनसंघ और अब बीजेपी। किसी अन्य पार्टी को कभी वोट देने का ख़्याल दिल में कभी आया ही नहीं लेकिन इस बार मन मार कर वोट देंगे। बीजेपी के ख़िलाफ़ वोट देंगे। हैरानी की बात है कि कैमरा ऑन होने के बाद भी व्यापारियों ने यही बात कही। बहुत हो गया। 2014 में हम लोग ही बीजेपी को सत्ता में लेकर आये लेकिन हद हो गयी। नोटबन्दी ने कमर तोड़ दी है। इस बार बीजेपी को नुकसान होगा। रुपये में बीस पैसे का नुकसान होगा। एक ने कहा कि इस बार भी बीजेपी को वोट दे दिया तो इनकी हिम्मत और ज़्यादा बढ़ जायेगी। इस बार तो सबक सिखाना ही है।

मुरादाबाद के अलावा बरेली, मेरठ, आगरा, मथुरा में भी वैश्य समाज के लोग यही बोलते नज़र आये। मुझे अब इसी निष्कर्ष पर पहुँचना था कि व्यापारी वर्ग नाराज़ है और बीजेपी पर यह नाराज़गी भारी पड़ सकती है। ख़ैर, जिस दिन वोटिंग हुई तो मैंने कुछ व्यापारियों से सम्पर्क साधा। कुछ के मोबाइल नम्बर ले आया था। व्यापारियों ने कहा कि देखिए, आप को जो कहा था दिल से कहा था। लेकिन घर बैठ जाते को अखिलेश यादव को फ़ायदा होता। मतदान केन्द्र जाकर नोटा दबाकर चले आते तो भी नुकसान तो बीजेपी को ही होना था तो अन्त में यही तय किया कि बीजेपी को ही वोट दे दिया जाये। अब हमारा तो बीजेपी वालों ने बहुत नुकसान किया लेकिन क्या करें। आख़िरी बार माफ़ किया है। यूपी में बीजेपी जीत गयी। मेरा आकलन धरा-का-धरा रह गया क्योंकि वोटर ही पलट गया। सम्पादक जी ने भी हँसी-मज़ाक़ में ही सही लेकिन मुझ पर ताना कस ही दिया। यह क़िस्सा मैंने अपने एक साथी पत्रकार को सुनाया तो वह कहने लगे कि 'बनिए' तो बीजेपी के साथ हर हाल में रहेंगे ही। दीवारों पर भी तो लिखा रहता है। बीजेपी के सदस्य **'बनिए'**।

नौ

वैसे चुनाव किस क़द्र हिन्दू मुस्लिम होते जा रहे हैं इसका पता यूपी चुनाव 2022 में देखने को मिला। मैं दफ़्तर की गाड़ी में नोएडा से रामपुर जा रहा था। रास्ते में पिलखुआ के आगे अचानक सड़क पर मुस्लिम महिलाएँ दिखीं। बुर्का पहने। ड्राइवर भी यूपी का था। बीजेपी को वोट देता आया था। कहने लगा कि सर, कहाँ बन्द गोभियों के बीच ले आये। कैमरामैन हँसा। मैं चौंका। ड्राइवर कहने लगा कि उनके गाँव में बुर्कानशीन औरतों को बन्दगोभी कहा जाता है। चालीस-पचास किलोमीटर आगे हिन्दू महिलाएँ दिखाई दीं। मैंने कहा कि वह बन्दगोभी थी तो यह क्या है। ड्राइवर ने कुछ नाराज़ होते हुए कहा कि कैसी बात करते हो सर, यह तो हमारी हिन्दू औरते हैं। इस पर कैमरामैन बोला। वह ढके चेहरे वाली बन्दगोभी तो यह खुले चेहरे की फूलगोभी। इतना सुनना था कि ड्राइवर कैमरामैन पर चढ़ बैठा जो ईसाई था और केरल का मूलरूप से रहने वाला था। दोनों में अच्छी ख़ासी तक़रार हुई। ड्राइवर ने कहा कि एक बार मुस्लिमों का इलाज हो जाये उसके बाद तुम लोगों (ईसाइयों) का नम्बर आयेगा।

यूपी चुनाव का ही एक अन्य क़िस्सा भी ड्राइवर से जुड़ा हुआ है। हम लखनऊ में थे। एयरपोर्ट से टैक्सी ली और अयोध्या जा रहे थे। अयोध्या तक ड्राइवर मोदी मोदी करता रहा था। ड्राइवर की बातों से साफ़ था कि वह व्हाट्सऍप यूनिवर्सिटी का छात्र था। कहने लगा कि मोदी जी ने देश का नाम पूरी दुनिया में रोशन कर दिया है, अमेरिका ने पाकिस्तान से कह दिया है कि वह कश्मीर के हिस्से को भारत को सौंप दे नहीं तो मोदी जी लड़ कर हासिल कर ही लेंगे। ड्राइवर के अनुसार 2024 के लोकसभा चुनाव से पहले पाक अधिकृत कश्मीर भारत का हिस्सा बन जायेगा। आगे ड्राइवर साहब का कहना था कि भारत ने चीन से सामान मँगाना बन्द कर दिया है और जल्दी ही चीन भिखारी देश बन जायेगा। पेट्रोल डीज़ल के दाम बढ़ने पर ड्राइवर को कोई एतराज़ नहीं था। मोदी योगी ने मुसलमानों को लाइन पर ला दिया है नहीं तो वह आग मूतते थे। योगी सरकार ने भ्रष्टाचार दूर कर दिया है। अब कोई रिश्वत माँगने की जुर्रत नहीं कर सकता। आदि-आदि और आदि।

अयोध्या शहर में घुसते ही ट्रैफिक पुलिस वाले ने गाड़ी रुकवायी। ड्राइवर ने वर्दी नहीं पहन रखी थी और प्रदूषण का सर्टिफिकेट भी मियाद पूरी कर चुका था। अब ड्राइवर पुलिस वाले से उलझा था। कनखियों से मेरी तरफ़ देख रहा था। मैं और कैमरामैन चुप बैठे थे। कैमरामैन ड्राइवर की बातें सुनकर वैसे ही पक चुका

था। दरअसल हम ड्राइवर को बताते रहे थे कि उसके पास आधी सच्ची, आधी झूठी कहानियाँ हैं जिससे उसे बचना चाहिए। हमने उसे समझाया कि देश में क़रीब बीस करोड़ मुसलमान हैं जिन्हे न तो अरब सागर में फेंका जा सकता है और न ही हिन्द महासागर में डुबोया जा सकता है।

अब दस मिनट की झिक-झिक के बाद मैंने अपना परिचय पत्र ट्रैफिक पुलिस वाले को दिखाया। उसने हमें जाने दिया। ड्राइवर के सुर अब बदले हुए थे। कहने लगा कि पुलिस वाला पाँच सौ रुपये से कम में छोड़ने को तैयार नहीं था। ड्राइवर सौ दो-सौ रुपये से ज़्यादा देने को तैयार नहीं था। आगे ड्राइवर बोला कि आप सही कहते हो साहब। मिलजुल कर रहना चाहिए। प्रेम भाईचारा बना रहना चाहिए। अब यह बात वह इसलिए कर रहा था क्योंकि योगी की पुलिस ने उससे रिश्वत माँगी थी और हमने उसके पैसे बचा दिये थे या फिर इसलिए कर रहा था कि योगी की पुलिस ने उसकी आँखें खोल दी थी। आप ख़ुद अन्दाज़ा लगाइए।

दस

चुनाव जीतना अलग बात है और चुनाव जीतने के बाद अपनी सरकार को बनाये रखना, विपक्ष से बचाये रखना अलग तरह का हुनर है। बात 1996 की है। राजस्थान में भैरों सिंह शेखावत की बीजेपी सरकार हुआ करती थी। मुख्यमन्त्री जी दिल की बाईपास सर्जरी के लिए अमेरिका गये तो पीछे से सरकार गिराने का खेल हो गया। कुछ बागी विधायकों ने पहले दिल्ली में डेरा डाला। आला कमान पर नेतृत्व बदलने का दबाव डाला गया। रोज़ यह विधायक पत्रकारों से बात करते। कभी मुख्यमन्त्री शेखावत निशाने पर होते तो कभी प्रदेशाध्यक्ष रामदास अग्रवाल। आला कमान ने विधायकों को समझा बुझा कर जयपुर भिजवा दिया। यहाँ चोखी ढाणी में विधायकों की बाड़ाबन्दी कर दी गयी। बीजेपी को डर था कि कांग्रेस 'पोचिंग' कर सकती है। हालाँकि उस समय कांग्रेस के युवा प्रदेशाध्यक्ष अशोक गहलोत ने साफ़ तौर पर कहा था कि कांग्रेस का तख़्ता पलट का कोई इरादा नहीं है। बीजेपी का अपना झगड़ा है जिसे बीजेपी को ही सुलटाना है। ख़ैर, बीजेपी की बाड़ाबन्दी शुरू हो गयी। बागी विधायकों में एक पूराराम भी थे जो सिरोही ज़िले की भीनमाल (आदिवासी इलाक़े) क्षेत्र से आते थे। पूराराम दिल्ली में शेखावत के ख़िलाफ़ तलवार लहरा चुके थे। जयपुर आये तो तलवार चुपचाप म्यान में वापस रख ली थी.

उसी दौरान मैं सुबह सुबह चोखी ढाणी पहुँचा। गेट पर दरबान ने पहचान लिया और थोड़ी सी ना-नकुर के बाद अन्दर जाने दिया। हम पूराराम की एसी

झोंपड़ी में थे। (दरअसल काटेज़ झोंपड़ी नुमा स्टाइल में बनाये गये थे जो बाहर से तो गाँव की घासफूस खपरैल की झोंपड़ी लगते थे लेकिन अन्दर से किसी पाँच सितारा होटल के कमरे से कम नहीं थे।) पूरा राम नहा कर बाहर निकले। हमें देख कर कुछ झेंपे, कुछ चौंके और शीशे के आगे खड़े होकर कंघी करने लगे। पूरा राम गुनगुना रहे थे। 'मिले ना फूल तो काँटों से दोस्ती कर ली, कुछ इस क़द्र हमने...' गाना ख़त्म हुआ। मैंने कैमरे पर प्रतिक्रिया जाननी चाही तो पूराराम ने हाथ जोड़ लिए। कहा कि साफ़ कहा गया है कि कोई प्रेस से बात नहीं करेगा, ख़ासतौर से 'आज तक' से तो बिल्कुल नहीं। मुझे अचानक पूरा राम का गुनगुनाना याद आया। मैंने कहा कि चलिए, कुछ मत बोलिए। बस हमारे लिए यही गाना गुनगुना दीजिए। "मिले ना फूल तो काँटों से दोस्ती कर ली।" पूरा राम ने चाय का घूँट पीते हुए हैरानी जतायी। गाना गाने से क्या होगा। मैंने कहा कि जो होगा वह रात दस बजे 'आज तक' में देखना। अभी तो बस गुनगुना दीजिए। हमारा भी काम बन जायेगा और आपको भी आलाकमान के ख़िलाफ़ जाने की ज़रूरत नहीं पड़ेगी। पूरा राम ने गुनगुनाया...'मिले न फूल तो काँटों से दोस्ती कर लीं...हमने कैमरे पर इसे शूट किया।'

दो घण्टे बाद बीजेपी के राष्ट्रीय अध्यक्ष मुरली मनोहर जोशी चोखी ढाणी में आये। बागी विधायकों से मिलने के बाद प्रेस से मुख़ातिब हुए। मैंने उनसे पूछा कि बीजेपी नाम के चमन को आख़िर किसकी नज़र लग गयी है। पत्रकार साथियों का इस काव्यात्मक सवाल पर हैरान होना लाज़िमी था। हार्ड पोलिटिकल स्टोरी में यह कैसा नाज़ुक-सा सवाल। जोशी जी ने भी जवाब दिया कि बीजेपी की बग़िया को न जाने किसकी नज़र लग गयी है लेकिन बग़िया मुरझायेगी नहीं। हरी-भरी बनी रहेगी। तो कहानी सुबह काँटों से शुरू हुई थी और अब पूरी बग़िया पर आ गयी थी यानी कहानी का अन्त भी पत्तियाँ फूलों से ही होना ज़रूरी था। मैंने पीटीसी (पीस टू द कैमरा। जहाँ रिपोर्टर कैमरे के सामने खड़ा होकर अपनी बात कहता है।) भी मीर के शेर में थोड़ी तोड़-फोड़ के साथ की। 'पत्ता-पत्ता बूटा-बूटा हाल हमारे जाने है, जाने न जाने गुल ही न जाने, बाग़ तो सारा जाने है। इस शेर में बदलाव किया। पत्ता बूटा-बूटा विधायकों का हाल जाने है,जाने न जाने आला कमान न जाने, कार्यकर्ता तो सारे जाने हैं।'

ग्यारह

एक अभिनेता ज़्यादा बड़ा अभिनेता होता है या नेता ज़्यादा बड़ा अभिनेता होता है। आप में से ज़्यादातर कहेंगे कि चूँकि राजनीति में अभिनय करना पड़ता है लिहाज़ा अभिनेता ही अभिनय के मामले में बड़ा नेता होता है। लेकिन अपनी रिपोर्टिंग के

दौरान देखा कि नेता भी अभिनय करने में कम नहीं होते। भावनाओं को जज़्ब करना उनसे बेहतर कौन जान सकता है। इसी तरह जनता की भावनाओं को जगाना भी उनसे बेहतर कौन समझ सकता है। राजेश पायलट राजस्थान के दौसा से लोकसभा चुनाव लड़ते रहे थे। चूँकि वह वीआईपी उम्मीदवारों की सूची में आते थे लिहाज़ा उनके चुनाव प्रचार की कवरेज़ ज़रूरी होती थी। पायलट जब चुनाव प्रचार के लिए निकलते तो भीड़ घेर लेती। उनकी सुरक्षा में लगे जवान भीड़ को दूर करते और जबरन धकेलते तो पायलट साहब गुस्सा हो जाते। कहते कि मेरी जनता से मुझे ही मिलने नहीं दे रहो हो। जनता और मेरे बीच दीवार बन रहे हो। मैंने एक बार एक जवान से पूछा तो वह मुस्कराने लगा। फिर कहा कि पायलट साहब भी ग़ज़ब करते हैं। भीड़ को रोके तो कहते हैं कि रोकते क्यों हो। नहीं रोको तो बाद में डाँटते हैं कि भीड़ को रोकते क्यों नहीं हो।

इसी तरह फ़िल्म स्टार धर्मेन्द्र बीकानेर से लोकसभा चुनाव लड़ रहे थे। उनके पुराने दोस्त विजय पूनिया बीजेपी के कहने पर धर्मेन्द्र को चुनावी राजनीति में लाये थे। तब धर्मेन्द्र ने साफ़ कर दिया था कि वह जेब से चवन्नी नहीं लगायेंगे। (ऐसा ही बप्पी लहरी ने भी मुझसे कहा था जब वह पश्चिम बंगाल से बीजेपी के टिकट पर चुनाव लड़ रहे थे। यही बात जादूगर सरकार ने भी कही थी जब वह भी बप्पी लहरी की तरह पश्चिम बंगाल से ही चुनाव लड़ रहे थे। इस पर आगे)। धर्मेन्द्र के चुनाव प्रचार में सन्नी और बॉबी दयोल भी आये थे। पत्नी हेमामालिनी का भी आना हुआ था। धर्मेन्द्र सुबह जल्दी नहीं उठ पाते थे। विजय पूनिया उन्हें उठाते और ग्यारह, साढ़े ग्यारह बजे तक तैयार होकर प्रचार के लिए निकल पाते थे। गाँवों में उनकी सभा पानी की टंकी के पास रखी जाती थी। (हो सकता है कि यह संयोग रहा हो)। लोग 'शोले' फ़िल्म का डायलाग सुनाने की ज़िद करते थे। धर्मेन्द्र को हर बार पानी की टंकी पर चढ़े वीरू का डायलॉग सुनाना पड़ता था। जनता ताली पीटतीं थी। धर्मेन्द्र को उसके बाद न तो भाषण देने की ज़रूरत पड़ती और न ही वायदे ही करने पड़ते। गाँव-गाँव घूमते। गाँव के लोग चारपाई पर बड़े आदर के साथ बिठाते। बड़े वाले गिलास में लस्सी पिलाते, हाथ मिलाते।

देर रात धर्मेन्द्र लौट कर होटल आते। शिकायत करते कि न जाने किन-किन से हाथ मिलाना पड़ता है। साबुन से देर तक हाथ धोते। एक ही दिन की कवरेज के दौरान आसानी से अन्दाज़ा लग गया था कि वह बड़े आराम से चुनाव जीत रहे हैं। कुछ ऐसा ही अन्दाज़ा पंजाब में उनके बेटे सन्नी देयोल के चार घण्टे की

ट्रक यात्रा से लग गया था। सन्नी ने गुरदासपुर सीट से बीजेपी के टिकट पर 2019 का लोकसभा चुनाव लड़ा था और अपने इलाक़े में ट्रक पर रोड शो किया था। भाई बाबी देयोल उनके साथ थे। सन्नी कुछ बोलते नहीं थे। पूरा समय भीड़ की तरफ़ हाथ हिलाते और मुस्कराते थे। सड़क पर जनता थी जो फूल मालाएँ उनपर बरसा रही थी। बड़ी संख्या में महिलाएँ भी छतों पर नज़र आती थी। सन्नी की जीत में कोई सन्देह नहीं रह गया था। लेकिन न तो बीकानेर में धर्मेन्द्र और न ही गुरदासपुर में सन्नी इलाक़े की उस जनता के काम आये जिसने बढ़-चढ़ कर वोट दिया था। गुरदासपुर से ही विनोद खन्ना चार बार चुनाव जीते थे और गुरदासपुर के विकास के लिए बहुत काम किया था। (2017 में उनके निधन के बाद कांग्रेस के सुनील जाखड़ ने उपचुनाव जीता था। सन्नी ने 2019 में सुनील जाखड़ का हराया था। सुनील जाखड़ पंजाब विधानसभा चुनाव में कांग्रेस की हार के बाद बीजेपी में शामिल हो गये।)।

धर्मेन्द्र सियासत के लिए बने नहीं थे। उन्होंने तंग आकर बीच में ही लोकसभा सीट से इस्तीफ़ा दे दिया था। वैसे इसमें भी धर्मेन्द्र की ग़लती नहीं थी। दरअसल बीकानेर की जनता के विकास के कामों के लिए बीजेपी ने स्थानीय नेताओं को ज़िम्मेदारी दी थी लेकिन सांसद कोष से काम नहीं हो पा रहे थे। कभी कभार धर्मेन्द्र का बीकानेर आना होता तो जनता विकास का हिसाब माँगती। धर्मेन्द्र के पास जवाब नहीं होता और जनता के काम नहीं होने से वह दुखी भी रहते। उनके नाम का भी कुछ लोगों ने फ़ायदा उठाना शुरू कर दिया था। यह बात भी उन्हें दुखी करती थी। पत्नी हेमामालिनी ज़रूर मथुरा से 2019 में दूसरी बार लोकसभा का चुनाव जीती। चुनाव प्रचार के दौरान मेरी उनसे बात हुई थी तो वह भी स्थानीय नेताओं के रवैये से दुखी नज़र आयी। मुझसे इंटरव्यू के दौरान कहा भी कि अगर ऐसा ही रहा तो यह उनका अन्तिम चुनाव होगा। धर्मेन्द्र के लिए भी उनका कहना था कि वह राजनीति के लिए बने ही नहीं है।

धर्मेन्द्र को राजनीति आती हो या नहीं लेकिन उन्हें पता था कि कैमरे के आगे किस तरह बैठना है और कैमरे पर कैसा दिखना है। एक बार उन्हें बिठाकर इंटरव्यू कर रहा था। इंटरव्यू शुरू होने से पहले उन्होंने कैमरामैन निखिल शर्मा से कहा कि पेट नज़र नहीं आना चाहिए। निखिल ने आश्वासन दिया तो धर्मेन्द्र ने फिर कहा कि बेटा तेरे ही हाथ में है। तू ऐसा फ्रेम बना कि पेट निकला हुआ नज़र नहीं आये। निखिल ने मुस्करा कर कैमरा फिर से एडजस्ट किया। इंटरव्यू पूरा हुआ तो धर्मेन्द्र ने

पूछा कि कैसा फ्रेम था। निखिल ने कहा कि आप जैसा चाहते थे वैसा ही फ्रेम है। पेट नज़र नहीं आ रहा है। लेकिन धर्मेन्द्र को भरोसा नहीं हुआ। उन्होंने कैमरा हाथ में लिया। रिवाइंड किया। फ्रेम देखा और निखिल की पीठ थपथपाई।

फतेहपुर सीकरी लोकसभा सीट से राज बब्बर का चुनाव प्रचार भी याद आता है। एक गाँव में राज बब्बर को आना था और हम कोई आधा घण्टा पहले वहाँ पहुँच गये थे। राज़ बब्बर पहुँचे तो साफा पहनाया गया। खुली गाड़ी में वह सवार हुए। हमने कुछ शॉट्स लिये और फिर राज बब्बर को इशारा किया। तुरन्त उन्होंने अपने कुछ कार्यकर्ताओं को गाड़ी से उतारा। हमारे लिए जगह बनायी और खुल कर इंटरव्यू दिया। बीच-बीच में वह हाथ भी हिलाते रहे, फूल-मालाएँ भी स्वीकारते। बुज़ुर्ग महिलाएँ या पुरुष अभिवादन के लिए आते तो इंटरव्यू रोक देते। महिलाओं से कुशल मंगल पूछने लगते। यह उनका अपना अलग अन्दाज़ था। राज बब्बर चुनाव हार गये थे। शायद तीसरे नम्बर पर रहे थे।

बंगाल में जादूगर सरकार बीजेपी के टिकट पर चुनाव लड़ रहे थे। हम सुबह सुबह उनके घर पहुँच गये। मेरा अनुभव रहा है कि वीआईपी उम्मीदवार का चुनाव कवर करना है तो चुनाव प्रचार पर निकलने से पहले उन्हें पकड़ लिया जाये। तसल्ली से बात हो जाती है। जादूगर सरकार ने चाय पिलायी। नाश्ता कराया। फिर बात शुरू हुई। उन्होंने ताश के साथ कुछ जादू भी दिखाये। मैंने मज़ाक़िया लहजे में कहा कि आप तो जादूगर हैं। जनता को जादू से अपने वश में कर ही लेंगे। वह गम्भीर हो गये। कहने लगे कि जनता का दिल सिर्फ़ उनके विकास के काम करके जीता जा सकता है। विकास के जादू के अलावा दूसरा कोई जादू नहीं चलता। मैंने जाति और धर्म के जादू की बात कही तो इंटरव्यू ख़त्म होने के बाद उन्होंने कैमरा ऑफ़ होने पर जाति धर्म के जादू को स्वीकारा लेकिन इंटरव्यू कै दौरान कहने लगे कि प्रधानमन्त्री का काम और शख़्सियत का जादू उन्हें जीत दिलायेगा। मैंने भी इस पर कहा कि आप तो राजनीति सीख गये।

बीजेपी के दिल्ली दफ़्तर में एक बार अभिनेता सुरेश ओबराय से बात हुई। मैंने उनसे सवाल किया कि नेता ज़्यादा बड़ा अभिनेता होता है या अभिनेता। उस पर उनका कहना था कि नेता अभिनय करके नेता बनता है। अभिनेता परदे से इतर अभिनय नहीं कर पाता इसलिए कई बार सियासत के रंगमंच पर पिट जाता है। इस पर दूरदर्शन के एक न्यूज़ प्रोड्यूशर प्रतीक रे का क़िस्सा याद आया। वह उस समय कोलकाता में थे। मशहूर अभिनेता उत्तम कुमार की मौत की ख़बर आयी तो वह

कैमरा टीम के साथ एक ऐसी बांग्ला भाषा की अभिनेत्री के घर पहुँचे जिन्होंने उत्तम कुमार के साथ कई फ़िल्में की थी। इंटरव्यू शुरू हुआ तो सामान्य दिख रही अभिनेत्री की आँखें भर आयीं, वह ज़ार-ज़ार रोने लगी। इंटरव्यू ख़त्म हुआ तो पता चला कि आवाज़ ढंग से रिकॉर्ड नहीं हुई है। प्रतीक रे को बहुत ग़ुस्सा आया। उन्हें लगा कि ऐसे गम भरे माहौल में किस तरह अभिनेत्री से दोबारा इंटरव्यू देने का कहें और अगर वह मान भी गयी तो ज़ार-ज़ार रोना तो हो नहीं पायेगा। लेकिन अभिनेत्री तुरन्त मान गयी। उसी अन्दाज़ में ज़ार-ज़ार रोई जैसा कि ख़राब ऑडियो वाले इंटरव्यू में रोई थी। विदा करते समय कहा कि दूसरा टेक ज़्यादा ठीक रहा।

कुछ ऐसा ही मेरे साथ भी हुआ। बात 1991 की है। मैं उस समय 'नवभारत टाइम्स', जयपुर में उपसम्पादक था। देर रात राजीव गांधी की बम धमाके में मौत से ख़बर आयी। तुरन्त ही बाक़ी सारा काम रोक दिया गया। मुझे चीफ़ रिपोर्टर ईशमधु तलवार ने कांग्रेस बीजेपी नेताओं से उनके रिएक्शन लेने को कहा। मैंने फ़ोन से नम्बर मिलाने शुरू किये। सबसे पहले कांग्रेस के बड़े नेता को फ़ोन किया। नौकर ने बताया कि नेता जी सो रहे हैं। मैंने अपना परिचय दिया और फ़ोन करने का मक़सद बताया। नेता जी तुरन्त लाइन पर आये। मुझे लगा कि नेता जी को तगड़ा झटका लगा होगा लिहाज़ा प्रतिक्रिया ज़ाहिर करने के लिए थोड़ा समय दिया जाना चाहिए। मैंने कहा कि आप कहें तो दस मिनट बाद फ़ोन करूँ। लेकिन उन्होंने तुरन्त राजीव गांधी को याद करना शुरू कर दिया। पुरानी यादों के बारे में बताने लगे। मुझे लगा कि उनका गला भर आया है। बात ख़त्म करने के बाद बेहद ठण्डे लहजे में बोले कि अब दूसरे अख़बार वाले भी सोने नहीं देंगे। एक अन्य नेता को फ़ोन किया तो उन्होंने पलट कर पूछा कि और कौन-कौन से नेता से मैं बात कर चुका हूँ। मैंने बताया तो कहने लगे कि सबका कुछ-कुछ मिलाकर उनकी तरफ़ से लिख दो। मुझे हैरानी हुई कि अपने नेता की दर्दनाक मौत पर नेता जी के पास प्रतिक्रिया देने तक का समय नहीं है।

बहस-पर-बहस

कभी सपने में भी नहीं सोचा था कि एक दिन ऐसा भी आयेगा जब 'इंडिया' (विपक्षी दलों का समूह) 14 एंकरों की बाक़ायदा सूची जारी कर उनके कार्यक्रमों में नहीं जाने का ऐलान करेगा। कांग्रेस ने हालाँकि इसे 'बहिष्कार' नहीं बल्कि 'असहयोग' नाम दिया है लेकिन पहली बार नाम लेकर ऐसा किया गया है। ऐसा नहीं है कि ऐसा पहली बार हुआ है। बीजेपी कई बार, कई कई चैनलों में अपने प्रवक्ता भेजना बन्द कर चुकी है। (बाद में बीजेपी बीट कवर करने वाला रिपोर्टर सम्पादक को नेताओं से मिलवाता, गिले-शिकवे दूर किये जाते और प्रवक्ता फिर से आना शुरू कर देते।) ऐसी ही धमकी आम आदमी पार्टी के नेता भी दिया करते थे। मैंने एबीपी न्यूज़ में रहते हुए कई बार आप नेताओं की नाराज़गी दूर की थी। लेकिन अदावत स्थायी नहीं होती थी जैसी कि अब हो गयी लगती है। पहले भी चैनलों में खेमेबाज़ी थी लेकिन ऐसी नहीं थी जैसी कि अब दिखाई देती है।

इन दिनों टीवी न्यूज़ चैनलों में बहस बहुत होने लगी है। यानी यूँ कहा जाये कि देर दोपहर से लेकर देर शाम तक टीवी चैनलों पर बहस ही बहस दिखाई जाती है। सबसे बड़ी बहस, सबसे गरम बहस, संविधान की शपथ, हल्ला बोल, हुंकार, टक्कर, डंके की चोट पर, महाभारत जैसे दर्जनों नाम बहस के शो को दिये गये हैं. एक वक़्त वह भी था जब दूरदर्शन पर बहस होती थी। उसे चर्चा, परिचर्चा, आमने-सामने, वाद-विवाद जैसे नाम दिये जाते थे। किताब लिखते समय बीजेपी की राष्ट्रीय प्रवक्ता नुपुर शर्मा और दिल्ली बीजेपी के नवीन कुमार का मामला सुर्खियों में है। पैगम्बर साहब पर अमर्यादित टिप्पणी करने के लिए दोनों को 'फ्रिंज एलीमेंट' बताते हुए निलम्बन निष्कासन की सज़ा दी गयी है। अरब देशों के साथ सम्बन्धों में खटास आयी है। अख़बारों, डिजीटल और सोशल मीडिया में न्यूज़ चैनलों की बहस को इसके लिए दोषी ठहराया जा रहा है। लेकिन क्या वास्तव में ऐसा ही है। पहले हम

लोग 'इधर' और 'उधर' की बात करते थे। अब कहा जाता है कि या तो 'इधर' की बात करो या 'उधर' की। इसके साथ जोड़ा जाता है कि अगर 'इधर-उधर' की बात की तो न तो 'इधर' वाले देखेंगे और न ही 'उधर' वाले ही देखेंगे।

वैसे टीवी न्यूज़ चैनलों पर बाकायदा बहस का सिलसिला 2011 के अन्ना आन्दोलन से शुरू हुआ था। उससे पहले भी बहस होती थी लेकिन वह मौक़े मौक़े पर हुआ करती थी। अब तो मौक़े-बेमौक़े होने लगी है। कुछ लोग इसे लेज़ी जर्नलिज़्म कहने लगे हैं। ख़ैर, अन्ना आन्दोलन से पहले न्यूज़ चैनलों पर भूत, प्रेत, नाग-नागिन का बदला, डायन, चुड़ैलों का क़ब्ज़ा हुआ करता था। इसे मैंने प्रेत पत्रकारिता का नाम दिया था। (इस पर कहानी भी लिखी थी जिसका ज़िक्र आगे किताब में है।)

एबीपी न्यूज़ में सम्पादक शाज़ी ज़मां ने बहस की शुरुआत की थी। तब देश में निर्भया रेप केस से लेकर अन्ना–केजरीवाल आन्दोलन और मनमोहन सिंह सरकार पर लगे कोलगेट, टूजी घोटालों पर बहस हो रही थी। यह बहस हर गली मोहल्ले के नुक्कड़ पर हो रही थी यानी बहस को टीवी स्टूडियो में भी शुरू करने का शानदार मौक़ा था। अब चैनल ने तय किया कि बहस फीमेल एंकर्स से ही करायी जायेगी। (यह फ़ैसला क्यों किया गया यह मेरी समझ में आज तक नहीं आया और मैंने कभी पूछा भी नहीं।) अलबत्ता मुझे कहा गया कि मुझे 'को-एंकर' की भूमिका निभानी है। यानी बहस के शो में एंकर की बगल में बैठना है। बीच बीच में मेहमानों से सवाल भी पूछने हैं और पूरी बहस को सँभालना भी है यानी ब्रेक के बाद किस बिन्दु को उठाया जाये, किस मुद्दे पर किस नेता की घेरेबन्दी की जाये और कैसे प्रवक्ताओं को उकसाया जाये।

मैंने अंजना ओम कश्यप, सुमैरा खान, नेहा पन्त, रोमाना इसरार खान, चित्रा त्रिपाठी के साथ कई सालों तक 'को-एंकर' की भूमिका निभायी। फीमेल एंकर बदलती रही और मैं अंगद के पाँव की तरह जमा रहा। इस दौरान विभिन्न दलों के प्रवक्ताओं, पत्रकारों, राजनयिकों, सेना के रिटायर अफ़सरों, सामाजिक कार्यकर्ताओं और नेताओं के साथ भी अच्छा परिचय हो गया। कुछ नेता ब्रेक के समय या बहस ख़त्म होने के बाद गाड़ी का इन्तज़ार करते समय कुछ ऑफ़ द रिकॉर्ड भी बता दिया करते थे। यह जानकारी मेरे काम आती थी और बहस में कई बार प्रवक्ताओं से लेकर राजनेताओं को सवालों के ज़रिये घेरने की कोशिश करता था। हाँ, अपनी एंकर के साथ इशारों-इशारों में अंडरस्टैंडिंग बन गयी थी। जैसे मैं टेबल पर हल्के से

हाथ पलटता तो एंकर समझ जाती कि उसे आगे बढ़ जाना है या विषय बदल देना है या दूसरे मेहमान से जवाब लेना है। इसी तरह एंकर भी हाथ के इशारे से संकेत दे देती कि उसी सवाल पर अभी टिके रहना है या आगे बढ़ जाना है।

आजकल तो बहुत गरमागरम बहस होती है और हो-हल्ला ज़्यादा होता है। लेकिन हमारे समय में फिर भी भाषा का संयम हुआ करता था। थोड़े से हो-हल्ले के बाद प्रवक्ता मान जाते थे। कई बार उनकी मजबूरी होती थी तो चीख़ते ज़्यादा थे। एक बार एक बीजेपी प्रवक्ता बहुत चीख चिल्ला रहे थे। मैंने ब्रेक के दौरान पूछा तो कहने लगे कि पार्टी दफ़्तर में प्रवक्ताओं की बैठक में उन्हें डाँट खानी पड़ी कि आप प्रधानमन्त्री मोदी और अमित शाह पर लगने वाले आरोपों का मुँह तोड़ जवाब नहीं देते हो। इसलिए अपने मुख्य प्रवक्ता को दिखाने के लिए हो-हल्ला ज़्यादा कर रहा था। लेकिन एक बात है। बीजेपी के प्रवक्ता उस समय ज़्यादा तैयारी के साथ आते थे। ब्रेक के समय आमतौर पर व्हाट्सअप पर उन्हें सन्देश भी आते थे कि किस आँकड़े का इस्तेमाल करना है और कांग्रेस के प्रवक्ता के जवाब में क्या लाइन लेनी है .

बीजेपी प्रवक्ता ज़्यादा मेहनती भी दिखे। एक प्रवक्ता जो बाद में मोदी सरकार में मन्त्री भी बने, शुरुआती दौर में रात को मुझसे फ़ोन करके पूछते कि आज की बहस कैसी रही, उन्होंने जो बोला वह कैसा था और आगे क्या करना चाहिए। एक प्रवक्ता शर्मीले ज़्यादा थे। कम बोलते थे और कोई जब बीच में टोकता तो चुप हो जाते थे। एक रात बहस के बाद उनका फ़ोन आया। मैंने कहा कि इतनी सिधाई भी नहीं चलेगी। पार्टी प्रवक्ता पद से निकाल देगी। कुछ दिनों बाद उन्होंने तेवर ऐसे तीख़े किये कि मुझे ही ब्रेक में टोकना पड़ा कि इतनी टोका-टोकी की तो बहस क्या खाक कर पायेंगे हम।

इन दिनों एंकर बहुत बोलते हैं। हमारे समय एंकर सिर्फ़ एंकर की भूमिका में होते थे। कम बोलते थे। मैं भी लगातार अजन्ता से लेकर रोमाना और चित्रा को टोकता रहता था कि कम बोलो, ख़ुद को रिपीट मत करो, लोग तुमको नहीं नेताओं को देखने सुनने बहस में आते हैं। लेकिन इन दिनों तो ऐसा लगता है कि एंकर-एंकर भी है और पार्टी का प्रवक्ता भी। विपक्ष को स्टूडियो बुलाना है, बहस में बिठाना है, सवाल भी दागने हैं लेकिन जवाब नहीं लेना है। एक बार एक पत्रकार मित्र ने मुझे रोचक क़िस्सा बताया। वह अंग्रेजी के एक चैनल में नेशन को बताने के लिए बुलाये गये। पूरे एक घण्टे के शो में एक शब्द भी नहीं बोल पाये लेकिन बहस ख़त्म होने के

बाद उन्हें पाँच हज़ार का चेक दिया गया। इस पर उन्होंने चैनल के सम्पादक एंकर से कहा कि मुझे नहीं पता था कि आपके यहाँ नहीं बोलने के भी पैसे दिये जाते हैं।

वैसे मेरा अनुभव रहा है कि लाइव बहस में गरमा-गरमी दिखाने वाले नेता प्रवक्ता एंकर की तरफ़ से ब्रेक की घोषणा करने के साथ ही चुप हो जाते हैं। मुस्कराने लगते हैं और विरोधी पार्टी के प्रवक्ता के साथ इस क़द्र प्रेम से बात करने लगते हैं मानों पिछले जन्म के बिछुड़े हों और चैनल के स्टूडियो में ही पुनर्मिलन हुआ हो। एक कांग्रेस प्रवक्ता को इसी तरह बातों-ही-बातों में बीजेपी प्रवक्ता ने 'अन्दर' की बात कह दी। अब न तो उन्होंने कहा कि यह ऑफ़ द रिकॉर्ड है और न ही कांग्रेस प्रवक्ता पूछ पाये कि क्या यह ऑफ़ द रिकॉर्ड है। ब्रेक के बाद बहस शुरू हुई तो कांग्रेस प्रवक्ता ने बीजेपी प्रवक्ता की अन्दर की बात ऑन एयर कह दी। बस फिर क्या था। बीजेपी प्रवक्ता बिफर उठे। ऑन एयर कह डाला कि कांग्रेस प्रवक्ता ने ब्रेक के दौरान कहा कि उनके नेता राहुल गांधी तो वास्तव में पप्पू हैं। इस पर कांग्रेस प्रवक्ता लगे शोर मचाने। कांग्रेस प्रवक्ता ने मुझे गवाह बनाने की कोशिश की तो मैं साफ़ मुकर गया कि आप दोनों की आपस की बात है। मैंने कुछ सुना ही नहीं है। बहस ख़त्म होने के बाद चाय की थड़ी पर मामला सुलटाया गया।

एक बीजेपी प्रवक्ता ने बहस के दौरान राबर्ट वाड्रा को लेकर ग़लतबयानी की। तथ्य ग़लत पेश किये। कांग्रेस प्रवक्ता चूँकि बिना तैयारी के आये थे (जैसा कि उन दिनों अक्सर आया करते थे) इसलिए चुप रहे। मैंने को-एंकर के नाते टोका और बीजेपी प्रवक्ता से सही तथ्य देने को कहा। इस बीच ब्रेक हो गया। तब बीजेपी प्रवक्ता ने सफ़ाई दी कि उन्हें भी पता है कि वह ग़लत तथ्य पेश कर रहे थे लेकिन ऐसा कर वह कांग्रेस प्रवक्ता को विषय से हटाने की कोशिश कर रहे थे। दरअसल प्रवक्ताओं की ट्रेनिंग होती है कि अपनी बात पर अड़े रहो, विपक्ष की दलील का जवाब नहीं है तो बेतुकी कोई भी बात ऐसी कर दो जिससे विपक्ष उखड़ जाये, ग़लती कभी नहीं स्वीकारनी है, विपक्ष के ट्रैप में फँसना नहीं है, विपक्ष के सवाल का जवाब देने की जगह ख़ुद ही सवाल दाग़ देने हैं आदि-आदि।

अब मज़ेदार बात यह है कि पहले इस काम में बीजेपी प्रवक्ता एक्सपर्ट हुआ करते थे। फिर आम आदमी पार्टी के प्रवक्ता यह गुर सीख गये। अब तो सभी दलों के प्रवक्ता इस में महारथ हासिल कर चुके हैं। हम नेताओं की बात नहीं कर रहे क्योंकि उनमें तो यह गुण जन्मजात होते है। उन्हें सिखाने की हिमाकत कोई नहीं कर सकता।

जब मनमोहन सिंह की सरकार थी तो मैं बहस के दौरान कांग्रेस प्रवक्ताओं की खिंचाई किया करता था। नेताओं को भी आड़े हाथ लिया करता था। चुटकी लिया करता था। तब बीजेपी और आम आदमी पार्टी के प्रवक्ताओं को मैं बहुत अच्छा लगता था। हालाँकि कांग्रेस के प्रवक्ता कभी मुझसे नाराज़ नहीं हुए और न ही उनके मन्त्रियों ने कभी मेरी शिकायत सम्पादक जी से की। लेकिन केन्द्र में मोदी सरकार बनी और दिल्ली में अरविन्द केजरीवाल आये तो देखते-ही-देखते सारा मंज़र बदल गया। एक बार एंकर ने आप के प्रवक्ता की खिंचाई कर दी। बहस ख़त्म हुई। दस मिनट बाद ही सम्पादक जी ने मुझे कमरे में बुलाया और कहा कि 'आप' के लोग बड़े नाराज़ हो रहे हैं। मुझे सलाह (इसे निर्देश पढ़ा जाये) दी गयी कि मैं ख़ुद आप के प्रवक्ता से बात करूँ।

मैंने फ़ोन मिलाया और उनसे उनकी परेशानी पूछी तो कहने लगे कि उन्हें पूरा मौक़ा नहीं मिलता अपनी बात रखने का। आगे जोड़ा कि हम दिल्ली में सत्ता में हैं। हमारे सामने विपक्ष के दो-दो लोग बिठा दिये जाते हैं तो डबल टाइम मिलना चाहिए। मैंने बहस के बाद पूरी रिकॉर्डिंग देखी और एक एक प्रवक्ता के बोलने के समय का हिसाब किया। पता चला कि शिकायत करने वाले नेता को पहले दो चंक में कुल मिलाकर चार मिनट तीस सेकेंड मिले जबकि बीजेपी वाले को सिर्फ़ दो ढाई मिनट। यह उन्हें बताया गया तो ख़ुश हो गये और सम्पादक जी को फ़ोन करने पर माफ़ी माँगने के अन्दाज़ में आ गये।

इसी तरह बीजेपी सरकार में मन्त्री ने तो बहस के ख़त्म होने का इन्तज़ार तक नहीं किया। ब्रेक के दौरान ही सम्पादक जी को फ़ोन खड़का दिया। सम्पादक जी ने मुझे कहा कि ब्रेक के बाद मन्त्री जी को मौक़ा दिया जाये। (सच्चाई यह थी कि मन्त्री जी ही सबसे ज़्यादा बोले थे।) कांग्रेस प्रवक्ता को पता नहीं कैसे इसकी भनक लग गयी। वह ब्रेक के बाद बहस में कूद पड़े और मन्त्री जी को घेर लिया। पूरी बहस ही बिगड़ गयी। मन्त्री जी को बोलने का मौक़ा मिला नहीं।

आजकल तो हालत यह है कि एक चैनल के एंकर की नौकरी इसलिए चली गयी, क्योंकि सत्तापक्ष के मुख्य प्रवक्ता से वह भिड़ गये थे। एक चैनल से सत्तापक्ष नाराज़ हो गया और गेस्ट भेजने बन्द कर दिये। सम्पादक जी जब नाराज़गी की वजह पूछने गये तो पर्ची थमा दी। उसमें तीन नाम थे जो एक्सपर्ट की तरह चैनल पर आते थे और सत्ता पक्ष की शर्त थी कि तीनों नहीं आने पर ही गेस्ट भेजे जायेंगे। सम्पादक जी ने क्या किया होगा, यह बताने की ज़रूरत नहीं है। हालाँकि बार-बार

गेस्ट नहीं देने की धमकी का तोड़ चैनल वालों ने निकाला है। पहले कुर्सी ख़ाली छोड़ दी जाती थी। अब किसी भी जानकार को पार्टी विशेष का समर्थक कह कर बिठा लिया जाता है।

मुस्लिम बनाम हिन्दू बहस

तीन तलाक़ के मामले को सबसे पहले उत्तराखण्ड की सायरा बानो ने उठाया था। मामला सुप्रीम कोर्ट पहुँचा था। मैं ख़ुद उन पर स्टोरी करने काशीपुर गया था। शहर में उनके भाई मिले थे जिन्होंने हमारी गाड़ी से एबीपी न्यूज़ का स्टिकर हटवाया था क्योंकि हमें सेना के क्षेत्र में जाना था जहाँ सायरा बानो अपने पिता के साथ रह रही थी। ख़ैर, तीन तलाक़ का मामला सुर्ख़ियों में आ गया था। टीवी चैनलों पर बहस दर बहस हो रही थी। हमारे यहाँ मौलवी, उलेमा आने लगे। वह शरीयत की बात करते, कांग्रेस प्रवक्ता बीच का रास्ता निकालते, बीजेपी प्रवक्ता मुस्लिम बहनों के सबसे हिमायती भाईजान हो चले थे। उसी दौरान एक निष्पक्ष मेहमान ने बहस में टिप्पणी की थी कि ऐसा लगता है बीजेपी को ही मुसलमानों की सबसे ज़्यादा चिन्ता है। इस पर बीजेपी प्रवक्ता बिलबिला उठे थे।

ख़ैर, मैंने एक दिन मौलवी साहब से कहा कि वक़्त बदल गया है, आप लोग क्यों बीजेपी को मौक़ा दे रहे हैं, आप कह दो कि हमारा घर का मामला है, सुप्रीम कोर्ट छह महीने की मोहलत दे, हम लोग ख़ुद ही मामला सुलझा लेंगे। इस पर उनका जवाब था कि वह तो ऐसा ही चाहते हैं लेकिन चैनलों के गेस्ट कोर्डिनेटर (चैनल में वह लोग जिनके पास बहस के मेहमानों को बुलाने का ज़िम्मा होता है। उनके लिए गाड़ी भेजने से लेकर समय पर पैसा मिल जाये की ज़िम्मेदारी होती है) ही चाहते हैं कि हम तीन तलाक़ का समर्थन करे, बीजेपी को कोसे और शरीयत की बात करें। मुझे हैरानी हुई। मैंने कहा कि आप जब सहमत नहीं है तो आते क्यों है। चैनल वाले तो चाहते ही यही है कि तीखी गरमागरम बहस हो ताकि टीआरपी मिले।

इस पर मौलवी साहब का कहना था कि मैं नहीं आऊँगा तो कोई दूसरी आ जायेगा। आपके चैनल को बहुत लोग देखते हैं। मेरा कुछ नाम हो जाता है, चैनल की गाड़ी जब घर की गली में घुसती है तो चार लोग देखते हैं और विजय जी, कुछ पैसे भी मिल जाते हैं। अब इस बात का मेरे पास कोई जवाब नहीं था।

अलबत्ता एक अन्य मुस्लिम जानकार याद आते हैं। वह एक स्वयंसेवी संस्था चलाते हैं। उन्होंने शरीयत की बात बात पर दुहाई देने वाले मौलवियों के बीच अपनी जगह बनाने के लिए अलग ही रास्ता चुना। वह प्रगतिशील मुसलमान हो गये। यह

रूप यह अन्दाज़ चैनलों को बहुत पसन्द आया। सर पर मुस्लिम टोपी, चेहरे पर मूँछ बिना दाढ़ी और गरज़दार आवाज़। वह बहस में मौलवियों पर दहाड़ते कि उनके कारण क़ौम का सत्यानाश हो रहा है। इस पर मौलवी उछलने लगते। बहस रंग पकड़ लेती। वह प्रगतिशील मुस्लिम बहस के बाद सिगरेट पीते हुए मुझसे बोले कि पहले मुझे चैनल वाले बुलाते ही नहीं थे। अब देखो मैंने लाइन बदली तो चैनलों का रुख भी बदल गया।

आपको ध्यान होगा कि गोकशी की घटनाएँ एकबारगी बढ़ गयी थी। राजस्थान के बहरोड़ में पहलू ख़ान से लेकर अखलाक तक। चैनलों में बहस भी तीखी हो उठी थी। इसके विरोध में साहित्यकारों ने पुरस्कार वापसी की घोषणा की थी। आये दिन ऐसी ख़बरें आतीं कि फलाँ ने साहित्य अकादमी के एक लाख रुपये के पुरस्कार को ठुकराया या स्कालरशिप की राशि लौटायी। अगले कुछ घण्टों में वह शख़्स हर चैनल पर पाया जाता। हमारे चैनल ने भी इस पर महाबहस की। लखनऊ से मुनव्वर राणा भी तशरीफ लाये। बहस में वह मेरे क़रीब ही बैठे थे।

ब्रेक के दौरान उनसे बातें भी बहुत हुईं लेकिन उन्होंने आभास नहीं होने दिया कि आगे वह क्या करने जा रहे हैं। बीच बहस में वह मुझे वाशरूम जाने का इशारा करके उठे। वापस आये तो हाथ में चेक था। घोषणा कर दी कि वह साहित्य अकादमी की राशि का चेक चैनल के सम्पादक को सौंप कर जा रहे हैं। (इस उम्मीद के साथ कि चेक साहित्य अकादमी तक पहुँचा दिया जायेगा)। एंकर इस अचानक की गयी घोषणा से चौंकी। मेरी तरफ़ इशारा किया कि चेक लिया जाये या नहीं। मैंने चेक मुनव्वर राणा के पास रख दिया और उनसे वजह जानने लगा।

इस बीच विश्व हिन्दू परिषद के नेता ने मुनव्वर राणा पर नौटंकी करने का आरोप जड़ दिया। बीजेपी प्रवक्ता ने इसे सस्ती लोकप्रियता से जोड़ दिया। बहस तेज़ हो उठी। मैंने मौक़ा देखकर सम्पादक जी को फ़ोन किया। उनका कहना था कि मुनव्वर राणा बहुत ज़ोर दे तो चेक हम स्वीकार कर लें। ख़ैर ऐसा ही किया गया। बाद में जहाँ तक मुझे याद आता है कि चेक सम्पादक जी की मेज़ पर ही रखा रह गया और तीन महीने की मियाद पूरी हो गयी।

वैसे यह मेरा निजी अनुभव है कि मुस्लिम धर्मगुरुओं की आवाज़ ज़्यादा भारी होती है। इसलिए ऐसा लगता है कि वह ऊँची आवाज़ में बोल रहे हैं या फिर भाषा में तल्खी ज़्यादा है। इसके अलावा आमतौर पर टीवी का दर्शक कुरान, हदीस के बारे में ज़्यादा नहीं जानता है। उधर मुस्लिम धर्म गुरु मान कर चलते हैं कि हर कोई इस बारे में जानता है। ऐसे में आसान भाषा में आसान शब्दों में अपनी बात रखी

जाये तो शायद ज़्यादा लोगों तक बात पहुँच पाये। इसके अलावा राजनीतिक दलों के प्रवक्ताओं की तरह उलेमा ट्रेनिंग लिए हुए नहीं होते हैं। वह आसानी से प्रवक्ताओं के जाल में फँ.।ा जाते हैं।

ऐसा नहीं है कि हिन्दू पक्ष रखने वाले ज़्यादा समझदार होते हैं। फ़र्क़ इतना है कि वह जानते हैं कि किस बात ो मुसलमानों को चोट पहुँचती है और किस बात को हिन्दू दर्शक सुनना ज़्यादा पसन्द करता है। ऐसी ही एक बहस के दौरान विश्व हिन्दू परिषद के नेता ने दावा किया कि उनका संगठन देशी नस्ल की गाय के संरक्षण का काम करेगा, गौशालाएँ खोलेगा। इस पर मैंने पूछा की देशी नस्ल से उनका मतलब क्या है तो कहने लगे कि जर्सी गाय की देखभाल की ज़िम्मेदारी नहीं होगी क्योंकि वह विदेशी नस्ल है। मैंने कहा कि थारपरकर नस्ल की गाय की तो सेवा करोगे। उन्होंने हामी भरी तो मैंने झट जोड़ा कि थारपरकर तो पाकिस्तान में है। थारपरकर नस्ल की गाय यानी पाकिस्तान की हो गयी क्या। प्रवक्ता दायें-बायें करने लगे। ब्रेक में कहने लगे कि यार मरवा दिया, थारपरकर मुझे लगा कि थार मरुस्थल यानी अपना बाड़मेर जैसलमेर का इलाक़ा। मैं मुस्कराता रहा। उन्हें यह नहीं बताया कि थारपरकर ज़रूर पाकिस्तान में आता है जिसके नाम से गाय की देशी नस्ल है लेकिन असल में तो बात थारपरकर नस्ल की गाय की है। थारपरकर आज़ादी से पहले तो भारत का ही हिस्सा था।

बक़रीद से दो दिन पहले चैनल ने बकरे की कुर्बानी को लेकर बहस रखी। महाबहस इस बात पर थी कि क्या कुर्बानी ज़रूरी है। इसमें बकरीद पर बकरे की कुर्बानी से लेकर हिन्दू मन्दिरों में होने वाली बकरों की बलि देने पर भी बहस की गयी थी। विषय गरमागरम था। बहस भी बेहद गरमागरम रही। हिन्दू संगठन की तरफ़ से आये एक नौजवान भगवा कुर्ता पहन कर आये थे। माथे पर तिलक भी था। बहस में एक वक़्त तो दोनों जैसे मरने मारने पर उतर आये थे। ख़ैर, बहस ख़त्म हुई। बाहर टैक्सी का इन्तज़ार करते समय हिन्दू ने मुस्लिम के गले में बाँह डालते हुए कहा कि पिछले साल तो मैं दिल्ली से बाहर था लिहाज़ा ईद पर घर नहीं आ सका लेकिन इस बार डबल बकरा खाना है। इस पर दोनों ने एक साथ ठहाका लगाया था। मुसलमानों में बकरे की कुर्बानी होती है या हिन्दुओं में बकरा बलि चढ़ता है। दोनों भूल चुके थे।

कुल मिलाकर हमारे समय में 'इधर' की भी बात होती थी और 'उधर' की भी बात होती थी। आजकल या तो 'इधर' की बात होती है या फिर 'उधर' की। अफ़सोस जो 'इधर' और 'उधर' की बात करता है उसे न तो 'इधर' वाले सुनते हैं और न ही 'उधर' वाले।

इधर पिटाई, उधर खजूर मिठाई

कई बार पहले से आभास हो जाता है। बात जनवरी 2011 की है। मैं जयपुर में था। अपने घर। छुट्टी पर था। मिस्त्र की राजधानी काहिरा में छात्र अनोखा आन्दोलन कर रहे थे। तहरीर चौक पर हज़ारों की संख्या में मौजूद थे। अरब स्प्रिंग ट्यूनिशिया से निकल कर काहिरा पहुँच गया था। मैं घर पर न्यूज़ चैनलों पर तहरीर चौक की कवरेज़ देख रहा था। मुझे लगा कि काश मुझे यह कवर करने का मौक़ा मिलता। पता नहीं क्यों मुझे लगा कि चैनल के सम्पादक शाज़ी ज़मां का फ़ोन अब आयेगा अब आयेगा। मैंने बीबीसी और सीएनएन के साथ-साथ 'अल जज़ीरा' पर हो रही कवरेज़ को ध्यान से देखना शुरू किया। कुछ नोट्स भी लेने लगा। पता नहीं क्यों दिल कह रहा था कि मुझे काहिरा के तहरीर चौक की कवरेज़ करने जाना चाहिए। मन हुआ कि सम्पादक जी से फ़ोन पर बात करूँ। फिर हिचक गया। शाम को मोबाइल बजा। रजनीश आहूजा थे। इनपुट के हैड। मैं समझ गया कि हो न हो यह फ़ोन तहरीर चौक के बारे में ही है। रजनीश जी ने मुझसे पासपोर्ट के बारे में पूछा और अगले दिन सुबह दस बजे हर हालत में दफ़्तर पहुँचने को कहा।

अगले दिन सुबह दिल्ली में था। दस बजे दफ़्तर में। वीजा के लिए काग़ज़ात तैयार किये गये। दोपहर बारह बजे चाणक्यपुरी में मिस्त्र के दूतावास में था। वहाँ के प्रभारी ने बातों-ही-बातों में अरब स्प्रिंग के बारे में मेरी राय पूछी। एक दिन पहले अल जज़ीरा, बीबीसी और सीएनएन देखना काम आया। (मेरा मानना रहा है कि पत्रकारों को पढ़ने से परहेज़ नहीं करना चाहिए। कहीं-न-कहीं पढ़ा हुआ, देखा हुआ काम आ ही जाता है)। चाय आ गयी थी। चाय पीते पीते बताने लगे कि देखो, ख़तरा है, कुछ भी हो सकता है, हालात कब और ज़्यादा बिगड़ जायें कुछ भरोसा नहीं। कब सेना तहरीर चौक जबरन ख़ाली करा दे कोई ठिकाना नहीं। लेकिन मैं अड़ गया कि जब इतने सारे चैनल लाइव कवरेज़ कर रहे हैं तो मैं भी रिस्क उठाने को तैयार हूँ। वीज़ा मिल गया और रात को ही काहिरा की फ्लाइट में थे।

दिल्ली से काहिरा पहुँचने में जितना समय लगा उससे तीन गुना तो तहरीर चौक के अन्दर घुसने में लग गया। दरअसल गेट पर सेना के लोग थे। सेना आपकी पहचान साबित करने के बाद ही अन्दर जाने दे रही थी और कैमरा ले जाने पर मनाही थी। विदेशी पत्रकार ख़ाली हाथ पासपोर्ट दिखाते हुए अन्दर घुसते थे। अन्दर स्थानीय संवाददाता कैमरा यूनिट के साथ मिल जाता था। बीबीसी हो या सीएनएन या फिर फॉक्स न्यूज़ सभी के संवाददाता वहाँ पीटीसी (पीट टू द कैमरा यानी कैमरे के सामने बोलते) और हँसते मुस्कराते बाहर निकल जाते। लेकिन हम जैसों को कैमरा के साथ अन्दर जाने नहीं दिया जा रहा था। एक बार मैं बिना कैमरे के अन्दर गया। वहाँ एक फ्री-लांसर कैमरामैन से बात की तो उसने कहा कि एक पीटीसी के सौ अमेरिकी डालर लेगा। ज़ाहिर है कि दफ़्तर इतनी दरियादिली दिखा नहीं सकता था लिहाज़ा सेना के अधिकारियों की लल्लोचप्पो करने के अलावा कोई चारा नहीं था। सुबह गये तो ख़ाली हाथ लौट कर आये, दोपहर को भी यही हाल रहा। शाम को फिर कोशिश की। क़िस्मत अच्छी थी कि एक स्थानीय बुज़ुर्ग मिल गये जो तीस साल पहले गांधी के गुजरात गये थे। गांधी जी काम आये और उन्होंने एक दूसरी चोर रास्ता बताया जो गलियों में से होता हुआ जाता था।

मैं उत्साह से भरा कैमरामैन के साथ गली में पहुँचा तो कुछ युवक मिल गये। मुझे लगा कि सिगरेट के छल्ले उछालते यह लड़के भी राष्ट्रपति हुस्ने मुबारक के ख़िलाफ़ अरब स्प्रिंग आन्दोलन में शामिल होंगे। लेकिन यह क्या। मैंने अरब स्प्रिंग की तारीफ़ में अभी कुछ बोला ही था कि लड़के ग़ुस्से में आ गये। कैमरा छीनने की कोशिश करने लगे। एक के हाथ में लोहे का सरिया था जिसे उसने मुझ पर उठाने की भी कोशिश की। हम भागे लेकिन दो चार थप्पड़ तो हमें पड़ ही चुके थे। जैसे तैसे जान बचायी। नज़रें उन सज्जन को तलाश रही थी जो तीस साल पहले गांधी के गुजरात गये थे। फिर से मेन गेट पर पहुँचे। वहाँ सेना के अधिकारियों ने फिर टोका। मैंने अपना चेहरा सामने रखा। सारा हाल बताया तो वह अधिकारी पिघला। नज़दीक जीप में बैठे बड़े अफ़सर के पास ले गया जो अंग्रेज़ी समझते थे। उन्हें सारा क़िस्सा बताया तो वह पसीजे। कहा कि विदेश मन्त्रालय के दफ़्तर से अनुमति लेकर आओ। पता भी एक काग़ज़ पर लिख कर दिया। हम पूछते-पुछाते दफ़्तर पहुँचे तो वहाँ हम जैसे पत्रकारों की लाइन थी। एक फ़ार्म भरने को कहा गया। फ़ार्म भर दिया। मैंने पूछा कि आगे क्या तो वहाँ के अधिकारी ने कहा कि एक घण्टे बाद अपने आप अनुमति सेना तक पहुँच जायेगी। मुझे लगा कि गोली दी ज़ा रही है लेकिन सचमुच आधे घण्टे बाद ही सेना ने हमें अन्दर जाने दिया।

भीड़ को चीरते हुए अन्दर पहुँचे तो आन्दोलनकारी लड़कों के प्रतिनिधि मिले। उनके हाथ में थाली थी जिसमें खजूर थे। मैंने उन्हें कहा कि हिन्दुस्तानी सहाफी हूँ तो ख़ुश हुए और हमें खजूर खाने को दिये। मैंने शुक्रिया अदा करते हुए खजूर खाते खाते उन्हें पिटाई का क़िस्सा सुनाया तो हुस्ने मुबारक समर्थक लड़कों की करनी के लिए माफ़ी माँगने लगे। मैं हैरान था। वहीं मुझे वह सज्जन भी मिल गये जो तीस साल पहले गांधी के गुजरात गये थे। मैंने उनसे गर्मजोशी से हाथ मिलाया और कहा कि सचमुच आप लोग गांधी की अहिंसा, शान्ति और माफ़ कर देनी की शिक्षा पर चल रहे हैं। मेरी अंग्रेज़ी उन्हें कितनी समझ में आयी यह तो पता नहीं लेकिन वह मुझसे गले मिल गये। मैं समझ गया कि वह समझ गये हैं और आगे कुछ समझाने के लिए बचा नहीं है। तहरीर चौक में युवा ही युवा थे। कोई सेना के टैंक के आगे कंबल बिछा कर और कम्बल ओढ़ कर विरोध प्रदर्शन कर रहा था तो कोई पोस्टर बना रहा था। कहीं सामूहिक रूप से गीत गाये जा रहे थे तो कहीं भोजन के पैकेट बांटे जा रहे थे। एक युवा डॉक्टर मिले जो दुबई में बड़े अस्पताल में ऊँची तनख़्वाह पर नौकरी कर रहे थे और शानदार ज़िन्दगी जी रहे थे लेकिन नौकरी से छुट्टी लेकर काहिरा आ गये थे। अब तहरीर चौक में आन्दोलनकारियों की सेहत पर नज़र रखे हुए थे। उनके साथ दो नर्स भी थी जिनमें से एक ने सरकारी नौकरी छोड़ी थी तो दूसरी टर्की से आयी थी। यह एक फेसबुक क्रान्ति थी। फेसबुक पर ही जनता से तहरीर चौक आने का आग्रह किया जाता। समय बताया जाता। फेसबुक पर ही लोग इस मैसेज को फारवर्ड करते। आन्दोलन की माँगों की जानकारी भी फेसबुक के ज़रिये दी जाती। इस पर लोग अलग-अलग तरह से रिएक्ट करते।

सेना के टैंकों और आधुनिक हथियारों के साये में शान्तिपूर्ण ढंग से आन्दोलन चल रहा था। राष्ट्रपति मुबारक के इस्तीफ़े की माँग हो रही थी। मुबारक ने सेना को हुक्म दिया था कि तहरीर चौक जबरन ख़ाली करवा दिया जाये लेकिन सेना ने मना कर दिया था। कोई दो हफ़्ते बाद ही मुबारक इस्तीफ़ा देने को मजबूर हुए। उस समय रात के आठ बजे थे शायद। हम होटल में अपने कमरे में थे। अचानक से ख़बर आयी और सड़क पर हॉर्न बजने लगे। कार, बस, ट्रक, मोटरसाइकिल सभी के हॉर्न बज रहे थे। लोग हॉर्न बजाकर अपनी जीत का जश्न मना रहे थे और मुबारक की हार पर एक दूसरे को मुबारकबाद दे रहे थे। बच्चे सेना के टैंक पर चढ़ कर सेल्फी ले रहे थे। अगले दिन तो कमाल ही हो गया। सुबह सात बजे थे। बड़ी-बड़ी गाड़ियों से पुरुष, महिलाएँ, बच्चे उतर रहे थे। सभी के हाथ में झाड़ू था। सब मिलकर तहरीर

चौक की सफ़ाई करने में लगे थे। तहरीर चौक की हम तुलना दिल्ली में इंडिया गेट के चक्कर से कर सकते हैं। ऐसा समझ लीजिए कि इंडिया गेट के अन्दर लोग जमा हैं और सड़क पर टैंक और बख़्तरबन्द गाड़ियाँ खड़ी हैं। सफ़ाई अभियान दिन भर चला था। मैं यह सब कवर कर रहा था और हैरान भी हो रहा था। भारत में कहीं ऐसा होता है क्या। कोई धरना स्थल पर झाड़ू लगाता है क्या।

मैंने आपको बताया कि किस तरह डेढ़ दिन तहरीर चौक में घुसने की मशक्कत करता रहा। इस दौरान ख़ुद भी पिटा और कैमरामैन को भी पिटते देखा। इस दौरान सड़क से रिपोर्टिंग करता रहा। होटल में अपने कमरे की बाल्कनी से रिपोर्टिंग करता रहा। वहाँ से ऊँचाई से पूरा तहरीर चौक दिखाई देता था। होटल में ही सीएनएन, बीबीसी और फॉक्स न्यूज़ के रिपोर्टर भी थे। उन्होंने तो बाल्कनी में ही स्टूडियो बना रखा था जहाँ से 'लाइव' किया करते थे। अल जज़ीरा ने तो तहरीर चौक से सटे एक घर की छत पर स्टूडियो बना रखा था। एक रात वहाँ से रिपोर्टर 'लाइव' दे रहा था और उसे मुबारक समर्थकों ने स्नाइपर से गोली मार दी थी। रिपोर्टर का शव सीधे चौक में जा गिरा था। हमारे होटल के मैनेजर ने भी लाइव रिपोर्टिंग पर रोक लगा दी थी। साफ़ कह दिया था कि पाबन्दी नहीं माननी तो होटल छोड़ दो। यहाँ तक कि हमारे कैमरे नीचे लॉबी में ही रखवा दिये जाते थे।

लेकिन दिल्ली दफ़्तर में कुछ ऐसे जले भुने लोग थे जिन्होंने उड़ा दी कि विजय विद्रोही डर गया। होटल से निकल ही नहीं रहा है। बाल्कनी से रिपोर्टिंग करनी थी तो गया ही क्यों। यह ऐसे साथी थे जिन्होंने कभी रिपोर्टिंग नहीं की थी। जो कभी फ़ील्ड में निकले नहीं थे। एक बार तहरीर चौक में जाने की अनुमति मिलने के बाद अगले दस दिनों तक वहीं से रिपोर्टिंग करता रहा लेकिन भाई लोगों ने छवि ऐसी बनायी जैसे कि मैं पूरा समय होटल से निकला ही नहीं। इस बीच बरखा दत्त मुबारक समर्थकों से भिड़ गयी। हाथापाई हुई। गाड़ी और कैमरा तोड़ दिया गया। एक अन्य भारतीय चैनल का कैमरा मुबारक समर्थक छीन कर ले गये। उस चैनल ने इसे बढ़ा-चढ़ा कर पेश किया। मैं पूरा कैलकुलेटिड रिस्क ले रहा था। हम एक बैग में कैमरा डालकर सैलानियों की तरह निकलते थे। जहाँ मौक़ा मिलता कैमरा निकालते। शूट करते और फिर सैलानी बन जाते। काहिरा में मैंने देखा कि चाय की छोटी छोटी दुकानों पर भी चाय के साथ आपको हुक्का भी पीने को मिलता था। हुक्का को वहाँ शीशा कहा जाता था। चाय को या तो चाय बोलते या फिर कहवा। वहाँ टाई पहने युवा लैपटॉप पर काम करते दिखते जो चाय और हुक्का या शीशा साथ-साथ पी रहे होते। मुझे लगा कि

यह स्टोरी करनी चाहिए। हम एक चाय की दुकान पर बैठे। देर तक बैठे रहे। हुक्का पीते रहे। दुकानदार से कुछ दोस्ती की। लैपटॉप चला रहे युवकों से बात की। जब लगा कि विश्वास जम गया तो बैग से कैमरा निकाला। दुकानदार ने भी साथ दिया। कुछ ग्राहकों को भी हमसे बात करने के लिए राज़ी किया। यहाँ तक कि दुकानदार ने चाय के पैसे भी नहीं लिए। (हालाँकि हम ज़बरदस्ती बिल मशीन के पास रख कर आ गये।) बाद में उस चाय की दुकान पर कई बार जाना हुआ। जाते तो दुकानदार मुस्कराता। उसे हमने स्टोरी दिखाई जो टेलीकास्ट हुई थी। वह बहुत ख़ुश हुआ।

मेरा मानना था कि अगर हथियार ही छिन गया तो सैनिक युद्ध में क्या कर लेगा। लेकिन चैनल के भाई लोगों के यह सब रास नहीं आ रहा था। आख़िरकार एक दिन होटल के ठीक बाहर मुबारक समर्थकों और विरोधियों के बीच झड़प हो गयी। कैमरामैन ने कैमरा निकाला और मैंने माइक हाथ में लिया। इस बीच सेना का एक बड़ा अफ़सर होटल से निकला जिसने हमारा कैमरा ज़ब्त कर लिया। मैंने दिल्ली सूचना दी और चैनल ने इसे बढ़ा चढ़ा कर दिखाना शुरू कर दिया। इस बीच उस अफ़सर के आगे हाथा जोड़ी की तो उसने कैमरा होटल मैनेजर के पास रखवा दिया जो देर रात हमें वापस भी मिल गया। इस घटना से दिल्ली के भाई लोगों को अहसास हो गया कि कैमरा गँवाना समझदारी नहीं है, कैमरा बचाकर रिर्पोटिंग करना ही समझदारी है। ख़ैर, काहिरा से लौटते समय खजूर ख़रीदा। दफ़्तर में उन साथियों को भी खिलाया। मैंने तब तंज कसा कि खजूर बाल्कनी में खड़े होकर नहीं ख़रीदे।

काहिरा में एक बड़ा मजेदार वाक्या हुआ। हम पिरामिड देखना चाहते थे। एक टैक्सी पकड़ी। ड्राइवर को पिरामिड के पास ले जाने का कहा। उसे समझ नहीं आया। मैंने एक ख़ाली पन्ने पर पिरामिड का चित्र बनाया। ड्राइवर ने 'हाँ' में सिर हिलाया। टैक्सीवाले ने एक भीड़ भरे बाज़ार में एक होटल के सामने टैक्सी रोक दी। हम हैरान। इस बाज़ार में पिरामिड...ख़ैर, नज़र होटल पर पड़ी तो ड्राइवर पर ग़ुस्सा आने के बजाय हँसी छूट गयी। होटल का नाम 'पिरामिड' था। गनीमत रही की एक राहगीर मिल गया जो थोड़ी बहुत अंग्रेज़ी समझता था। उसने ड्राइवर से अरबी भाषा में कहा। ड्राइवर ने हमसे माफ़ी माँगी और गीजा के पिरामिड ले गया। अफ़सोस तहरीर चौक मसले के चलते पिरामिड बाहर से देखना ही खुला था। हम अन्दर जाना चाहते थे लेकिन जाने नहीं दिया गया।

लपक लपक लपका

माना जाता है कि भारत में आने वाला हर तीसरा विदेशी सैलानी राजस्थान आता है। राजस्थान में भी उसका औसत सैर सपाटा तीन दिन का होता है। एक ट्यूरिस्ट प्रत्यक्ष अप्रत्यक्ष रूप से चालीस लोगों को रोज़गार देता है। इस हिसाब से देखा जाये तो राजस्थान में लपकों की चाँदी है क्योंकि जिन चालीस लोगों को एक सैलानी रोज़गार देता है उसमें लपके भी शामिल होते हैं। आप समझ ही गये होंगे कि मैं किन लपकों का ज़िक्र कर रहा हूँ। लपके यानी वह लोग जो हवाई अड्डों, रेलवे स्टेशनों, बस स्टैंडों, होटलों, शोरूम, महल किलों गढ़ों म्यूजियम के बाहर मिलते हैं। जो सैलानियों को बड़े-बड़े शोरूम में लेकर आते हैं जहाँ सैलानी शापिंग करते हैं। जो सैलानियों को होटल तक लेकर आते हैं जहाँ सैलानी चेक इन करते हैं। ज़ाहिर है कि इस सबका कमीशन लपकों को मिलता है। यह लोग जिस तरह से विदेशी सैलानी की तरफ़ लपकते हैं और बातों में 'फँसाते' हैं, जिस तरह से होटलों या शोरूम तक लेकर जाते हैं उस अन्दाज़ को देखते हुए इन्हें लपका कहा जाता है। जयपुर शहर की बात करें तो दिल्ली-जयपुर, अजमेर-जयपुर, आगरा-जयपुर, बीकानेर-जयपुर हाईवे से ही लपकों का काम शुरू हो जाता है। सैलानियों को घुमाने जयपुर ला रहा टैक्सी ड्राइवर ख़ास इशारा करता है और मोटरसाइकिल पर सवार लपके किक मारते हैं। उसके बाद लपकें सैलानियों से चलती टैक्सी के सामानन्तर मोटरसाइकिल चलाते हुए शुरू हो जाते हैं। होटल के नाम, शोरूम आदि जानकारी देने लगते हैं। ड्राइवर बता देते हैं कि किस देश के हैं और लपके उसी भाषा में शुरू हो जाते हैं ताकि सैलानियों का दिल जीत सकें।

ऐसा देश के दूसरे राज्यों के पर्यटन केन्द्रों में भी दिखता है लेकिन यहाँ भी राजस्थान के लपकों ने अपनी पकड़ बनायी है। गरमियों में शिमला मसूरी में राजस्थान के लपके ही नज़र आते हैं। आमतौर पर कम पढ़े-लिखे लपकें एक

से ज़्यादा विदेशी भाषा ज़रूर जानते हैं। अंग्रेजी के अलावा स्पेनिश, जर्मन और इतावली भाषा ख़ासतौर से। पिछले कुछ सालों इस्राइली भाषा भी सीखने लगे हैं। यहाँ भाषा पर पूरी पकड़ तो नहीं होती लेकिन संवाद की शैली ऐसी होती है जिससे विदेशी सैलानी प्रभावित हो जाये। उन्हें सस्ता होटल, डिस्काउंट में शॉपिंग आदि रियायतों के झुनझुने थमा दिये जाते हैं।

तो पेश हैं लपकों से जुड़ी तीन कहानियाँ। मैंने 'आजतक' में रहते हुए इन तीन कहानियों को पिरोते हुए आधे घण्टे का विशेष कार्यक्रम किया था। यह ख़ासा चर्चित हुआ था। उस हफ़्ते की टीआरपी में दूसरा सबसे ज़्यादा लोकप्रिय कार्यक्रम बना था। नाम दिया था 'परदेशियों से ही अँखियाँ मिलाना'।

झुग्गया-सोफिया

पहली कहानी है उदयपुर की। झुग्गया नाम था उसका। सिर पर घने बाल थे जो बयाँ के घोंसले की तरह लगते थे। बाल माथे पर बादलों की तरह छितराये रहते थे। तो यार दोस्तों ने नाम रख दिया झुग्गया। उसने आठवीं तक की पढ़ाई की थी। आगे न तो पढ़ने का मौक़ा मिला और न ही झुग्गया पढ़ना ही चाहता था। झील के किनारे उसका छोटा-सा घर था। छत से झील और पीछे पहाड़ियों का पूरा नजारा दिखाई देता था। बड़ा भाई लपके का काम करता था। तब घर में विदेशी सैलानी आते रहते थे। शाम को आ जाते। छत पर बीयर, शराब पीते। भाई कभी-कभी नशे का इन्तज़ाम भी कर देता। तेज़ म्यूजिक चलता। झुग्गया ने ठण्डा पानी, लहसुन की चटनी, बाजरे की रोटी, घेवर छत पर पहुँचा-पहुँचा कर कब काम चलाऊ अंग्रेज़ी सीख ली थी उसे ख़ुद पता नहीं। वह इस्राइली, जर्मन, इतावली और स्पेनिश भाषा का संगीत भी कुछ कुछ समझने लगा था।

भाई की शादी हो गयी और भाभी दो महीने बाद ही भाई को अपने साथ ले गयी। अब घर चलाने की ज़िम्मेदारी झुग्गया पर आ गयी। वह लपका ही बन सकता था। बन भी गया। एक बार एक जर्मन युवती अपने जर्मन दोस्त के साथ झुग्गया के यहाँ ठहरी थी। तीन दिन तक झुग्गया ने ही दोनों को उदयपुर से लेकर चित्तौड़गढ़, कुम्भलगढ़, हल्दी घाटी, नाथद्वारा, शिल्प ग्राम आदि जगह घुमाया था। झुग्गया पूरे दिन घुमाता और देर रात तक दोनों की सेवा में (पिलाने खाने में) लगा रहता। तीन दिन बाद झुग्गया दोनों को एयरपोर्ट तक छोड़ने गया था। तब उसे पचास डॉलर की टिप अलग से जर्मन युवती ने दी थी और जाते-जाते गले भी लगी थी।

जोड़ा पेरिस चला गया और झुग्गया अपने काम में मसरूफ हो गया। तीन महीने बाद झुग्गया को उस टैक्सी चालक ने फ़ोन किया (जो जर्मन जोड़े को एयरपोर्ट छोड़ने गया था) कि उस विदेशी बाला की सहेली उदयपुर आ रही है और झुग्गया के यहाँ ही ठहरना चाहती है। उस युवती का नाम सोफिया था। वह जर्मन की एक निजी एयरलाइंस कम्पनी में काम करती थी। हाल ही में उसका ब्रेक अप हुआ था। वह गम भुलाने के लिए सहेली की सलाह पर झीलों की नगरी उदयपुर आ रही थी। झुग्गया ने उसे चार दिन घुमाया। उदयपुर से लेकर चित्तौड़गढ़ तक। तब तक झुग्गया कुछ कुछ जर्मन भाषा के शब्द सीख चुका था। सोफिया एक बार पहले भी अपने प्रेमी का साथ उदयपुर आ चुकी थी।

उसने पहले दिन रोते-रोते झुग्गया को जर्मन भाषा में अपनी प्रेम कहानी बताई जिसे झुग्गया ने काफी हद तक समझने की भी 'हाँ' भरी। सोफिया के कहने पर उसने जंगल से तीतर का भी जुगाड़ किया। चौथे दिन सोफिया ने हल्दी घाटी में महाराणा प्रताप के घोड़े चेतक की मूर्ति के आगे खड़े होकर तस्वीरें खिंचवाई थीं। वहाँ झुग्गया ने घोड़े की आवाज़ निकाली थी जिस पर सोफिया ज़ोर-ज़ोर से हँसी थी। सोफिया के कहने पर तीन बार झुग्गया घोड़े की आवाज़ में हिनहिनाया था। घोड़े की तरह टाँग उठा-उठाकर झुग्गया चला भी था। स्लो मोशन में। टप-टप करते हुए। सोफिया हँसती रही, तस्वीरें उतारती रही और झुग्गया घोड़े की तरह हिनहिनाता रहा। उसी रात सज्जनगढ़ किले की ऊँचाई से उदयपुर शहर की रोशनी को निहारते हुए सोफ़िया ने ऐलान किया था कि वह अपने ब्रेक अप से अब उबर गयी है और झुग्गया का शुक्रिया उसने चुम्बन के साथ अदा किया था।

झुग्गया ने उस रात बढ़िया वाइन की बोतल खोली जो एक सैलानी देकर गया था। उस वाइन की बोतल को झुग्गया ने किसी ख़ास मौक़े के लिए बचाकर रखा था। झुग्गया को पता नहीं क्यों लगा कि आज की रात ही वह ख़ास मौक़ा है। यह बात 20 दिसम्बर की है। क्रिसमस मनाने सोफिया अगले दिन पेरिस रवाना हो गयी। जाते-जाते एयरपोर्ट पर उसने फिर झुग्गया को चूमा था। फिर वायदा किया कि फ़रवरी में वह एयर टिकट भेजेगी। तब तक झुग्गया को अपना पासपोर्ट बना लेना है।

मैं इस घटना के दो साल बाद झुग्गया से मिला था। फ़रवरी का महीना था। वह शिल्प कला केन्द्र के बाहर घोड़े की आवाज़ निकाल रहा था। आसपास खड़े लोग हंस रहे थे। गोल घेरा बनाकर। झुग्गया हिनहिनाते हुए घोड़े की चाल चल रहा था।

टप टप करते हुए। 'वो आयेगी...फ़रवरी आ गयी...अब वो भी आयेगी। वो टिकट भेजेगी...उसने कहा था फ़रवरी में...पासपोर्ट तैयार है सोफिया।' झुग्गया कभी घोड़े की तरह हिनहिनाता तो कभी जेब से पासपोर्ट निकालकर विदेशी सैलानियों को दिखाता। विदेशी सैलानियों को देखते ही जर्मन भाषा में बोलना शुरू कर देता। मुझे नज़दीक के एक चाय वाले ने बताया कि कैसे सोफिया ने पेरिस जाने के बाद भी झुग्गया को ख़त लिखे थे। झुग्गया ने जर्मन भाषा लिखनी सीखी ताकि ख़त का जवाब जर्मन भाषा में ही दे सके। यह सिलसिला क़रीब आठ महीने चला। इस बीच दोनों की फ़ोन पर भी बात हुई।

फिर धीरे-धीरे सोफिया के खत आने कम और फिर बन्द हो गये। उसने फ़ोन उठाना भी बन्द कर दिया। उधर फ़रवरी आते ही जैसे झुग्गया पागल ही हो जाता। जर्मन ग्रुप को देखते ही घोड़े की तरह हिनहिनाने लगता। घोड़े की चाल चलने लगता। टप टप। सोफिया की तस्वीर हाथ में लेकर जर्मन महिलाओं से पूछता। उनके आगे रोता। सोफिया का पता बताने के लिए गिड़गिड़ाता। उन सैलानियों से पूछता कि क्या सोफिया ने उनके हाथों टिकट भेजा है।

स्टोरी हो गयी। चल भी गयी। चर्चित भी हो गयी। लेकिन पता नहीं क्यों झुग्गया को मैं आज भी भूल नहीं पाया हूँ। अभी लिखते हुए भी उसकी तस्वीर आँखों के आगे घूम रही है। बाद में मैंने पता लगाया था कि फ़रवरी में हिनहिनाने का सिलसिला छह साल तक चला। फिर झुग्गया की माँ की मौत हो गयी और झुग्गया भी उसी दिन घर छोड़ कर चला गया। फिर कभी वापस नहीं लौट कर आने के लिए। पता नहीं सोफिया कहाँ होगी। क्या उसे झुग्गया याद भी होगा। हो सकता है कि फिर कभी सोफिया उदयपुर आयी हो और उसने झुग्गया के बारे में पता लगाया हो। तब क्या वह बहुत रोई होगी। आपको क्या लगता है?

अमर-केट

दूसरी कहानी पुष्कर की है। यह कहानी भी क़रीब बीस साल पुरानी है। यह कहानी एक अख़बार में छपी थी। पुष्कर घूमने आयी एक पुर्तगाली युवती ने स्थानीय लपके से शादी कर ली थी। बच्चा हुआ तो बच्चे को छोड़ कर वापस अपने देश चली गयी। पुष्कर में कुल मिलाकर आठ ऐसे केस हो चुके थे। मामला राजस्थान की विधानसभा में भी उठा था। मैंने ख़बर पढ़ी तो उत्सुकता हुई। मैंने पता लगाया कि क्या पुष्कर में कोई ताज़ा मामला भी हुआ है जिसे कवर किया जा सकता है। पुष्कर

में मैं ऐसे घरों में गया जहाँ विदेशी बहु बच्चा छोड़कर वापस अपने देश चली गयी थी। बच्चा दादी या भाभी की गोद में पल रहा था। सफ़ेद झुर्रियों वाली दादी की गोद में सुनहरे बालों वाला गोरा-गट बच्चा। ख़ैर कहानी यह नहीं है। कहानी तो हमें मिली केट की। पुर्तगाल की केट जेल के बाहर बैठी हुई मिली थी। हाथ में झोला था। झोले में खाने का सामान, बीड़ी के बंडल और माचिस के पैकेट थे। केट ख़ुद बीड़ी पी रही थी जब मैंने पहली बार उसे देखा था।

केट छह महीने के वीसा पर भारत आई थी। पुष्कर में उसकी मुलाक़ात अमर नाम के लपके से हुई। अमर ने उसे आसपास गुलाब के खेत दिखाये थे और अजमेर भी ले कर गया था। मुलाक़ात कब दोस्ती में बदली और दोस्ती कब प्यार में पता ही नहीं चला। अमर शादीशुदा था। उसका एक बच्चा भी था। एक दिन केट ने रोते हुए कहा कि उसका अपने पिता से झगड़ा हो गया है और उन्होंने पैसा भेजना बन्द कर दिया। उसे वापस जाना होगा। ऐसे में अमर उसे अपने घर ले गया। अमर की पत्नी ने केट को अपनी बहन की तरह रखा। अमर का बेटा केट को 'मौसी' कह कर पुकारता। केट ने अमर के साथ लपकागीरी करना शुरू कर दिया। पुष्कर के लिए यह अनोखा था। पुर्तगाल की एक विदेशी बाला लपका बन गयी थी। अमर का काम चल निकला। दोनों सुबह साथ-साथ घर से निकलते और कभी-कभी तो दो तीन दिन बाद लौटते। कह देते कि सफारी के साथ साम्भर चले गये थे या फिर पुर्तगाल का ग्रुप साथ में जोधपुर ले गया था।

अमर की पत्नी इस बीच गर्भवती हुई और अपने मायके चली गयी। लौटकर आई तो गर्भवती केट से सामना हुआ। अब अमर और उसकी पत्नी के बीच दिन रात झगड़े होते। उधर केट को उसके नाराज़ चल रहे पिता ने धमकी दे डाली कि अगर वह वापस नहीं लौटी तो उसे सम्पत्ति से बेदख़ल कर दिया जायेगा। अमर नहीं चाहता था कि केट वापस लौटे। पत्नी का दबाव था कि वापस जाती है तो जाये, साथ में बच्चा भी लेती जाये। बच्चा नहीं ले जा सकती तो यहीं छोड़ जाये। पुष्कर में वैसे भी आठ ऐसे बच्चे पल रहे हैं, नौवाँ सही। एक रात शराब के नशे में अमर अपनी पत्नी से झगड़ा कर बैठा। गाली गलोच हुआ। एक दूसरे पर हाथ उठाया गया। पता नहीं कब अमर के हाथ चाकू आया और कब उसने पत्नी के पेट के आर पार कर दिया। अमर की पत्नी को बचाने के लिए केट सामने आयी तो अमर ने उसे इतनी ज़ोर से धक्का मारा कि दीवार से टकरा उसका गर्भ ही गिर गया। अमर को दस साल की सज़ा सुनाई गयी।

आगे कहानी यह है कि केट चाहती तो वापस पुर्तगाल जा सकती थी, पिता की सम्पत्ति के सहारे शानशौकत की ज़िन्दगी बिता सकती थी लेकिन वह वापस नहीं गयी। केट का बच्चा भी गर्भ में मर चुका था जिसके लिए अमर ही ज़िम्मेदार था। इस नाते भी केट उसे जेल में सड़ने के लिए छोड़ वापस जाने के लिए आज़ाद थी। लेकिन केट पुष्कर में ही रुक गयी। जेल के बाहर बीड़ी पीते हुए अमर की सज़ा पूरी होने का इन्तज़ार करने लगे। केट अमर के बच्चे को अपने बच्चे की तरह पाल रही थी। बच्चे ने मौसी की जगह 'माँ' कहना शुरू कर दिया था। केट के पिता एक बार ख़ुद पुर्तगाल से पुष्कर आये थे लेकिन केट ने साथ जाने से साफ़ मनाकर दिया था। मैं जब केट से मिला तो अमर की सजा पूरी होने में दो साल बचे थे। केट ने कहा था कि वह अमर के जेल से बाहर आने का इन्तज़ार करेगी और फिर दोनों बच्चों के साथ पुर्तगाल चली जायेगी।

मेरी कहानी तो यहीं ख़त्म हो गयी थी लेकिन बाद में पता चला कि अमर को अच्छे चाल चलन के चलते एक साल पहले ही रिहाई मिल गयी। केट ने अपना वायदा पूरा किया। अपने साथ अमर और बच्चों को पुर्तगाल ले गयी। वहाँ दोनों ने हैंडीक्रॉफ्ट का धन्धा शुरू किया। अमर का इस बीच पुष्कर आना होता रहा। आगे पता चला कि अमर ने केट से छुपाकर पुष्कर से बाहर ज़मीन ख़रीदी थी और वह अमर रिसोर्ट खोलने की सोच रहा था। केट को इसकी भनक लग गयी और दोनों के बीच इस बात को लेकर ज़ोरदार झगड़ा भी हुआ। झगड़ा बाद में एक सिससिला बन गया। अमर का मन पुष्कर में रमता था और केट यहाँ लौटना नहीं चाहती थी। आगे क्या हुआ पता नहीं।

सना खान –मारथा

यह कहानी जैसलमेर की है जो अपने सोनार किले के लिए दुनिया भर में चर्चित है। आस्ट्रेलिया की पचास साल की मारथा जैसलमेर घूमने आयी थी। सम के टीलों पर घूमते हुए उसे सना नाम का युवक टकरा गया। सना खान तीस साल का था। लम्बा चौड़ा बांका नौजवान। सना खान मांगणियार था लेकिन गाता नहीं था। ऊँट पालक था। सम के टीलों पर सैलानियों को ऊँट की सवारी कराता था। कभी-कभी कैमल सफारी पर ले जाता था। तब सैलानियों को अपने गाँव में मिट्टी की हांडी में लाल मांस बना कर खिलाता था। बाजरे की रोटी पर करारा लाल मांस। रात में गाँव में कैंम्प फायर जैसा हो जाता। 'कालबेलिया' नाच का आयोजन होता। लंगा मांगणियार 'पधारो म्हारे देस' की टेर लगाते।

मारथा तीन दिन कैमल सफारी पर सना खान के साथ रही। ऊँट की सवारी करने से पीठ अकड़ गयी तो सना ने रात को स्विस टेंट में पीठ की मालिश की। मालिश कड़ुवे तेल से की गयी थी लेकिन मारथा को उसमें फ्रेंच परफ्यूम की ख़ुशबू महसूस हुई। मालिश के बाद सना वहीं रुका रहा और अगले दिन देर तक मारथा से बिस्तर से उठा ही नहीं गया।

मारथा हमेशा तो सम के टीलों में रह नहीं सकती थी। वह जैसलमेर शहर लौटी और सना खान ने अपना ऊँट किराये पर दोस्त को दे दिया। वह मारथा के साथ होटल में ही रहने लगा। मारथा आस्ट्रेलिया में अपना होटल चलाती थी। पति ने दस साल पहले छोड़ दिया था। दोनों बेटे शादी के बाद अलग हो गये थे। मारथा अकेली थी। होटल का एक हिस्सा बेचकर भारत आयी थी और जैसलमेर में सना खान का साथ इतना भाया कि वहाँ एक घर ख़रीदकर सना खान को दे दिया। छत से सोनार किला दिखाई देता था। महीने भर बाद मारथा ने घर को होटल में तब्दील कर दिया। वह रिसेप्शन में बैठती। गेस्ट लाने वाले गाइडों और ऑटो चालकों को कमीशन देती। बिजली पानी विभाग के घूसख़ोर कर्मचारियों से निपटती। उधर सना खान दिन भर आवारागर्दी करता। मारथा को इससे भी एतराज़ नहीं था बशर्ते रात सना खान उसके कमरे में ही गुज़ारे। तीन चार महीने तो जैसे तैसे गुज़र गये। लेकिन फिर बात हद से बाहर हो गयी।

मैं मारथा से घर की छत पर मिला था। मारथा ने तब चाय पीते-पीते सारी कहानी सुनाई थी। इस बीच सना खान भी छत पर आ गया और मुझे जाने को कहा। कैमरा तोड़ने की धमकी देने लगा। मारथा ने विरोध किया तो उसने मारथा से गाली गलोच शुरू कर दी। दरअसल सना खान को लगता कि मारथा को उससे सिर्फ़ सेक्स चाहिए। पलंग तोड़ सेक्स कर दिया यानी मारथा के प्रति कोई जवाबदेही नहीं रही। उधर मारथा को धीरे-धीरे सना खान से प्यार हो गया था। मारथा चाहती थी कि सना खान गाँव में अपनी पत्नी और बच्चों की अच्छे से परवरिश करे। बच्चों को अच्छे स्कूल में पढ़ाये। उसने लाखों रुपये घर ख़रीदने में और घर को होटल में बदलने में लगाये थे। यही सोच कर कि सना खान की ज़िन्दगी बन जायेगी। आख़िर मारथा को सना खान ने जो प्यार दिया था उससे वह न जाने कब से तरस रही थी।

लेकिन सना खान के मारथा के प्यार की क़द्र नहीं की। मारथा के साथ उसने मारपीट भी शुरू कर दी थी। अब मारथा यह सब सहन नहीं कर सकती थी। सना खान अपने गाँव गया हुआ था। लौट कर आया तो मारथा जा चुकी थी। जाते-जाते

वह घर भी बेच गयी थी। कुछ पैसे ज़रूर उसने सना खान के लिए छोड़े थे। तो मारथा चली गयी। सना खान वापस सम के टीलों पर विदेशी सैलानियों को ऊँट की सैर कराने लगा। कभी-कभी रात को दारू पीते हुए सना को मारथा की याद आती तो वह उसको फ़ोन करता, रोता गिड़गिड़ाता और माफ़ी माँगता। मारथा से लौट आने को कहता लेकिन मारथा को वापस नहीं आना था और वह आयी भी नहीं। कभी-कभी सना खान के बच्चों के नाम कुछ पैसा ज़रूर भेज देती। बाद में जैसलमेर के एक पत्रकार ने बताया कि सना खान को ऊँट की सवारी से हुए पीठ दर्द को झेलती विदेशी बालाओं की मालिश और उसके बाद के सेक्स से 'एड्स' हो गयी थी। गाँव के लोग सरकारी अस्पताल में छोड़ गये। वहाँ उसकी दर्दनाक मौत हो गयी।

लपकों की तीन कहानियाँ सुनाने का मक़सद यही है कि दुनिया भर में प्यार में दिल एक ही तरह से धड़कते हैं। चाहे पुष्कर हो या पेरिस। अब भी कभी-कभी किसी अख़बार में किसी लपके की विदेशी बाला से ब्याह की ख़बर छपती है तो मुझे उदयपुर की झुग्गया-सोफिया, पुष्कर की अमर-केट और जैसलमेर की सना खान-मारथा की कहानी याद आ जाती है।

कविता में कहानी

एक वक़्त था जब मैं कविताएँ लिखा करता था। झोला उठाकर घूमता था। उसमें एक डायरी हुआ करती थी। तरुणाई के उन दिनों में आकाशवाणी के 'युववाणी' कार्यक्रम से लेकर जयपुर दूरदर्शन के कवि गोष्ठी में हिस्सा लिया करता था। आमतौर पर मेरी भूमिका कार्यक्रम की एंकरिंग करने के साथ-साथ कविता करने की भी हुआ करती थी। यानी आमन्त्रित कवियों के बारे में दो लाइन बोलकर माइक उनके आगे रखना (जैसे गालिब युग में शायर के सामने शमा रखी जाती थी) और अन्त में ख़ुद कविता सुनाना।

पत्रकारिता का सबसे बड़ा कोलेटरल डैमेज यह हुआ कि कविता करना बन्द हो गया या यूँ कहा जाये कि कविता न्यूज़ स्टोरी का हिस्सा बन गयी। अपनी न्यूज़ स्टोरी के अन्त में गालिब, फैज, मीर, जोश, फ़िराक़, दुष्यन्त के शेर से लेकर केदारनाथसिंह, धूमिल, मुक्तिबोध की कविताओं के अंश का इस्तेमाल अपनी पीटीसी (पीस टू द कैमरा, स्टोरी के अन्त में जो रिपोर्टर कैमरे के सामने ख़ुद को लाकर बोलता है) में करता रहा हूँ।

लेकिन कई बार ऐसा भी हुआ जब लम्बे दौरे के दौरान गाड़ी में बैठे-बैठे यूँ ही कविता निकलनी शुरू हो गयी। चाहे गंगोत्री गोमुख से लौटना हो या बिहार के 2015 के चुनाव के दौरान। दरअसल यह कविता न होकर न्यूज़ स्टोरी का ही हिस्सा थी जो न्यूज़ स्टोरी का हिस्सा बनने से रह गयी थी। ग़ालिब ने भी लिखा है। लेकर खत मुँह देखता है नामावर, कुछ तो पैगाम ए जबानी और है। गोमुख का दौरा याद आता है। हरिद्वार के बाद से लगातार चम्बा, उत्तरकाशी होते हुए गंगोत्री गोमुख जाते और आते हुए एक तरफ़ पहाड़ और दूसरी तरफ़ गंगा को बहते देख कब गंगा और पहाड़ कविता का हिस्सा बन गयी पता ही नहीं चला।

गोमुख (एक)

दो पहाड़ों के बीच निकलती है गंगा
हूम हूम करता है पानी
साय साय लहराती है हवा
ड्राइवर साहब, ज़रा गाड़ी रोकना
मुझे
पहाड़, गंगा
और
हवा की
बातें सुननी हैं।

गोमुख (दो)

पहाड़ गँवा चुके हैं
टिहरी।
अब है
नई टिहरी
जिससे डरते हैं
पहाड़।

गोमुख (तीन)

गोमुख से निकलती है
भागीरथी नदी
दौड़ती भागती लगभग हाँफती
पहुँचती है गंगोत्री।
ठीक इसी तरह
दिल्ली में भागीरथी शर्मा
दौड़ती भागती लगभग हाँफती
पकड़ती है
पहले डीटीसी बस
फिर मेट्रो
केन्द्रीय सचिवालय की।

गोमुख (चार)

दूर एक पहाड़ पर
एक अकेला घर
दिल्ली में मेरे
तन्हा दिल सा

गोमुख (पाँच)

बीस साल पहले दिखी थी
एक बच्ची
पहाड़ चढ़ते हुए
पानी ढोते हुए
अपनी माँ के साथ
पीछे इश्तहार था
गरीबी हटाओ।
दस साल पहले दिखी
वही बच्ची युवती के रूप में
पहाड़ चढ़ते हुए
पानी ढोते सहेलियों के साथ
पीछे इश्तहार था
इंडिया शाइनिंग।
इस बार दिखी
वही बच्ची माँ के रूप में
पहाड़ चढ़ते हुए
पानी ढोते हुए
अपनी बच्ची के साथ
पीछे इश्तहार था
देश बदल रहा है।

गोमुख (छह)

पहाड़ के ठीक नीचे खड़े होकर
सीधे ऊपर देखो
ख़ुद पर गिरता नज़र आता है पहाड़
दूर से कितने
ख़ूबसूरत लगते हैं पहाड़।

गोमुख (सात)

टिहरी झील में
पानी कम होते है
दिखने लगते हैं
डूबे घर
मन्दिर के कंगूरे
मस्जिदों की मीनारें
खो चुके प्यार के पुराने प्रसंगों
की याद दिलाते।

गोमुख (आठ)

पहाड़ का सफ़र
न भूखे पेट
न भरपेट
यानी अधपेट .
देश का 90 फीसद आदमी अधपेट
ज़िन्दगी पूरी करता है
शायद तभी लोग कहते हैं
ज़िन्दगी पहाड़ से कम नहीं।

गोमुख (नौ)

सीढ़ीदार खेतों में
काम करती हैं औरतें
सीढ़ीदार खेतों की सीढ़ियाँ

उतरने चढ़ने में
जिन्दग़ी खप जाती है
एक दिन मर जाती हैं।

गोमुख (दस)

दरके पहाड़
धँसी इमारतें
टूटे पुल
उखड़े खम्भे
उत्तरकाशी से गंगोत्री का सफ़र
टूटे दिल की त्रासदी की
याद दिला गया।

गोमुख(11)

चढ़ने वाला ख़ुश
कुछ दिन तो
गरमी से मिलेगी
निजात।
उतरने वाला ख़ुश
कुछ दिन तो
गरमी से मिली
निजात।
मगर
रो रहा है पहाड़।

गोमुख (12)

हरिद्वार
पहुँचते पहुँचते
गंगा
जवान बेरोज़गार बेटे की
चिन्ता करते एक

रिटायर पिता जैसी
हो जाती है
गम्भीर।

बिहार विधानसभा का चुनाव कवर करने का अपना अलग मज़ा है। हर जगह इतना कलर मिलता है कि कैमरा बन्द ही नहीं होता। सबसे बड़ी बात है कि हर चौराहे पर, हर चाय की दुकान पर आपको बाइट देने वाले मिल जाते हैं। बाइट भी धांसू। कहावतों का इस्तेमाल अलग से।

बिहार (एक)

पिछड़ा
अतिपिछड़ा
महापिछड़ा
दलित
महादलित
पसमांदा मुसलमान
और विकास।
आठ शब्दों में
सिमट गया
बिहार का पूरा चुनाव।

बिहार (दो)

वक्त पर पे (वेतन) के लिए
रोता रामधन।
'पैकेज पैकेज' सुन
रामधन के
पक गये हैं कान।

बिहार (तीन)

पटना शहर में बड़का बड़का पोस्टर
भूख, बेरोजगारी, भ्रष्टाचार मिटाने के।
बहार लाने का वायदा करते।

मगर इनकी इतनी छाया भी नहीं
जहाँ सुस्ता सके ग़रीब वोटर।

बिहार (चार)

एक साइकिल
एक लड़की
एक स्कूल
हज़ार ख़ुशियाँ।

कुछ अन्य कविताएँ भी बिहार दौरे के दौरान लिखी गयीं। क़रीब दो हफ़्ते रहा था बिहार। इस दौरान इतने नेताओं की चुनावी सभाएँ देखीं, विकास के वायदे सुने, आँकड़ों का खेल जाना और इन सबके उलट ग़रीब जनता की हालत देखी, विकास की हक़ीक़त देखी। एक शाम जेपी के गाँव से लौटते हुए चन्द लाइनें लिखीं।

किसी का शासन देखा
किसी का सुशासन देखा।
घर में नहीं राशन देखा
टीवी पर चोखा भाषण देखा।
सड़क पर अनशन देखा
मरा बिन पेंशन देखा।
लाल किले पर दर्शन देखा
मरे किसान का तर्पण देखा।
घोषणाओं का गरजन देखा
झोंपड़ी में ख़ाली बरतन देखा।
वायदों का शीर्षासन देखा
इश्तहारी आश्वासन देखा।
तेरी गली में दरपन देखा
प्यार मेरा मरनासन्न देखा।

पत्रकार हैं तो क्या। आख़िर हैं तो इनसान ही। नौकरी करने वाले हर शख़्स को दफ़्तर की राजनीति से बहुत बार उलझना पड़ता है। कुछ लोग ऐसे होते हैं जो दफ़्तर में हर वक़्त पॉलिटिक्स करते रहते हैं। आप इन से न तो उलझ सकते हैं और

न ही उलझना चाहते हैं क्योंकि आप टुच्ची राजनीति कर नहीं सकते। कभी-कभी बात बहुत चुभती है तो ऐसी कविता निकल ही आती है।

(1)

रेत को उड़ते देख
बवंडर को बढ़ते देख।
सीधी सच्चा ईमानदार
हाशिये पर सड़ते देख।
वक्त पर झुका नहीं गया
कुबड़ों को बढ़ते देख।
या तो बचा ले घर को
या दीवारें गिरते देख।
दोस्तों को बनाया सीढ़ी
कामयाबी चढ़ते देख।
बात बात पर हँसता है
हँसी-हँसी में मरते देख।

(2)

जो न कहा गया
वो न सहा गया।
मोल मेरा कोई क्या देता
कहने को मैं भी तुला गया।
उसका जीवन खारा होना ही था
इश्क के समन्दर में जो नहा गया।
चढ़ता दरिया तो उतर गया पर
किले की एक दीवार ढहा गया।
वो आजकल फिर मुस्कराने लगा है
जाने वाला शायद लौट कर आ गया।
मतलब निकलते ही वो

यहाँ गया, वहाँ गया।
सच कहने का असर देखना
पुराना गया, नया गया।

(3)

चलो फिर से मिलते हैं
अच्छी बातें करते हैं।
वक़्तेफ़िराक़ कैसा बीता
एक दूसरे को सुनते हैं।
ज़िन्दगी न मिलेगी दोबारा
इसी को जीते मरते हैं।
गांधी के चरखे पर
कबीर को बुनते हैं।
गली में पेड़ की आड़
उसका आना तकते हैं।
अब मैं विदा लेता हूँ
कवि पाश को पढ़ते हैं।

2019 के लोकसभा चुनावों के दौरान उत्तर भारत के कई राज्यों में घूमा। बहुत घूमा। कहीं प्रधानमन्त्री मोदी की रैली देखी तो कहीं राहुल गांधी का रोड शो। ऐसे ही यूपी की इत्र नगरी कन्नौज पहुँचा तो सड़क पर मज़मा लगा था। एक मदारी डमरू बजा रहा था। एक लड़की रस्सी पर चल रही थी। बाँस से बैलेंस बनाने की कोशिश करते हुए। न जाने क्यों बड़ी बड़ी चुनावी रैलियाँ याद आ गयीं।

मजमा, जमूरा, मदारी
हुकुमतों का खेल जारी।
महीने, साल, सदियाँ
कब से है तमाशा जारी।
कभी मदारी बनता है जमूरा
कभी जमूरा बनता है मदारी।

तमाशबीन बिन मजमा कैसा
जमूरे बिना कैसा मदारी।
एक दिन जमूरा जाता है मर
एक दिन आयेगी मदारी की बारी।

अन्त में। हमारे न्यूज़ चैनल ने ख़बरें फटाफट शुरू किया तो एक छोटी कविता लिखी गयी।

इसको पकड़ा, उसको छोड़ा
रिश्ते हो गये ख़बर फटाफट।

खोजी की खोज

'खोजी की खोज' से कोई खोजी पत्रकारिता का अन्दाज़ मत लगाइए। बात हो रही है राजस्थान और गुजरात के बार्डर इलाक़ों में मिलने वाले खोजी या पागी की। 2006 में मेरा बाड़मेर जैसलमेर जाना हुआ था। स्टोरी थी बीएसएफ की हर चौकी में नौकरी करने वाले खोजियों की। यह खोजी या पागी पता लगाते हैं कि रात भर कोई भारतीय सीमा से उस पार पाकिस्तान तो नहीं गया या उस पार से भारत तो नहीं आया। रेत पर पैरों के निशान पहचाने जाते हैं। निशान मनुष्यों के भी हो सकते हैं और ऊँट के भी। इसे बीएसएफ की भाषा में 'खुर्रा चेकिंग' कहा जाता है। अब तक आप समझ गये होंगे कि खोजी या पागी ऐसे स्थानीय बाशिन्दे होते हैं जो पैरों की पहचान करने में माहिर होते हैं, जो रेत पर पदचिह्न देखकर बहुत कुछ पता लगा लेते हैं। लेकिन आप को जानकर हैरानी होगी कि यह खोजी गाँव में छुपे आतंकवादियों को भी पकड़वा चुके हैं, रेप हत्या चोरी करने वालों की धर पकड़ में पुलिस की मदद भी करते रहे हैं और सीमा पर तारबन्दी से पहले ऊँट पर होने वाली तस्करी को रोकने में भी खोजी की बड़ी भूमिका रही है। यहाँ तक कि 1971 के भारत पाक युद्ध में गुजरात के एक पागी ने शानदार काम किया था।

इस पर बात करेंगे आगे लेकिन पहले आपको हम लिए चलते हैं सत्तर साल पहले। जगह है बाड़मेर में बालोतरा का इलाक़ा। गाँव के ठाकुर ज़मींनदार का ऊँट चोरी हो गया। ठाकुर ने दो खोजी बुलाए। डूंगर सिंह और पारसा राम। दोनों ने ठाकुर की हवेली में वह जगह देखी जहाँ ऊँट बँधा था। ऊँट के रेत पर पैरों के निशान दोनों खोजी के दिमाग़ में कम्प्यूटर की तरह स्थापित हो गये। 'स्क्रीन शॉट' की तरह आप मान लीजिए। अब खोज शुरू हुई। ठाकुर साहब भी साथ हो लिए। बालोतरा से खोज शुरू हुई और ऊँट के पैरों के निशानों की पीछा किया जाने लगा। रास्ते में एक जगह ऊँट के पैरों के निशान के साथ मनुष्य के हाथ के निशान भी दिखे। खोजी डूंगर सिंह

ने कहा कि हुक्म, ऊँट चोर गाँव का आदमी नहीं है। डूंगर राम पूरे गाँव के लोगों के हाथ के निशान पहचानता था। पारसा राम ने आगे जोड़ा कि हाथ के निशान का रेत पर जितना दबाव है उससे साफ़ है कि ऊँट का सन्तुलन बिगड़ने से सवार गिरा है और नौजवान है। ठाकुर साहब यह सुनकर मुस्कराये। उन्हें भरोसा हुआ कि ऊँट चोर पकड़ में आ ही जायेगा।

ख़ैर, खोज आगे जारी रही और देर शाम तक पोकरण के पास तीनों पहुँचे। पोकरण वही जगह है जहाँ भारत ने दो दो बार परमाणु परीक्षण किया था। रात काफ़ी हो गयी थी लिहाज़ा एक सराय में रात बिताने का फ़ैसला हुआ। सराय में एक महिला थी जिसने ख़ुद को मालकिन बताया। ठाकुर साहब चूँकि किसी अन्य के हाथों बनी रोटी खाते नहीं थे लिहाज़ा मालकिन से कहा गया कि वह बाजरे का आटा गूँथ कर दे दे। मालकिन ने गूँथा हुआ आटा दिया। खोजी डूंगर सिंह ने गूँथे आटे पर सराये मालकिन के हाथ के निशान देखे और बोल पड़ा। हुक्म, मुझे तो लगता है कि ऊँट चोर सराये मालकिन का भाई है। ठाकुर साहब चौंके। सबूत पूछा। खोजी ने कहा कि गूँथे हुए आटे पर जो हाथ की छाप मिली है वह उस हाथ की छाप से मिलती है जो रास्ते में रेत पर मिली थी। ज़ाहिर है कि वह छाप ऊँट चोर की थी। सराय मालकिन को बुलवाया गया। उसने बताया कि उसका वास्तव में एक भाई है, उम्र उसकी 32 साल है और बीस मील दूर पटवा गाँव में रहता है।

अगले दिन सुबह खोजी ऊँट के पैरों के निशानों का पीछा करते करते हुए उसी गाँव में पहुँचे जिसके बारे में सराय मालकिन ने बताया था। वहाँ खोजबीन के बाद ऊँट चोर मिल गया। उसने ऊँट चुराना भी स्वीकार कर लिया। उसने ऊँट नज़दीक के गाँव के एक ठाकुर को बेच दिया था। ऊँट वहाँ से बरामद कर लिया गया। यह घटना मुझे डूंगर सिंह के बेटे ने सुनाई थी जो स्थानीय पुलिस थाने के लिए कभी-कभी खोजी का काम करता था। थानेदार इलाक़े के पुराने जानकार थे। उन्होंने अपने पिता से मिलवाया जो डूंगर सिंह के साथ भेड़ें चराने जाया करते थे। उनका कहना था कि बचपन में भेड़ों के रेवड़-के-रेवड़ हुआ करते थे। गाँव वाले अपनी-अपनी भेड़ों पर अलग-अलग रंग से निशान लगा दिया करते थे ताकि अदला बदली न हो जाये। उधर डूंगर सिंह और पारसा राम जैसे बच्चे अपनी अपनी रेवड़े के भेड़ों के पैरों के निशान पहचानने लगे थे। यह अपने आप में चौंकाने वाला है लेकिन बाद की कुछ अन्य घटनाओं से इसकी पुष्टि हुई। बाड़मेर के ही चौहट्टन गाँव के एक खोजी ने बताया कि कैसे एक बार ठाकुर का ऊँट चोरी हो गया और खोज के बाद

भी नहीं मिला। दरअसल रात को भारी रेतीला तूफान आया था और पद चिह्न दफन हो गये थे। सालों बाद नज़दीक के गाँव में एक मेला भरा। ठाकुर साहब भी वहाँ गये और खोजी भी। वहाँ एक बच्ची ऊँटनी के पैरों के निशान रेत पर देखकर खोजी ने कहा कि यह ऊँटनी उसी ऊँट से पैदा हुई है जो ठाकुर के यहाँ से चार साल पहले चुराया गया था। ऊँटनी मालिक से तफ़्तीश हुई तो बात सच निकली।

स्थानीय थानेदार ने एक खोजी से मिलवाया जो मोतियाबिन्द से परेशान था। लेकिन जवानी के दिनों में उसने एक ऐसे चोर को पकड़ा था जो पुलिस के क़ब्ज़े में आ नहीं रहा था। गाँव के ठिकानेदार के यहाँ चोरी हुई और पुलिस को कोई सुराग नहीं मिला। अन्त में थक कर थानेदार ने एक खोजी की मदद ली। खोजी ने चोर के पैरों के निशान देखे। चोर ने जूतियाँ पहन रखी थीं। खोज हवेली के बाहर जाकर एक गली में ख़त्म हो गयी। खोजी ने कहा कि हो न हो चोर बड़ा चालाक है। वह अपने छोटे या बड़े भाई की जूतियाँ पहन कर चोरी करने आया था जिसका पैर चोर से छोटा है। पुलिस ने अब उस गली में ऐसे घरों की तलाशी शुरू की जहाँ दो या तीन भाई एक ही छत के नीचे रहते थे। एक घर मिल गया। चोर पकड़ा गया। चोर ने स्वीकारा कि वह छोटे भाई की जूती पहन कर गया था जिसका पाँव उससे छोटा है। मैंने मोतियाबिन्द से परेशान खोजी से पूछा कि उन्होंने यह अन्दाज़ कैसे लगाया तो उसने कहा कि अगर आप अपने पैरों से बड़ा या छोटा जूता पहनोगे तो रेत पर उसकी छाप अलग ढंग से पड़ेगी। खोजी का तो यहाँ तक कहना है कि वह यहाँ तक पहचान सकता है कि पैरों के निशान मर्द के हैं या महिला के। अगर महिला के हैं तो वह गर्भवती है या नहीं।

ऐसी ही पहचान सीमा पर तारबन्दी से पहले पाकिस्तान से आने वाले तस्करों की और उनके ऊँटों की की जाती थी। एक बार पुलिस मुख़बिर ने सूचना दी कि फ़लाने गाँव में रात को ऊँट पर तस्करी का माल आया था जो किसी दूसरे गाँव की तरफ़ भेज दिया गया या रेत में कहीं दबा दिया गया। उस समय पुलिस की दबिश के डर से तस्कर कई बार तस्करी का सामान रेत में दबा देते थे और पुलिस की तफ़्तीश में ढील आने का इन्तज़ार करते थे। तो खोजी उस गाँव में पहुँचा। उसने पैरों के निशान देखकर अन्दाज़ लगाया कि तस्करी का सामान ऊँटनी पर लदा था और ऊँटनी गर्भ से थी। खोज शुरू हुई। आगे चार मील जाने पर एक जगह खोजी रुक गया। वहाँ ऊँटनी के पैरों के निशान तो थे लेकिन उनकी छाप कुछ हल्की थी। खोजी ने कहा कि आसपास कहीं तस्करी का आधा सामान उतारा गया है और रेत में छुपाया गया है। पुलिस ने इधर उधर रेत खोदनी शुरू की तो छुपाया गया माल मिल भी गया।

कहा जाता है कि उस समय बाड़मेर जैसलमेर के खोजियों या पागियों ने करोड़ों रुपये का तस्करी का माल पकड़वाया था। बदले में उन्हें पुलिस से छोटा मोटा पैसा और सम्मान मिल जाता था। उसी में वह ख़ुश रहते थे। वह चाहते तो तस्करों के साथ लखपति करोड़पति हो सकते थे लेकिन एक खोजी में मुझे बताया कि सब ईश्वर की माया है। हर कोई खोजी नहीं बन सकता। जिसे रामदेव जी (उस इलाक़े में रामदेवरा के पीर रामदेव के प्रति लोगों की अपार भक्ति है जिन्हें लोकदेवता का सम्मान दिया जाता है।) चाहते हैं वहीं खोजी बनता है और जिस खोजी ने बईमानी की रामदेव जी उसकी यह क्षमता छीन लेते हैं। कहा जाता है कि तब स्थानीय अख़बारों में तस्करी का सामान खोजी की मदद से पकड़े जाने की ख़बरें छपती थी तो पाकिस्तान में बैठे तस्करों के आका तुरन्त इस पर विश्वास कर लेते थे कि माल वास्तव में पकड़ा गया है और किसी ने बीच में हेराफेरी नहीं की है।

ज़्यादा पीछे क्यों जाया जाये। 2004 में जोधपुर सेंट्रल जेल से एक खूँख़ार पाकिस्तानी आतंकवादी जफरिया फ़रार हो गया था। पुलिस ने बीएसएफ के लिए काम कर चुके एक खोजी की मदद ली। खोज जोधपुर जेल से शुरू हुई और क़रीब दो सौ किलोमीटर दूर पाक सीमा से सटे एक गाँव में ख़त्म हुई। खोजी ने गाँव का पूरा चक्कर लगाया और कहा कि जफरिया के गाँव में घुसने के तो पैरों के निशान हैं लेकिन बाहर निकलने का कोई निशान नहीं दिख रहा। लिहाज़ा हो न हो ,जफरिया गाँव में ही कहीं छुपा है। पुलिस ने तुरन्त छापा मारा। एक पुराने घर के दालान में बने भूसाघर में छुपा हुआ जफरिया आख़िर पकड़ा ही गया जो पाकिस्तान जाने की फ़िराक़ में था। उस खोजी को राष्ट्रपति पदक से नवाजा गया था। ऐसा ही सम्मान गुजरात के बनासकाँठा के पागी रणछोड़दास को भी दिया था और बीएसएफ ने अपनी एक आउटपोस्ट का नाम उनके नाम कर दिया था। दरअसल 1965 में पाकिस्तान की फ़ौज ने कच्छ के कुछ गाँवों में क़ब्ज़ा कर लिया था। तब रणछोड़दास ने जूतों के निशान देख कर उन गाँवों की पहचान की थी जहाँ पाकिस्तानी सैनिक छुपे थे। इनकी संख्या 1200 थी। रणछोड़दास ही भारतीय सेना को छोटे रास्तों से उन गाँवों तक ले गये थे। तब जनरल मॉनेक शॉ ने रणछोड़दास का सम्मान किया था। उन्हें अपनी जेब से 300 रुपये दिये थे। रणछोड़ दास ने 1971 की लड़ाई में भी सेना के लिए गाइड की भूमिका निभायी थी। तब जनरल मानेक शॉ ने उन्हें हेलीकॉप्टर भेजकर भोजन के लिए बुलाया था।

तो कहानी जहाँ से शुरू की थी वहीं से ख़त्म करते हैं। बीएसएफ की एक आउट पोस्ट पर वहाँ के अफ़सरों की मदद से स्टोरी की गयी थी। खोजी तारबन्दी के

पास ले जाकर बता रहे थे कि कैसे वह खुर्रा चेकिंग करते हैं। उनका कहना था कि बीएसएफ को धोखा देने के लिए उस पार से आने वाले कभी उल्टे जूते पहन लेते हैं तो कभी जूतों के ऊपर बोरी बाँध लेते हैं ताकि पद चिह्न मिट जाये। कभी-कभी तो उस पार से आने वाले साथ में दाना डालते चलते हैं ताकि पक्षी दाना चुगने आयें और उनके पैरों के निशान साफ़ नहीं दिखें। लेकिन बीएसएफ के पागी इन चालों को समझ जाते हैं। जब मैंने स्टोरी की थी तब बीएसएफ की हर आउट पोस्ट पर एक खोजी नियुक्त होता था लेकिन अब इनकी संख्या नाममात्र की रह गयी है। अब गा्ंवों में भी बच्चे स्कूल जाते हैं। कम ही बच्चे भेड़ों के रेवड़ चराने ले जाते हैं। इस वजह से नई पीढ़ी में खोजी तैयार नहीं हो रहे हैं। बीएसएफ ने बीच में जोधपुर में खोजी तैयार करने की पहल की थी। यह काम भी अब बहुत गम्भीरता से नहीं लिया जा रहा। अब ऊँट पर खुर्र चेकिंग होती है, कहीं कहीं ड्रोन का इस्तेमाल होने लगा है, आधुनिक उपकरण आ गये हैं और रेत पर दौड़ने वाला स्कूटर भी आ गया है। अब खोजी इतने कम रह गये हैं कि उन्हें गाँव गाँव खोजना पड़ता है।

85 पैसों का हिसाब

आपको याद होगा (प्रधानमन्त्री नरेन्द्र मोदी वैसे याद दिलाते रहते हैं) कि पूर्व प्रधानमन्त्री राजीव गांधी ने एक बार कहा था कि दिल्ली से जो एक रुपया चलता है वह गाँवों में पहुँचते पहुँचते महज पन्द्रह पैसे में बदल जाता है। सवाल उठता है कि बाक़ी के 85 पैसे कहाँ जाते हैं, कौन कैसे खा जाता है, इससे भी बड़ा सवाल है कि 85 पैसों का हिसाब आख़िर कैसे हासिल किया जा सकता है, ज़िम्मेदार अफ़सरों कर्मचारियों की जवाबदेही कैसे तय की जा सकती है और 85 पैसे भी गाँव के विकास में ही काम आयें इसके लिए क्या किया जा सकता है। इन सब सवालों का एक ही जवाब है सूचना का अधिकार। यह वह अधिकार है जो गाँववालों को 85 पैसों का हिसाब-किताब बराबर करने का हौसला देता है। लेकिन यह काम इतना आसान नहीं था।

मैंने पत्रकारिता के दौरान बहुत स्टोरी की लेकिन सूचना के अधिकार आन्दोलन की पहली स्टोरी से लेकर राजस्थान सरकार की तरफ़ से अधिकार देने के ऐलान तक स्टोरी में बने रहने की अपनी अलग स्टोरी है। 1986 से लेकर 1996 तक का राजस्थान में सूचना के अधिकार के लिए आन्दोलन और फिर 1996 से लेकर 2005 तक दिल्ली में आन्दोलन। यह कहानी है अरुणा राय की है। आई ए एस की जमी जमाई नौकरी छोड़ कर गाँव के झोंपड़े में रहना और तमाम विपरीत हालातों से जूझते हुए आज़ादी के बाद की तीसरी क्रान्ति को जन्म देना यह साधारण बात नहीं है।

बात जून 1994 की है। जयपुर उदयपुर राजमार्ग पर ब्यावर से आगे उदयपुर ज़िले (अब राजसमन्द ज़िला) की जवाजा तहसील में जन सुनवाई हो रही थी। मैं उस समय 'नवभारत टाइम्स' में हुआ करता था। मैंने अपने सम्पादक से वहाँ जाने की इच्छा ज़ाहिर की तो उन्होंने अनमने ढंग से इज़ाज़त दी। इस शर्त के साथ कि आने जाने का किराया मुझे जेब से ही देना होगा। जयपुर से कुछ स्वयंसेवी संगठनों ने

किराये पर एक जीप ली और उसमें मैं भी लद गया। रात आठ बजे जयपुर से निकले और जाम झेलते हुए सुबह छह बजे जवाजा पहुँचे। वहाँ एक डाक बंगले में कुछ देर कमर सीधी की और वहाँ से फारिग होकर दस बजे जवाजा पहुँचा। शामियाना दूर से ही नज़र आ रहा था और कठपुतलियों के ज़रिये सूचना के अधिकार की माँग की जा रही थी। एक कठपुतली दूसरी कठपुतली से कहती है कि मुझे न को कोकाकोला चाहिए और न ही दारू, मुझे न तो ब्रेड पकौड़ा चाहिए और न ही पनीर कोफ्ता। दूसरी कठपुतली कहती है कि तो फिर क्या चाहिए। इस पर पहली कठपुतली कहती है मुझे तो काग़ज़ चाहिए। गाँव के विकास पर कितना पैसा कहाँ ख़र्च हुआ उसका पूरा हिसाब चाहिए। अरुणा राय के साथी शंकर कठपुतलियाँ नचा रहे थे और गाँव वालों का जुटना जारी था। धीरे-धीरे गाँव के सरपंच, पंच, पटवारी, बिजली विभाग के जूनियर इंजीनियर, एसडीएम, डीएसपी पुलिस, थानेदार सब पहुँचते हैं। अरुणा राय और निखिल डे काग़ज़ों के साथ मोर्चा सँभालते हैं। निखिल डे 20 साल की उम्र में ही अमेरिका से अपनी पढ़ाई छोड़कर अरुणा राय के साथ आ गये थे। उनके पिता एयर फोर्स में एयर वाइस मार्शल के पद पर थे।

शंकर ने कमान सँभाली। सबसे पहले गाँव में तालाब की खुदाई का मुद्दा उठाया। सरकारी काग़ज़ देख कर बताया गया कि खुदाई में इतना ख़र्चा हुआ, बीस पुरुषों और दस महिलाओं ने कुल तीस दिन मज़दूरी की। तालाब के एक किनारे पत्थर की नींव डाली और चार फुट की दीवार खड़ी की गयी। अब निखिल डे ने मज़दूरों के नाम पढ़ने शुरू किये और उन्हें मिली मज़दूरी का हिसाब सामने रखा गया। अंगूरी देवी तीस दिन काम किया, हर दिन के इतने रुपये के हिसाब से कुल इतने रुपये की मज़दूरी मिली। इस पर भीड़ में से अंगूरी देवी खड़ी होती है। ज़ोर से कहती है कि उसने तो सात दिन ही काम किया था। फिर वह तो उदयपुर काम करने चली गयी थी। अंगूरी ने कहा कि उसे न्यूनतम मज़दूरी की जगह आधी मज़दूरी भी नहीं मिली इसलिए उसने काम बीच में ही छोड़ दिया था। अब सरपंच का चेहरा देखने लायक था। अरुणा राय ने सरपंच साहब से पूछा तो भीड़ तालियाँ बजाने लगीं।

आगे जन सुनवाई के दौरान पता चला कि नहर बनानी थी गाँव के लोगों के लिए लेकिन नहर सरपंच के भाई के खेत तक जाकर समाप्त हो गयी यानी ढाई लाख रुपये सरपंच के भाई के खेत को सींचने के लिए नहर का विस्तार किया गया। चौपाल के लिए बीस ट्रॉली पत्थर का इस्तेमाल होने का सरकारी काग़ज़ पेश किया गया। भीड़ में से ठेकेदार ने कहा कि उसने सिर्फ़ आठ ट्रॉली पत्थर पहुँचाया था

बाक़ी पर उससे हस्ताक्षर कराये गये। ठेकेदार का कहना था कि हस्ताक्षर नहीं करने पर पेमेंट रोकने की धमकी दी गयी थी। सुबह ग्यारह से लेकर दोपहर तीन बजे तक जनसुनवाई चली। उसके बाद सरकारी अमला अलग से बैठा और दो घण्टे बाद ही भीड़ के बीच ही सरपंच के ख़िलाफ़ जाँच बिठाने का एलान हुआ। पीडब्ल्यूडी के जूनियर इंजीनियर को जाँच होने तक सस्पेंड कर दिया गया। यह गाँववालों की बड़ी जीत थी। ऐसी स्टोरी करके सन्तोष हुआ। लगा कि समाज के लिए कुछ कर रहा हूँ मैं। ख़बर लिखी तो सम्पादक ने पहले पेज पर छह कॉलम में छापी। ख़बर को सम्पादक ने ख़ुद ही दिल्ली भिजवाया ताकि दिल्ली और दूसरे एडीशन में भी छापी जा सके। अगली जनसुनवाई के लिए मैंने सम्पादक से अनुमति माँगी तो उन्होंने फ़ोटोग्राफ़र को साथ भेजा। टैक्सी करके जाने को कहा।

रिपोर्टिंग में ड्राइवर

टीवी न्यूज़ की रिपोर्टिंग में ड्राइवर की बड़ा भूमिका होती है। ऐसे में दर्ज़नों क़िस्से ड्राइवरों के याद आते हैं। कुल मिलाकर तीस साल की टीवी रिपोर्टिंग का निचोड़ है कि एक, ड्राइवर कभी टाइम पर नहीं आते। (कुछ अपवादों से इनकार नहीं)। दो, ड्राइवर आमतौर पर बड़बोले होते हैं। शायद बोलते बोलते गाड़ी चलाना उनके काम को आसान कर देता है। तीन, चार पाँच शूट में लगातार साथ रहने के बाद ड्राइवर आपको सुझाव देना शुरू कर देते हैं। जैसे कि नेता जी से इंटरव्यू के समय उनका एक सवाल भी पूछ लिया जाये या गंगा के उस किनारे से शॉट लिया जाये तो बेहतर नज़ारा मिलेगा। या पिछली बार जिस न्यूज़ चैनल का रिपोर्टर आया था उसने तो ऐसा कुछ किया था। चार, ड्राइवर अगर चैनल का है तो वह बहुत-सी अन्दरूनी बातें जानता है। बहुत राज़ उसके सीने में दफ़न होते हैं। आपको बस थोड़ी-सी हवा देनी है। पाँच, ड्राइवर को ख़ुश रखना है तो साथ बिठा कर खाना खिलाओ। रात को अगर किसी होटल में रुकना है तो दो पैग ड्राइवर को भी पिला दो। सफ़र में बीच-बीच में चाय के लिए पूछते रहो। सिगरेट ख़रीदो तो उसके लिए गुटखा भी ख़रीद लो। ऐसा कर दिया तो ड्राइवर आपका मुरीद हो जाता है। कभी आपको जल्दी है और रास्ते में जाम लगा है तो वह ऐसी ऐसी गलियों के शार्टकट लेगा कि आप भी दंग रह जायेंगे।

आप चैनल के सम्पादक हैं, इन पुट या आउट पुट हैड हैं तो आपको हर हफ़्ते आने वाली टीआरपी (टीवी रेटिंग पॉइंट) का इन्तज़ार रहता है और आप उस हिसाब से ख़ुश या चिन्तित या उदास होते हैं। लेकिन चैनल में अनुबन्ध पर लगा ड्राइवर भी उतना ही परेशान होता है (भले ही रेटिंग बढ़ने पर ख़ुश न होता हो।) हमारे चैनल में एक बार एक हफ़्ते में चार बड़े झटके लगे थे। मैनेजिंग एडीटर के साथ-साथ एक एंकर और एक प्राइम टाइम शो के स्टार एंकर का इस्तीफ़ा हो गया था। फिर टीआरपी भी लगातार गिर रही थी। ऐसे समय में मैं एक स्टोरी करने जयपुर, अलवर,

बाड़मेर, जैसलमेर के दौरे पर जा रहा था। गाड़ी ऑफ़िस की थी और ड्राइवर पाँच सालों से दफ़्तर के लिए गाड़ी चला रहा था। कहने लगा कि सर, यह सब क्या हो रहा है। रिपोर्टर दिल्ली में काम ही नहीं करते हैं। फलानाँ तो कभी मोबाइल ख़रीदने जाता है तो कभी प्रेस क्लब में दिन में ही शराब पीने बैठ जाता है। बाक़ी टाइम मीडिया सेंटर के एसी में गप्पबाज़ी करता रहता है। फलानी रिपोर्टर घर से निकलती ही नहीं। कैमरामैन से चक्कर चल रहा है। वह ही सारा काम करता है। एक रिपोर्टर के साथ हरियाणा टूर पर गया था। वह स्ट्रिंगर से ही काम कराता रहा। ख़ैर, इसमें कितना सच कितना झूठ, मुझे नहीं पता लेकिन ड्राइवर टीआरपी गिरने से चिन्तित नज़र आ रहा था। उसकी नज़र में रिपोर्टर अपना काम ईमानदारी के साथ नहीं कर रहे थे।

चलिए आपको पीछे लिए चलता हूँ। 1995 में। उस समय 'आज तक' शुरू हुआ था। दूरदर्शन के मेट्रो चैनल पर आता था। रात 0930 बजे। बीस मिनट का। हफ़्ते में पाँच दिन। मैं जयपुर में रिपोर्टर था। राजस्थान में आखा तीज यानी अक्षय तृतीया पर बड़ी संख्या में बाल विवाह होते हैं। बात 1997 की है। मुझे एक पत्रकार मित्र ने भरोसा दिलाया कि अलवर ज़िले की बानसूर तहसील में उनकी जान पहचान है। वहाँ उनकी दूर की रिश्तेदारी में एक ही घर में तीन भाइयों का बाल विवाह होना है। सबसे बड़ा भाई तो 22 साल का है लेकिन उसकी आड़ में चाचा ताऊ के तीन बच्चों का भी ब्याह होगा जिनकी उम्र चार साल से आठ साल के बीच है। मैं उछल पड़ा। पहली बार टीवी कैमरे पर बाल विवाह इस तरह रिकॉर्ड होगा। मैंने दिल्ली दफ़्तर से इजाज़त माँगी जो तुरन्त मिल गयी। पत्रकार मित्र ने मुझसे आश्वासन लिया कि मैं गाँव और परिवार का ज़िक्र नहीं करूँगा। इसके लिए मैं मान गया।

हम जयपुर से सुबह निकले और दोपहर बाद उस गाँव में पहुँचे। हमें चाय पिलायी गयी। घर में ब्याह की तैयारियाँ हो रही थीं। हलवाई बिठा दिये गये थे। हमने कैमरा निकाला तो परिवार के लोग शंकित हो गये। हालाँकि जयपुर के पत्रकार मित्र का हवाला दे दिया गया था लेकिन घुसर-पुसर शुरू हो गयी। इतने में गाँव के स्कूल के मास्टर जी आ गये। हमसे सवाल जवाब करने लगे। जब उन्हें पता चला कि हम यह रिपोर्ट 'आज तक' पर दिखायेंगे तो वह घबरा गये। कहने लगे कि ज़िला प्रशासन आपके सम्पादक के ज़रिये इस गाँव का पता लगा ही लेगा और उनकी पत्नी की नौकरी जाती रहेगी। दरअसल पत्नी महिला और बाल कल्याण विभाग में 'साथिन' के रूप में काम करती थी जिन्हें राज्य सरकार ने गाँव में होने वाले बाल विवाह की सूचना ज़िला कलेक्टर को देने के निर्देश दिये गये थे। हमने

लाख समझाया कि गाँव और परिवार की पहचान गुप्त रखी जायेगी लेकिन मास्टर जी नहीं माने।

हमें गाँव से बाहर कर दिया गया। ड्राइवर हमारा गुर्ज़र था। वह हमारी बातों को सुन रहा था। गाँव से निकल शहर जाने वाले स्टेट हाईवे पर आये तो ड्राइवर ने कहा कि यहाँ से चालीस किलोमीटर दूर उसका ख़ुद का गाँव है। गाँव में ज़रूर बाल विवाह हो रहे होंगे और वह शूटिंग में मदद कर सकता है। मैं उछल पड़ा। लेकिन कैमरामैन ने कहा कि हो सकता है कि ड्राइवर चू...बना रहा हो। उसे अपने गाँव जाना होगा इसलिए कह रहा है। वहाँ जाकर मुकर जायेगा। आख़िर उसके गाँव में भी तो कोई न कोई मास्टर होगा।

तभी एक खुले ट्रैक्टर में बाल दूल्हा जाता दिखा। हमने गाड़ी दौड़ाई। रोकी। ट्रेक्टर को ड्राइवर ने ही रुकवाया। हमने दूल्हे का इंटरव्यू किया। पिता का भी और ट्रेक्टर ट्राली में बैठी दूल्हे की माँ से भी बात की। एक छोटी-सी स्टोरी तैयार हो गयी थी। इससे हमारा काम चल जाता। लेकिन मुझे लगा कि जब इतनी दूर आ गये तो चांस लेना चाहिए। ड्राइवर को आज़माने में कोई हर्ज़ नहीं है। हम ड्राइवर के साथ उसके गाँव पहुँचे। गाँव से पहले ड्राइवर को कुछ जान-पहचान के लोग मिल गये। वहाँ उसने पूरी तफ़्तीश की। फिर उसने हमें कैमरा छुपाने को कहा और गाड़ी गाँव के ठीक बाहर एक घर के आगे रोकी।

ड्राइवर घर के अन्दर गया। आधा घण्टे तो नहीं आया तो हमें चिन्ता होने लगी। इस बीच गाँव के कुछ आवारा लड़कों ने गाड़ी में ताक झाँक शुरू कर दी थी। कैमरामैन ने कहा कि देख लिया ड्राइवर को। साला चू...बना गया। आधे घण्टे बाद ड्राइवर वापस आया तो कन्धे पर बोरा उठाये हुए था। कहने लगा कि घर का गेहूँ है जो वह जयपुर ले जायेगा। हमसे बिना पूछे कार की डिक्की में रखने लगा तो कैमरामैन का सब्र टूट गया। उसने बाल विवाह की बात पूछी तो ड्राइवर ने कहा कि दूल्हा बड़ा है। क़रीब पन्द्रह साल का। आपको मज़ा नहीं आयेगा। पास के ही दूसरे गाँव चलते हैं वहाँ दो जुड़वा भाई है। तीन साल के हैं। दोनों का बाल विवाह हो रहा है। कैमरामैन अब ड्राइवर से उलझने लगा था। कहने लगा कि यहाँ से घर का गेहूँ लिया उस गाँव से घर की सब्ज़ी लेनी है या चावल। मैंने बीच बचाव किया। दरअसल मेरे पास ड्राइवर पर विश्वास करने के अलावा कोई चारा भी नहीं था।

ड्राइवर से मैंने दूसरे गाँव चलने को कहा। गाँव का रास्ता बहुत ख़राब था। वहाँ पहुँचने में क़रीब दो घण्टे लग गये। गाँव पहुँचे तो अँधेरा हो गया था। पेट्रोमैक्स

की रोशनी में एक बारात जा रही थी। हमने उसे शूट किया। ड्राइवर ने भरोसा दिलाया यहाँ तो वह हर हालत में स्टोरी करवा के ही दम लेगा। आख़िर सुबह सात बजे जयपुर से निकले थे और अब रात के सात बज रहे थे। अब मैं कोई चांस नहीं लेना चाहता था। यहाँ से अँधेरे में किसी और गाँव में जाना और वहाँ बाल विवाह खोजना असम्भव हो चला था। मैंने ड्राइवर के साथ मिलकर तरकीब निकाली। माइक से चैनल की आई डी (जिस पर 'आज तक' लिखा हुआ था) हटवाई। ड्राइवर से कहा कि वह यह बताये कि हम बीबीसी के लिए भारतीय ग्रामीण जीवन के विविध पक्षों पर डाक्यूमेंटरी बना रहे हैं। इसका एक हिस्सा बाल विवाह है। ड्राइवर को यह आइडिया पसन्द आया।

यह तरकीब काम आयी। मैंने इंटरव्यू भी इस हिसाब से लिए आख़िर बच्चों की शादियाँ बचपन में कराने के पीछे क्या मजबूरी है। क्या लड़कियों की कमी है। क्या दरअसल शादी नहीं होती यह तो रोकना होता है। शादी तो पन्द्रह-सोलह की उम्र में होती है जिसे गौना कहते हैं। कुल मिलाकर मेरी ज़रूरत बाल विवाह का वीडियो था। सामने दो चौकियों पर छह सात साल के दो दूल्हे बैठे थे। पाँच छह साल की दुल्हन बैठी थी। बाकायदा ब्याह हो रहा था। पहली बार यह सब देख रहा था। हमारे लिए बीच-बीच में चाय पकौड़े-मिठाई आ रही थी। इस बीच कुछ हलचल हुई। सेना से हाल ही में रिटायर एक शख़्स का वहाँ आना हुआ। उसने हमारी मौजूदगी का सवाल उठाया तो दूल्हे के पिता ने बीबीसी की बात कर दी। इस पर उस रिटायर फ़ौजी ने बीबीसी से हुआ करार दिखाने को कहा। मैंने दायें-बायें किया। बीबीसी के मार्क टेली से लेकर संजीव श्रीवास्तव का नाम लिया। उस समय संजीव एशिया बीबीसी के प्रमुख थे। मैं उनके साथ 'टाइम्स ऑफ़ इंडिया' ग्रुप में काम कर चुका था। वह 'टाइम्स ऑफ़ इंडिया' में थे और मैं नवभारत टाइम्स में। रिटायर फ़ौजी को इस बीच किसी ने जाम थमा दिया और बात बदल गयी।

हम फिर अपने काम में मशगूल हो गये लेकिन ड्राइवर फ़ौजी पर नज़र रखे हुए था। (यह बात ड्राइवर ने बाद में बतायी थी।) हमारा काम क़रीब-क़रीब ख़त्म हो गया था। हमें खाना खाने के लिए रोका जा रहा था। लेकिन ड्राइवर ने हमें चलने का इशारा किया। कैमरामैन का कहना था कि बाल दूल्हे-दुल्हनिया के खाना खाने के शॉटस मिल जायेंगे। लेकिन ड्राइवर जैसे अड़ गया कि निकलना है। हम घर से निकले। गाँव की गलियों से होते हुए अपनी कार की तरफ़ जा रहे थे। तभी पीछे गली में कुछ शोर उठा। ड्राइवर ने कैमरा स्टैंड उठाया और कार की तरफ़ दौड़ने लगा।

हम भी पीछे पीछे दौड़े। जैसे तैसे गाड़ी में सामान लादा और कुत्तों के भौंकने के बीच निकल पड़े। पीछे कुछ लोग मोटरसाइकिल पर कुछ दूर तक आये और फिर वापस लौट गये। ड्राइवर का कहना था कि फ़ौजी ने हम पर सवाल उठाना शुरू कर दिया था। उसे मुझ पर झक हो गया था। फ़ौजी का कहना था कि यह रिपोर्टर तो 'आजतक' में आता है और 'आजतक' वाला बीबीसी के लिए फ़िल्म क्यों बनायेगा। ख़ैर, हमारा काम हो गया था। ड्राइवर के नाम वह स्टोरी करना चाहूँगा। नाम था पप्पू गुर्जर। यहाँ आपको बताता चलूँ कि एक साल बाद पप्पू गुर्जर अपने गाँव चला गया। वहाँ एक खदान में टैक्टर ट्रॉली चलाने लगा। हालाँकि अक्षय तृतीया पर उसका फ़ोन ज़रूर आता या मैं उसे कर लेता। तीन चार साल तक उसने बाल विवाह पर स्टोरी करवाई। एक बार बीबीसी के लिए फ़िल्में बनाने वाले एक अंग्रेज़ का दिल्ली से फ़ोन आया। उसने मेरी बाल विवाह पर स्टोरी देखी।

अब अक्षय तृतीया पर मेरे साथ अंग्रेज़ भी जा रहा था। वह कैमरा भी ख़ुद चलाता था। मुझे डर लग रहा था कि पता नहीं अंग्रेज़ को देखकर पप्पू के गाँव के लोगों का रिएक्शन क्या होगा और क्या अंग्रेज़ के चक्कर में हमारी स्टोरी तो नहीं पिट जायेगी। ख़ैर, ऐसा कुछ नहीं हुआ। उल्टे गाँव के लोग तो ख़ुश ही हुए। यहाँ तक कि सरपंच ने टूटी-फूटी हिन्दी में उस दिन बाल विवाह करने का मससद भी बताया और उसे परम्परा संस्कृति के साथ भी जोड़ने की कोशिश की। अंग्रेज़ बहुत ख़ुश था। कहने लगा कि तीन साल तक वह मध्य प्रदेश में बाल विवाह शूट करने का मौक़ा तलाशता रहा। पैसे भी ख़र्च हुए लेकिन हाथ धेला नहीं लगा। उसने जाते जाते कुछ डॉलर दिये जो मैंने आनाकानी कर रहे पप्पू की जेब में जबरन डाल दिये।

सारी रात चलते-चलते

बात 1998 की है। जैसलमेर के पास भाटी राजपूतों के एक गाँव में 110 साल बाद पहली बार बारात आयी थी। यह अपने आप में हैरान परेशान कर देने वाली स्टोरी थी। दरअसल कहा जाता है कि भाटी राजपूत बेटियों को जन्म लेते ही मार दिया करते थे लेकिन गाँव के सरपंच ने बेटी को मरवाया नहीं था। उसी बच्ची की शादी थी। (सरपंच ने बच्ची को मरवाया क्यों नहीं, हमने किस तरह स्टोरी कवर की इस बारे में मैंने विस्तार से अपनी किताब 'नब्बे सेकेंड की टीवी पत्रकारिता' में ज़िक्र किया है। किताब नेशनल बुक ट्रस्ट ने छापी है।) जयपुर से जैसलमेर साढ़े छह सौ किलोमीटर है और उस समय क़रीब बारह घण्टे तो लग ही जाया करते थे। ख़ैर,

कहानी यह है कि मैं यह स्टोरी कर जयपुर सुबह लौटा ही था। अभी तीन दिन की थकान उतरी भी नहीं थी कि शाम को तत्कालीन प्रधानमन्त्री अटलबिहारी वाजपेयी ने पोकरण में परमाणु विस्फोट की घोषणा कर डाली। दफ़्तर मुझसे कुछ कहता इससे पहले ही मैंने कैमरामैन को तैयार होने को कह दिया था। टैक्सी स्टैंड को फ़ोन करके गाड़ी बुक कर ली थी। लेकिन जयपुर से निकलते-निकलते शाम के आठ बज ही गये। जिस ड्राइवर को आना था उसने 'हाँ' करने के बाद जाने से मना कर दिया। कह दिया कि गाड़ी कुछ काम माँगती है। दूसरा ड्राइवर देर से आया। आया तो मैं निराश हो गया। ड्राइवर का कहना था कि वह दो घण्टे पहले ही आगरा से जयपुर आया है। उम्र भी साठ पैंसठ साल रही होगी।

ख़ैर, मेरे पास कोई विकल्प नहीं था। जयपुर से निकले तो अजमेर पहुँचने में ही चार घण्टे लग गये। रात के बारह बज चुके थे। अभी कम-से-कम चार सौ किलोमीटर का सफ़र बाक़ी था। ड्राइवर को झपकी आ रही थी। कैमरामैन पीछे की सीट पर सौ रहा था। मैं आगे ड्राइवर की बग़ल में बैठा था। बीच-बीच में बीड़ी सुलगा कर उसे दे रहा था। उसे बातों में लगाये रख रहा था। विदेशी सैलानियों के साथ ड्राइवर बहुत घूमा था। जयपुर, दिल्ली, आगरा, जोधपुर, जैसलमेर, बीकानेर, उदयपुर, झुँझुनूँ बहुत घूमाया था विदेशी बालाओं को। मैंने मुस्कराते हुए पूछा कि कुछ चक्कर भी चला क्या। बस फिर क्या था। ड्राइवर ने क़िस्से सुनाने शुरू किये कि कैसे एक विदेशी बाला उससे प्रेम करने लगी थी और शादी तक करने को तैयार थी। यहाँ तक कि ड्राइवर को घर बनाने के लिए पचास हज़ार रुपये की ज़रूरत थी तो जर्मनी से उस विदेशी बाला ने पैसे भी भेजे थे। रात भर मैं इंटरव्यू लेता रहा। ड्राइवर रस लेकर बताता रहा। ड्राइवर की नींद भगाने का इससे बेहतर उपाय मेरे पास नहीं था। जैसे-तैसे सुबह सात बजे के आसपास हम पोकरण पहुँचे थे। खेतोलाई गाँव। विश्नोई समाज के लोग वहाँ बहुसंख्या में थे। मैंने फटाफट कुछ के अनुभव रिकॉर्ड किये। कार के शीशे के सहारे इससे पहले दाढ़ी बनायी थी।

आठ बज रहे थे। हमें अब वापस जोधपुर निकलना था। वहाँ एयरपोर्ट पर बारह बजे तक पहुँचना था। पोकरण से जोधपुर क़रीब दो सौ किलोमीटर है। ड्राइवर रात भर का जगा था। (वैसे तो दो रातों से जगा था। जयपुर से विदेशी सैलानी को आगरा फतेहपुर सीकरी भरतपुर घुमाने ले गया था)। ड्राइवर की आँखें लाल थीं। वह नीम की दातून कर रहा था। गाँव के लोग चाय ले आये थे। मैंने ड्राइवर से कहा कि जल्दी चाय पियो। जोधपुर पहुँचना है। बारह बजे तक। ड्राइवर ने घड़ी देखी और

हाथ जोड़ दिये। मैंने कहा कि बारह बजे तक एयरपोर्ट नहीं पहुँचे तो सारी मेहनत बेकार है। एक बजे के क़रीब वहाँ से एक फ्लाइट दिल्ली जाती है और उस फ्लाइट के ज़रिये कैसेट भेजना है।

हम वापस लौट रहे थे। तपती गरमी के दिन थे। कार का एसी नींद को बढ़ावा दे रहा था। कैमरामैन को मैंने रात के क़िस्सों के बारे में बताया। अब कैमरामैन ड्राइवर से क़िस्सेबाज़ी में बिजी हो गया। तीन जगह रास्ते में रुक कर चाय पी गयी। जैसे तैसे हम साढ़े बारह बजे जोधपुर एयरपोर्ट पहुँचे। मेरा दिल डूब रहा था। इंडियन एयरलाइंस की फ्लाइट थी और काउंटर ख़ाली था। मुझे लगा कि खेल ख़त्म हो गया। लेकिन उनके स्टाफ से मैंने कहा कि पोकरण से आ रहे हैं, परमाणु परीक्षण की स्टोरी करके। स्टाफ ने आश्वस्त किया कि कैसेट दिल्ली हर सूरत में भिजवाया जायेगा। मैं वापस गाड़ी के पास लौटा और ड्राइवर से हाथ मिलाते हुए गले लगाया। मेरी आँख में आँसू थे। ड्राइवर की समझ में क्या आ रहा था मुझे नहीं पता। लेकिन उस रात ड्राइवर अगर हिम्मत हार जाता तो पोकरण की स्टोरी नहीं हो पाती।

पहाड़ का सफ़र

एबीपी न्यूज़ में रहते हुए गंगा की सफ़ाई पर विशेष मुहिम चलायी गयी थी। मनमोहन सिंह सरकार के समय दरअसल उत्तराखण्ड में गंगा और उसकी सहायक नदियों पर बनने वाले बाँधों का साधु-सन्त समाज विरोध कर रहा था। 'अविरल निर्मल' गंगा का बात कर रहा था। उधर गंगा लगातार मैली हो रही थी। एबीपी न्यूज़ ने पाँच साल तक हर वर्ष गंगा के पानी की डॉक्टरी जाँच करायी। इसमें अच्छा ख़ासा पैसा ख़र्च हुआ। हरिद्वार, इलाहाबाद, पटना, कोलकाता में गंगा के पानी की जाँच करायी गयी। इसमें दिल्ली की एक प्रतिष्ठित संस्था का सहयोग लिया गया। अब चूँकि इस मुहिम की ज़िम्मेदारी मुझे दी गयी थी तो कई बार गंगोत्री तक जाना हुआ। एक बार तो हम गोमुख तक गये।

पहली बार हम गये तो 'इनोवा' गाड़ी का ड्राइवर हिमाचली था। उसे पहाड़ पर गाड़ी चलाने का ख़ासा अनुभव था। वैसे हम सुबह दिल्ली से निकले और रास्ते में हरिद्वार में कुछ देर रुकने के बाद शाम तक चम्बा पहुँचे। ड्राइवर एक छोटे से होटल ले गया जहाँ वह पहले रुक चुका था। होटल मालिक नेगी साहब थे जिनकी बेटी भी दिल्ली में एक हिन्दी चैनल में काम किया करती थी। होटल क्या गेस्ट हाउस टाइप था। कुल चार कमरे थे। नेगी साहब से कहकर एक कमरा ड्राइवर को

दिलवा दिया गया। नेगी साहब ने इसके अलग से पैसे नहीं लिये। रात को देसी मुर्गा और चावल खिलाये। सुबह बिल का समय आया तो देसी मुर्गा के हज़ार रुपये ले लिए। ख़ैर, ख़र्चा कम्पनी को उठाना था। ड्राइवर अच्छी नींद सोया था और तरोताज़ा उठा था। मेरा मक़सद भी यही था क्योंकि दिन भर उसे पहाड़ियों को काटना था, अन्धे मोड़ पर गाड़ी चलानी थी, सामने से हॉर्न बजाती आती बसों से बचना था। चंबा से गंगोत्री तक का सफ़र 12 घण्टों में पूरा हुआ था। एक तरफ़ नदी तो दूसरी तरफ़ पहाड़। कभी पहाड़ पर चढ़ना तो कभी पहाड़ से उतरना। ड्राइवर बताने लगा कि पहाड़ों में गाड़ी चलाना एक आर्ट से कम नहीं। स्पीड न बहुत धीमी हो और न ही बहुत तेज़। मोड़ पर ख़ासतौर से सावधानी से गति का बचाव भी करना है और सामने से आती गाड़ियों से। पहाड़ में चढ़ती गाड़ी को उतरती गाड़ी रास्ता देती है। यह पहाड़ का अपना अलिखित अनुशासन है। शाम को गंगोत्री के पास हर्षिल में थे। रात भर सोना था। सुबह आठ बजे गंगोत्री के लिए निकलना था। लिहाज़ा रम के पैग लगाये गये। कैमरामैन पीता नहीं था। मैं और ड्राइवर पी रहे थे। अगले दिन सुबह गंगोत्री के लिए निकले। वहाँ गाड़ी छोड़ दी। वहाँ से हमें पैदल गोमुख जाना था और अगले दिन शाम तक वापस गंगोत्री लौटना था। ड्राइवर को कमरे की चाबी थमा दी गयी और वह बहुत ख़ुश हुआ। अगले दिन शाम को गंगोत्री लौटे तो ड्राइवर हमारा इन्तज़ार कर रहा था। हम हर्षिल आये। होटल के कमरे में गये। मेरा मन रम पीने का था लेकिन रम तो ख़त्म हो चुकी थी।

आपको बताते चले कि राज कपूर की फ़िल्म 'राम तेरी गंगा मैली' की शूटिंग यही हुई थी। सेना की कई यूनिट यहाँ है। ऐसी ही एक यूनिट ने भागीरथी नदी के नीचे सफेद चादर में लिपटी मन्दाकिनी पर गाने की शूटिंग का इन्तज़ाम कराया था। यही पहली बार एक अंग्रेज़ लन्दन से सेब लेकर आया था और यहाँ पहली बार उगाया था। हर्षिल के राजा ने ही एक अंग्रेज़ को पेड़ काटने का ठेका दिया था। अंग्रेज़ पेड़ कटाता और भागीरथी में डलवा देता। रास्ते में लोग रखे जो किनारे फँसे पेड़ के तनों को धकेल कर धारा के साथ कर देते। ख़ैर, रम की तलाश में सेना के कुछ जवानों से बात की लेकिन बात बनी नहीं। मैं बाल्कनी में खड़ा सिगरेट पी रहा था। ड्राइवर ने मुझे देखा और कमरे में चला गया। वहीं से मुझे आवाज़ दी। कमरे में पहुँचा तो रम के दो गिलास सामने थे। ड्राइवर बताने लगा कि उत्तरकाशी से निकलने पर आख़िरी ठेके पर उसने एक हॉफ ख़रीद लिया था क्योंकि पहाड़ में शराब हमेशा कम पड़ जाती है। ड्राइवर चाहता तो गाड़ी में अकेले या किसी कोने

में जाकर शराब गटक सकता था लेकिन वह गोमुख से हमारे लौटने का इन्तज़ार करता रहा। जाते-जाते कमरा उसके लिए खुलवा दिया था, नेगी साहब के होटल में कमरा दिलवाया था शायद यही वजह रही होगी। कुल मिलाकर हमने ड्राइवर का ख़याल रखा। उसने हमारा।

तीन दिन तक मैंने या तो पहाड़ देखे या फिर गंगा नदी। वापसी में टिहरी भी जाना हुआ जहाँ उजड़े गाँव भी दिखे और दूर-दूर तक लहराता हुआ गंगा का पानी भी। अन्दर का सोया कवि कब जाग गया। कब मैंने टिहरी से हरिद्वार के बीच सीरीज में कविताएँ रच डालीं। पता ही नहीं चला। इसी किताब के एक अध्याय में कविताएँ हैं।

यहाँ ड्राइवर के साथ शराब पीना कहानी नहीं है। कहानी यह है कि पहाड़ पर जाओ तो ड्राइवर और कैमरामैन पहाड़ के हों तो सफ़र आसान हो जाता है।

जब ड्राइवर ने धोखा दिया

लेकिन हर बार ड्राइवर ऐसे ही मिले ज़रूरी नहीं है। बात 1996 की है। जयपुर से क़रीब 80 किलोमीटर दूर समलेटी गाँव में जयपुर-आगरा हाईवे पर राजस्थान रोडवेज की बस में बम फटा। यह कश्मीरी आतंकवादियों की साज़िश थी। शाम को बम फटा था। कुछ लोगों के मारे जाने की भी सूचना मिली थी। ख़बर मिलते ही कैमरामैन की तलाश शुरू हुई। उस समय मेरे पास कोई स्थायी कैमरा यूनिट नहीं थी। 'पत्रिका टीवी' से कैमरा और कैमरामैन किराये पर लेता था। वहाँ से कैमरामैन नहीं मिलता तो जयपुर दूरदर्शन के कैमरामैन मदद करते। हालाँकि वह भी पैसा लिया करते थे लेकिन तब ज़रूरत पड़ने पर तत्काल कैमरामैन मिलने का मतलब रब का मिलना होता था। समलेटी बम कांड की सूचना मिलते ही 'पत्रिका टीवी' फ़ोन किया। कैमरा यूनिट तो थी लेकिन कैमरामैन नहीं था। दूरदर्शन केन्द्र फ़ोन मिलाया लेकिन किसी जान पहचान के कैमरामैन से बात नहीं हो सकी। वहाँ के ड्यूटी रूम अधिकारी ने भरोसा दिलाया कि कैमरामैन कोई दिखा तो सन्देशा भिजवा दिया जायेगा।

इस बीच टैक्सी चालक के साथ मैं पत्रिका टीवी के दफ़्तर में बैठा अपनी क़िस्मत पर रो रहा था। दिल्ली दफ़्तर की गालियाँ सुननी पड़ रही थीं। (क्या एक कैमरामैन का जुगाड़ नहीं कर सकते रिपोर्टिंग क्या खाक होगी।) अब दिल्ली में तो शूट पर जाना है तो एक मेल डालना पड़ता था। मेल डालो। नीचे पहुँच कर सिगरेट सुलगाओ। तब तक गाड़ी और कैमरा टीम हाज़िर हो जाती थी लेकिन जयपुर में

स्टोरी लाइन अप करने से पहले देखना पड़ता था कि कैमरा और कैमरामैन मिल जायेगा क्या। उस मौक़े पर भी रात आठ बजे एक कैमरामैन का जुगाड़ हुआ। जयपुर शहर से अभी निकलकर हाईवे पर आये ही थे कि ड्राइवर कहने लगा कि उसे तो रात ग्यारह बजे उदयपुर के लिए निकलना है। मुझे टैक्सी स्टैंड मालिक पर ग़ुस्सा आया। उधर ड्राइवर ने नखरे दिखाने शुरू कर दिये। दौसा से पहले ही उसने गुटखा खरीदने के लिए गाड़ी रोकी। मुझसे पैसे लेकर कार में डीजल डलवाया। फिर कहने लगा कि रेडियटर गर्म हो रहा है। पानी डालना होगा। कार का बोनट उठाकर कुछ करता रहा। अब वह कार स्ट्रार्ट करने लगा तो कार ने स्ट्रार्ट होने से मना कर दिया। अच्छी भली कार अचानक बन्द हो गयी थी।

ड्राइवर कह रहा था कि किराये की जीप दिलवा देता हूँ। कार ठीक होने में तो टाइम लगेगा। मैं समझ चुका था कि ड्राइवर बहाने लगा रहा है। चूँकि उसे उदयपुर निकलना है इसलिए वह हमारे साथ जाना ही नहीं चाहता। लेकिन यह बात वह जयपुर में ही कह देता तो दूसरी गाड़ी मँगवा ली जाती। ख़ैर, हमने कार छोड़ी। एक जीप किराये पर ली। समलेटी पहुँचे तो रात के दस बज रहे थे। बुलेटिन का समय निकल चुका था। ख़ैर, ख़ुशी इस बात की रही कि घटना स्थल पर 'आज तक' सबसे पहले पहुँचा था। एनडीटीवी की टीम तो सुबह समलेटी गयी थी। देर रात तक अस्पताल से लेकर थाने तक भटकते रहे। फिर एक ढाबे में खाना खाकर वही खाट पर कमर सीधी की। अफ़सोस इस बात का रहा कि अगर ड्राइवर धोखा नहीं देता तो रात के बुलेटिन 'आज तक' में मेरे फ़ोनों का इस्तेमाल हो जाता। वापस आकर उसी टैक्सी स्टैंड के एक अन्य ड्राइवर से पूछा तो उसने बताया कि हमारे साथ गया ड्राइवर तो रात दस बजे ही वापस आ गया था यानी साफ़ था इधर हमने जीप किराये पर ली और समलेटी रवाना हुए तो उधर ड्राइवर जयपुर रवाना हो गया उसी कार से जो स्ट्रार्ट नहीं हो रही थी।

एयरपोर्ट के ड्राइवर

अब इसे संयोग कहा जाये या मतदाता के मन की बात अन्दाज़ा आप लगाइए। लेकिन पाँच अलग-अलग राज्यों के विधानसभा चुनावों के दौरान एयरपोर्ट से निकले ड्राइवर ने जो कहा उस राज्य का चुनावी नतीज़ा भी वही आया। बात 2017 के गुजरात विधानसभा चुनावों की है। अहमदाबाद एयरपोर्ट से होटल तक के लिए जो टैक्सी ली उसके ड्राइवर का नाम शंकर बघेला था। बघेला कार का मालिक भी

था। कार स्ट्रार्ट करते ही बोला कि एक स्टोरी एयरपोर्ट पर कर दो। पहले एयरपोर्ट के अन्दर टैक्सी स्टैंड हुआ करता था। बघेला की तीन टैक्सी स्टैंड के साथ अटैच थी। एयरपोर्ट पर मरम्मत का काम शुरू हुआ तो स्टैंड अस्थायी तौर पर बन्द कर दिया गया। अब बघेलाजी का दर्द था कि एयरपोर्ट तो नयी साज-सज्जा के साथ चालू हो गया लेकिन टैक्सी स्टैंड बन्द का बन्द है। इससे उनकी आमदनी काफ़ी कम हो गयी है। तीन में से दो टैक्सी बेचनी पड़ी हैं। अपनी कहानी सुनाने के बाद बघेला का कहना था कि शंकर सिंह बघेला भी उसी गाँव के हैं जिस गाँव का वह ख़ुद है। लेकिन वह बीजेपी को ही वोट देता आया है जबकि बघेला बीजेपी छोड़ कांग्रेस में जा चुके हैं। वह हमसे स्टोरी करने की विनती कर रहा था और हम साबरमती रिवर फ्रंट के आगे से गुज़र रहे थे। कैमरामैन ने साफ़-सफ़ाई की तारीफ़ की तो ड्राइवर उखड़ गया। कहने लगा कि न जाने कितने लोगों को उजाड़ कर अमीरों की मार्निंग वॉक के लिए यह सब किया गया है। इस बार बीजेपी को उसकी औक़ात दिखा देनी है। मुझे उत्सुकता हुई। औक़ात दिखाने को स्पष्ट करने को कहा तो बोला कि बीजेपी के नेताओं को चर्बी बहुत चढ़ गयी है और इस बार चर्बी उतार देनी है यानी बीजेपी को निपटाना तो नहीं है लेकिन सिमटाना ज़रूर है। कहने लगा कि बीजेपी चुनाव तो जीत जायेगी लेकिन सीटें सौ भी नहीं आयेंगी। आप देख लेना। अगले कुछ दिन मेरा सौराष्ट्र के ग्रामीण इलाक़ों में घूमना हुआ। वहाँ लोगों की भारी नाराज़गी देखकर लगा कि ड्राइवर सही कह रहा था लेकिन अहमदाबाद से लेकर सूरत तक शहरी इलाक़ों में घूमा तो लगा कि गाँव में भले ही बीजेपी कमज़ोर हो लेकिन शहरों में आगे है और गुजरात पचास शहरों का राज्य है। जब नतीजे आये तो मैं चैनल के स्टूडियो में था। बीजेपी 99 पर अटकी तो मुझे ड्राइवर की बात याद आ गयी।

असम

बात 2016 की है। असम में विधानसभा चुनाव के लिए प्रचार ज़ोर पर था जब मैं गुवाहाटी एयरपोर्ट पर उतरा था। एयरपोर्ट से शहर ख़ासा दूर है और दिन के समय पौन घण्टा तक लग जाता है। ड्राइवर से इधर-उधर की बात हो रही थी। शहर का भीड़ भाड़ वाला इलाक़ा आया। एक चौराहे से दाई तरफ़ मुड़े तो वहाँ बाज़ार लगा था। ड्राइवर ने एक फ़ोटो स्टूडियो के आगे दुकान रोकी। बोला खाने का डिब्बा लेकर आता हूँ। लेकिन दो मिनट बाद ही वह भुनभुनाता हुआ वापस आया। ख़ाली हाथ। कहने लगा कि बेटे की दुकान है। उसने एक अन्य दोस्त के साथ शुरू की है।

दुकान ज़्यादा चलती नहीं है। बेटा एमए है लेकिन नौकरी मिलती नहीं है। नौकरी इसलिए नहीं मिलती क्योंकि कांग्रेस ने बांग्लादेश से मुसलमानों को लाकर यहाँ-वहाँ सब जगह असम में बसा दिया। सबको नौकरी भी दे दी। वज़ीफ़ा भी। हमारे हिस्से की नौकरी...मेरे बेटे के हिस्से की नौकरी बांग्लादेश से आया कोई करीम कर रहा है। कांग्रेस अपना वोट पक्का कर रही है लेकिन हम लोग थक चुके हैं। इस बार पूरे असम में मुसलमान बनाम अन्य हो गया है। आप देख लेना साहब इस बार कांग्रेस और उस बदरुद्दीन अजमल का सूपड़ा साफ़ हो जायेगा। क्या असमिया मूल के लोग, क्या बिहारी, क्या पहाड़ी, क्या मारवाड़ी हर कोई 'फूल' को वोट देगा। अपनी कमाई बैंक से निकालकर बेटे की दुकान खुलवाई लेकिन दुकान भी चल नहीं रही है और यह मुल्ले रोज़ कोरमा खा रहे हैं।

अगले दिन मैं असम की राजनीति के जानकार एक विचारक से मिला। उन्होंने भी कुछ-कुछ ड्राइवर की बात ही दोहराई लेकिन 'असमिया अस्मिता' जैसे शब्दों का इस्तेमाल किया। शाम को गुवाहाटी में बीजेपी के दफ़्तर पहुँचा तो वहाँ कुछ लोगों से मुलाक़ात हुई। असम में 126 की विधानसभा है यानी जीत के लिए 64 विधायक चाहिए। बीजेपी के स्थानीय नेताओं ने मेरा अनुमान पूछा तो मैंने कहा कि बीजेपी गठबन्धन को 75 से 80 सीटें मिल जायेंगी। बीजेपी नेता इस पर यकीन करने को तैयार नहीं थे। कहने लगे कि बहुमत का जैसे तैसे जुगाड़ हो जायेगा। 70 पार जाना मुश्किल है। नतीज़े आये तो बीजेपी गठबन्धन 90 पार गया था। मैंने बाद में कांग्रेस के एक नेता से पूछा कि जो बात ड्राइवर जानता है, जो बात मैं तीन दिन असम घूमने के बाद जानने लगा था वह बात क्या आपका आलाकमान नहीं जानता। नेता ने कहा कि आला कमान तो यह बात एक साल से जानता था लेकिन...

छत्तीसगढ़

साल 2018। नवम्बर का महीना। चुनाव प्रचार शुरू हो चुका था। लगातार तीन बार से बीजेपी के डॉ. रमनसिंह मुख्यमन्त्री थे। इस बार कांग्रेस अपने दम पर अकेले चुनाव लड़ रही थी। रायपुर मैं पहली बार गया था। एयरपोर्ट से लेकर शहर तक सफ़र बता रहा था कि रमनसिंह सरकार ने काफ़ी काम किया है। नयी राजधानी को बड़ी तरकीब और तबीयत से बसाया गया है। ड्राइवर लोकल था रायपुर का। कुछ साल दिल्ली की खाक छानने के बाद रायपुर लौट आया था। बीए पास मगर नौकरी नहीं तो दोस्त की गाड़ी चलाने लगा जो 'ओला' के साथ अटैच थी। ज़ाहिर है कि ड्राइवर ने अपनी बेरोज़गारी से बात शुरू की। बात फिर रमनसिंह सरकार पर

आयी। ड्राइवर बताने लगा कि साहब, छत्तीसगढ़ की एक पीढ़ी ने तो कांग्रेस की सरकार देखी ही नहीं। रमनसिंह की सरकार को देखते-देखते ही जवान हुई है नयी पीढ़ी। रमनसिंह काम अच्छा कर रहे हैं लेकिन लोग बदलाव चाहते हैं। लोगों को लगता है कि कोई दूसरी सरकार आयेगी तो इस सरकार से भी बेहतर काम करेगी। दूसरी बात है कि लोग रमनसिंह सरकार से बोरियत महसूस करने लगे हैं। अपने आप में ड्राइवर सही कह रहा था। देखा गया है कि जिस तरह सरकारों के ख़िलाफ़ एंटीइनकम्बैंसी फ़ैक्टर होता है उसी तरह 'फैटिक फ़ैक्टर' भी होता है। होटल छोड़ते वक़्त जो ड्राइवर ने कहा था उसे मैंने अगले सात दिन छत्तीसगढ़ के कई शहरों में युवा वोटरों के बीच महसूस किया। यहाँ तक कि एक स्थानीय टीवी चैनल के दफ़्तर गया तो वहाँ के स्टाफ़ के लोग भी यही बात कह रहे थे। चुनाव प्रचार के दौरान मैं एक दिन मुख्यमन्त्री रमनसिंह के साथ बस्तर के इलाक़ों में भी गया था। हेलीकॉप्टर से यह दौरा किया गया था। एक जगह मैंने पायलट और को-पायलट के सामने ड्राइवर की बात जानबूझकर रखी तो दोनों ख़ामोश हो गये। बोले कुछ नहीं लेकिन साफ़ लग रहा था कि वह दोनों भी बदलाव तलाश रहे थे। नतीज़ा आया तो ड्राइवर जैसी सोच के वोटरों ने शासन बदल दिया था।

अमृतसर

देर रात अमृतसर एयरपोर्ट पहुँचे थे। बात 2014 के लोकसभा चुनाव की है। ले दिन सुबह अरुण जेटली और कैप्टन अमरेन्द्र सिंह का घोषणा पत्र रिकॉर्ड होना था। लिहाज़ा जल्दी-से-जल्दी होटल पहुँचने और नींद पूरी करने की जल्दी मची थी। लेकिन टैक्सी ड्राइवर सरदार जी अपनी धुन में ही लगे थे। एयरपोर्ट से निकलते ही कहने लगे कि अरुण जेटली को तो वह समझदार नेता समझते थे। लेकिन यह तो निरा नासमझ निकला। अमृतसर लोकसभा सीटें से उसका हारना तय है। सौ फ़ीसद तय है। हमको अरुण जेटली से कोई दिक़्क़त नहीं है। दिक़्क़त मजीठिया से है। अमृतसर की जनता को तो मजीठिया को मज़ा चखाना है। इस का खामियाज़ा बेचारे अरुण जेटली जैसे अच्छे नेता को उठाना पड़ेगा। अगले दिन दोपहर में स्वर्ण मन्दिर और आसपास के इलाक़ों में घूमा तो आमतौर पर लोगों ने मजीठिया को ही जेटली की होने वाली हार की वजह बताया। एक जगह कुछ लोगों से कैमरे पर बात कर रहा था तो सामने मजीठिया की तस्वीर जेटली के साथ पोस्टर में लगी थी। एक आदमी ने तो टिप्पणी भी की थी कि जेटली साहब अपने दुशमन को बगल में लिए

घूम रहे हैं। 2014 में अकाली दल और बीजेपी मिलकर चुनाव लड़ रहे थे। पहली बार तब बिक्रम जीत सिंह मजीठिया बादल परिवार के ही सदस्य थे। प्रकाश सिंह बादल मन्त्रिमण्डल में वित्त मन्त्री थे और उन पर नशे के कारोबार में शामिल होने के आरोप लगते रहे थे। कुल मिलाकर उनकी छवि जनता के बीच बहुत ख़राब थी। अब यह बात अमृतसर का एक ड्राइवर समझ रहा था और रात के एक बजे हमें समझा भी रहा था तो यह बात अरुण जेटली के दिमाग़ में क्यों नहीं आयी। अरुण जेटली को दिल्ली से भी चुनाव लड़ने का निमन्त्रण था। जयपुर ग्रामीण सीट से भी चुनाव लड़ने की पेशकश की गयी थी लेकिन न जाने क्यों जेटली को अमृतसर पसन्द आया जहाँ उनकी करारी हार हुई। ड्राइवर की बात सही साबित हुई।

बिहार

बिहार में 2015 का विधानसभा चुनाव। एयरपोर्ट से जो टैक्सी ली उसका चालक यादव था। ज़ाहिर था कि उसने लालू नीतीश कुमार गठबन्धन की इकतरफ़ा जीत की मुनादी कर डाली थी। वजह भी बतायी। 'एम-वाई' यानी मुसलमान यादव फ़ैक्टर से लेकर नीतीश कुमार की महापिछड़ा, महादलित, पसमान्दा मुस्लिम की सोशल इंजीनियरिंग को समझाया। हालाँकि अगले कुछ दिन बिहार में घूमते हुए चुनाव लालू नीतीश के पक्ष में इकतरफ़ा झुका हुआ नज़र नहीं आया। इतना साफ़ था कि महागठबन्धन बढ़त लिये हुए है। एक दिन सुबह सुबह होटल से निकलते समय लॉबी में बीजेपी के एक बड़े नेता से मुलाक़ात हुई। नेता जी दिल्ली से चुनाव सँभालने पटना आये हुए थे। चुनाव के बारे में पूछा तो मैंने ईमानदारी से अपनी राय बता दी। कह दिया कि मेहनत करने की ज़रूरत है। इस पर नेता जी जैसे उखड़ गये। कहने लगे कि मैं तो जहाँ जहाँ जाता हूँ वहाँ लालू नीतीश का नामलेवा नहीं मिलता और आप कह रहे हैं कि हम मुश्किल में है। मैंने भी तैश में कह दिया कि आप अपने चमचों के साथ चमचों के यहाँ जाते हैं। मेरे साथ चलिए। जैसे ही आप पटना शहर से दूर जाते जायेंगे आपको बीजेपी के नामलेवा कम मिलने शुरू हो जायेंगे। ख़ैर, नतीज़े सामने आये तो लालू नीतीश को इकतरफ़ा जीत मिली। मेरे अनुमान से भी कहीं ज़्यादा।

लेकिन हर नेता इस तरह उखड़े ऐसा भी नहीं होता। 2018 में छत्तीसगढ़ और मध्य प्रदेश का विधानसभा चुनाव कवर कर राजस्थान जा रहा था। भोपाल एयरपोर्ट पर बीजेपी के एक केन्द्रीय मन्त्री मिल गये। पूछने लगे तो मैंने कहा कि छत्तीसगढ़

और राजस्थान में आप हार रहे हैं। मध्य प्रदेश में मामला फँसा हुआ दिख रहा है लेकिन अगर आप मध्य प्रदेश के बायें वाला छत्तीसगढ़ और दायें वाला राजस्थान हार रहे हैं तो मध्य प्रदेश में भी शायद हार ही जायेंगे। केन्द्रीय मन्त्री ने मेरी बात से सहमति व्यक्त की और इस बातचीत को ऑफ़ द रिकॉर्ड घोषित कर दिया।

यहाँ लोकसभा स्पीकर ओम बिरला के सटीक अनुमान का ज़िक्र करना ज़रूरी है। 2017 यूपी विधानसभा चुनाव में बीजेपी को अपने दम पर 312 और साथियों के दम पर 325 सीटें मिली थीं। वोटों की गिनती से एक रात पहले मेरी ओम बिरला से बात हुई जो उस समय कोटा से लोकसभा सांसद ही थे। स्पीकर नहीं बने थे। मैंने कहा कि हद से हद बीजेपी की 250 सीटें आयेंगी। ओम बिरला का कहना था कि हर हाल में तीन सौ से ज़्यादा। ऐसा ही हुआ। 2019 के लोकसभा चुनावों के नतीजें आने से पहले ओम बिरला से बात हुई। मैंने कहा कि बीजेपी 240 से 245 के बीच अटक जायेगी। वह बोले 302 आयेंगी। मैंने इस पर यकीन नहीं किया। लेकिन नतीज़े आये तो मैं हैरान रह गया। बीजेपी के 302 सांसद जीते थे।

एक ड्राइवर ऐसा भी

नाम रामजी लाल बागड़ा। उम्र लगभग साठ। सफ़ेद रंग की एम्बेसडर का मालिक भी और ड्राइवर भी। वैसे बागड़ा के पास एक नहीं दो-दो एम्बेसडर थीं लेकिन एक एम्बेसडर गाड़ी खड़ी-खड़ी कबाड़ हो गयी थी। बागड़ा हनुमान भक्त था। उसने सालासर के बाला जी के नाम पर एक गाड़ी ख़रीदी थी। गाड़ी बाला जी को समर्पित कर दी गयी थी यानी शोरूम से गाड़ी लायी गयी और अपने टैक्सी स्टैंड के एक कोने में खड़ी कर दी गयी। इस बीच ट्रांसपोर्ट विभाग ने रोड टैक्स चुकाने का नोटिस दिया तो जवाब में कह दिया कि रोड पर तो गाड़ी आयी ही नहीं, चली ही नहीं तो काहे का रोड टैक्स। बाद में मुक़दमेबाज़ी हो गयी थी। जितने की गाड़ी की क़ीमत नहीं थी उससे ज़्यादा तो रोड टैक्स पर पेनल्टी और उस पर ब्याज चढ़ गया था। बाद में गाड़ी टैक्सी स्टैंड से हटाकर बागड़ ने अपने घर के एक कोने में खड़ी कर दी थी, जहाँ उसके पोते खेलते रहते थे।

एक रात की बात है। हम कोटा की तरफ़ जा रहे थे। रात अँधेरी थी। रास्ते में अचानक बागड़ा ने जोर से ब्रेक लगाया। हम चौंके। हड़बड़ाये। सामने कोई गाड़ी नहीं थी। सुनसान सड़क थी। ब्रेक लगाने का कारण पूछा गया तो जवाब मिला कि एक साँप सड़क पार कर रहा था। मैंने कहा कि अरे एक साँप के चक्कर में तीन

लोगों की ज़िन्दगी ख़तरे में क्यों डाली। मान लीजिए पीछे से कोई गाड़ी तेज़ रफ़्तार में आ रही होती तो हम तीनों का तो खेल ख़त्म हो चुका होता। इस पर बागड़ा का कहना था कि साँप मारा जाता तो हम तीनों से साँप का खानदान बदला लेता।

ख़ैर, बागड़ा ने कार स्ट्रार्ट की। गेयर में डाली। वह बताने लगा कि एक बार इसी तरह अँधेरी रात में वह सवारी लेकर अजमेर जा रहा था। इसी तरह एक साँप सड़क पर आ गया था और उसकी गाड़ी तले कुचला गया था। इस पर बागड़ा ने सवारी को वहीं-का-वहीं उतार दिया था और साँप के शव के साथ हरिद्वार की तरफ़ निकल पड़ा था। ऐसा इसलिए किया क्योंकि चार साल पहले इसी तरह की एक घटना में साँप के कुचले जाने पर भी उसने गाड़ी चलाना जारी रखा था और अगले ही मोड़ पर गाड़ी का एक्सीडेंट हो गया था। बागड़ा जब यह क़िस्सा सुना रहा था तो कैमरामैन ने कहा कि यह तो पागल दिखाई देता है। बागड़ा ने सुन लिया। डेश बोर्ड से एक काग़ज़ निकाला और पीछे हमारी तरफ़ सरकाया। काग़ज़ राजस्थान सरकार के मनोचिकित्सक सरकारी डॉक्टर की तरफ़ से जारी किया गया था। उसमें लिखा था कि रामजीलाल बागड़ा मानसिक रूप से अस्वस्थ है। हम काँप गये। हमने फ़ैसला किया कि बागड़ा के साथ हमारा यह आख़िरी सफ़र है। उसके बाद हमने तौबा कर ली।

छत पर मैराथन

24 मार्च 2020 की रात बारह बजे से देश भर में तालाबन्दी की घोषणा प्रधानमन्त्री मोदी ने कर दी। 21 दिन का लॉक डाउन। सम्पूर्ण लॉक डाउन। पूरी दुनिया में यह अपनी तरह का पहला और अनोखा लाक डाउन था। देश के 138 करोड़ आबादी का अचानक 21 दिनों के लिए घर में बन्द हो जाना। तमाम तरह की पाबन्दियाँ। सिगरेट, पान, तम्बाकू, शराब की दुकानों तक में ताला। बस बन्द, रेल बन्द, हवाई जहाज़ बन्द। निजी वाहन से यात्रा करने में लाख शर्तें और पास। उस दौर में कैसे मैंने दिल्ली से जयपुर की आख़िरी फ्लाइट में यात्रा की, घरवालों ने 14 दिनों के लिए एकान्तवास में भेज दिया तो वह दिन कैसे गुज़ारे, ठहरी हुई ज़िन्दगी ने कैसे-कैसे अहसास कराये, ख़ुद को पहचानने का कैसे मौक़ा मिला और कुल मिलाकर 14 दिन का निचोड़ क्या निकला...कुल मिलाकर मैंने ख़ुद की रिपोर्टिंग की।

जयपुर की आख़िरी फ्लाइट

23 मार्च, 2020। शाम के छह बजे। मैं दिल्ली में अपने एबीपी न्यूज़ के दफ़्तर में था। एसाइनमेंट डेस्क के पास खड़ा था। सामने आधा दर्ज़न चैनल अलग-अलग टीवी मॉनीटर पर नज़र आ रहे थे। अचानक एक चैनल पर ब्रेकिंग न्यूज़ नज़र आयी।

मोदी सरकार का बड़ा फ़ैसला
कोरोना को लेकर बड़ा फ़ैसला
24 मार्च से घरेलू हवाई उड़ानों पर रोक
रात बारह बजे से हवाई उड़ानों पर रोक
मोदी सरकार का बड़ा फ़ैसला

मैंने एसाइनमेंट डेस्क पर बैठे प्रवीण यादव की तरफ़ देखा। उसने आँखों-ही-आँखों में इशारा किया कि ख़बर आ चुकी है। आउटपुट को बता दिया गया है

और...तभी एबीपी न्यूज़ पर भी यही ख़बर चलनी शुरू हुई। देखते-ही-देखते सभी चैनलों पर ख़बर थी। ख़बर को विस्तार से बताते रिपोर्टर थे। कोई कैमरे के आगे लाइव था तो कोई फ़ोन–इन पर था। एसाइनमेंट डेस्क ने मुझसे भी लाइव देने को कहा और बग़ल के 'विजय चौक' पर मैं खड़ा हो गया। कान में ईपी लगाये। हाथ में माइक थामे। दरअसल एसाइनमेंट डेस्क के पास ही एबीपी न्यूज़ ने ब्रेकिंग न्यूज़ की वॉल बना रखी थी। जब भी कभी इस तरह की ब्रेकिंग न्यूज़ आती तो वहाँ से लाइव शुरू हो जाता था। क़रीब बारह साल पहले 2008 में इसकी शुरुआत हुई थी और उस समय के सम्पादक शाज़ी ज़मां ने मुझे यह ज़िम्मेदारी दे रखी थी। ब्रेकिंग न्यूज़ के बारे में बताना, उसके हर पहलू को विस्तार से समझाने का काम मेरा था। भाई लोगों ने मेरे नाम पर उस जगह का नामकरण कर दिया था...'विजय चौक'। कोई ब्रेकिंग न्यूज़ आती तो पीसीआर से आवाज आती कि विजय जी को 'विजय चौक' पर खड़ा कर दो।

तो 24 मार्च की रात बारह बजे से घरेलू उड़ानों पर रोक की ब्रेकिंग न्यूज़ के बारे में बताकर कान से ईपी हटाया ही था कि तत्कालीन सम्पादक रजनीश आहूजा अपने कमरे से निकले। मुझसे कहने लगे कि कोरोना का मामला सीरियस हो गया लगता है। नहीं तो सरकार इस तरह अचानक घरेलू उड़ानों पर रोक का फ़ैसला नहीं लेती। रजनीश ने मुझसे कहा कि एसाइनमेंट के दो तीन सीनियर लोग दफ़्तर आकर काम करें और दो तीन सीनियर लोग वर्क फ्रॉम होम करें। यह फ़ैसला इसलिए लिया गया ताकि कहीं ऐसा न हो कि सभी कोरोना की चपेट में आ जायें और सीनियर लेवल पर कोई सँभालने वाला नहीं हो। मुझसे वर्क फ्रॉम होम के लिए कहा गया।

कोरोना से वैसे मेरा वास्ता इससे पहले ही पड़ चुका था। फ़रवरी महीने में इटली से सैलानियों का एक दल भारत आया था। दिल्ली एयर पोर्ट पर उतरा था। वहाँ से दल सीधे राजस्थान चला गया था। झुंझुनूँ के मंडावा क़स्बे पर पहले गया था जहाँ पुरानी हवेलियाँ हैं, दूर-दूर तक फैला रेगिस्तान है, जहाँ कुछ फ़िल्मों की शूटिंग भी हुई है और जहाँ चंग और ढप वाली होली मनाने हज़ारों की तादाद में पर्यटक हर साल आते हैं। ख़ैर, यह दल मंडावा से बीकानेर, बीकानेर से जैसलमेर, जैसलमेर से जोधपुर, जोधपुर से उदयपुर और उदयपुर से जयपुर गया था। जयपुर में इटली के इस दल के एक दम्पती को कोरोना हो गया था। यह भारत में कोरोना का पहला केस था जहाँ किसी विदेशी को कोरोना हुआ हो। यह बात मार्च के शुरुआती दिनों की थी।

कुछ दिन बाद मैं अपने कैमरामैन के साथ 'कोरोना यात्रा' पर निकला था। मंडावा, बीकानेर, जैसलमेर, जोधपुर, उदयपुर और जयपुर। वहाँ-वहाँ जहाँ-जहाँ इटली के ट्यूरिस्ट गये थे। स्टोरी का एंगल यही देखना था कि इन शहरों में कोरोना से कैसे लड़ा जा रहा है, सैलानियों की क्या जांच हो रही है, ऐतिहासिक किलों महलों में प्रवेश की क्या नई व्यवस्था की गयी है, नयी व्यवस्था कितनी सुरक्षित है, इटली के सैलानियों में से दो को कोरोना होने के बाद सैलानियों की संख्या में कितनी कमी आयी है, होटलों में कितनी बुकिंग कैंसिल हुई है और आम आदमी कोरोना को किस रूप में ले रहा है। क़रीब सात दिन का दौरा था।

वहाँ से वापस लौटकर दफ़्तर पहुँचा ही था कि ख़बर आई कि कांग्रेस के नेता ज्योतिरादित्य सिंधिया बीजेपी में जा रहे हैं। मुझे भेजा गया ग्वालियर चम्बल इलाक़े में...ज्योतिरादित्य सिंधिया या यूँ कहा जाये कि सिंधिया खानदान के प्रभाव वाले इलाक़ों में। मैं मुरैना, ग्वालियर , शिवपुरी और गुना गया था। हर जगह लोग ही लोग थे और कोरोना का कोई नाम तक नहीं ले रहा था। मैं ही सबसे उचित दूरी बनाकर रखने और मुँह रुमाल से ढकने (तब मास्क चलन में उतना नहीं आया था) की सलाह दे रहा था। लेकिन चाहे राजस्थान की कोरोना यात्रा हो या सिंधिया राजघराने के इलाक़ों की यात्रा कोरोना से मैं बिल्कुल नहीं घबराया था।

लेकिन 24 मार्च की रात से घरेलू उड़ानों पर रोक की ख़बर ने पता नहीं क्यों अन्दर से हिला दिया। मैं दिल्ली में अकेला रहता हूँ। तेरह सालों से। परिवार जयपुर में। माँ, पत्नी, बेटी और यार दोस्त। मुझे अन्दर से लगा कि मुझे जयपुर जाना चाहिए। मुझे परिवार के साथ होना चाहिए। यह सब सोच ही रहा था जब सम्पादक रजनीश ने मेरे सामने वर्क फ्रॉम होम का प्रस्ताव रखा था और मैं सहर्ष ही इसके लिए तैयार हो गया था।

24 मार्च 2020। दोपहर बारह बजे मैं दिल्ली हवाई अड्डे पर था। स्पाइस जेट की फ्लाइट थी। शाम पाँच बजकर बीस मिनट पर थी। लेकिन ट्रांसपोर्ट इंचार्ज विजेन्द्र रावत ने रात में ही कह दिया था कि ज़्यादा गाड़ियाँ नहीं हैं। सुबह ग्यारह बजे एक गाड़ी एयरपोर्ट की तरफ़ जायेगी तो उसी में मुझे जाना होगा। चार पाँच घण्टे एयरपोर्ट पर ही गुज़ारने होंगे। मेरी भी मज़बूरी थी। प्राइवेट टैक्सियाँ चल नहीं रही थीं। कोई यार दोस्त ऐसा नहीं था जो मुझे अपनी गाड़ी से एयरपोर्ट छोड़ आता। (वैसे मैंने अपनी तरफ़ से किसी को आज़माया भी नहीं था) मेरे पिछले तीन हफ़्ते राजस्थान और मध्य प्रदेश दौरे में निकले थे। बाक़ी के दिन दिल्ली के मयूर विहार

फेस तीन अपने किराये के घर से नोएडा के सेक्टर 6 एबीपी न्यूज़ चैनल के दफ़्तर के बीच ही आना जाना हुआ था। ऑफ़िस की गाड़ी घर से ले जाती थी और देर शाम घर छोड़ जाती थी।

लेकिन उस दिन घर से एयरपोर्ट का सफ़र कोरोना से रू-ब-रू करा गया। मैं एनएच 24 से अक्षरधाम होते हुए एयरपोर्ट जा रहा था। सड़क लगभग ख़ाली थी। रास्ते में पुलिस बैरिकेडिंग पर लोग पुलिस वालों के आगे गुहार लगा रहे थे, दफ़्तर का आई कार्ड दिखा रहे थे, अस्पताल में भर्ती घर के किसी बीमार सदस्य से मिलने जाने की बात कर रहे थे। बाक़ी सड़कों पर सन्नाटा पसरा था। दोनों तरफ़ छतों पर कुछ लोग दिख जाते थे। बाल्कनी में खड़े हुए। कर्फ्यू वाली ख़ाली सड़कों पर बच्चे क्रिकेट खेलते नज़र आ जाते थे लेकिन कोरोना से ख़ाली सड़कें पूरे ख़ालीपन के साथ गाड़ी के साथ-साथ दौड़ रही थी। यह सन्नाटा डरा देने वाला था। पहली बार कोरोना को लेकर मन में डर पैर जमाने लगा था। पहली बार मुझे अहसास हुआ कि कैसे कोरोना काल में मैं पिछले तीन दिनों में मंडावा, जैसलमेर, बीकानेर, जोधपुर, उदयपुर, जयपुर, मुरैना, ग्वालियर और गुना जैसे अलग-अलग दस शहरों के चक्कर काट आया था। मंडावा में तो मैं उन होटलकर्मियों के पास भी गया था जिनके होटल में इटली के सैलानी ठहरे थे और जिनकी उन लोगों ने सेवा की थी। जैसलमेर में मैं उस आदमी से मिला था जो इटली के उस दम्पती को खाना देने कई बार उनके कमरे में गया था जो बाद में कोरोना पॉजीटिव निकला था। उस शख़्स को अस्पताल के आइसोलेशन वार्ड में एक कमरे में अलग से रखा गया था। बीच में जालीदार दरवाज़ा था। इस पार मैं था माइक हाथ में लिए सवाल पूछता हुआ और उस पार वह था मेरे सवालों को टालता हुआ। किसी कुशल नेता की तरह।

बीकानेर में कुछ विदेशी सैलानियों से जूनागढ़ के किले में मुलाक़ात हुई थी। दोनों तरफ़ से नमस्कार के साथ अभिवादन हुआ था, लेकिन उनके क़रीब तो मैं गया ही था। न उन लोगों ने मास्क पहन रखा था और न ही मैंने। अलबत्ता मुझे हैरानी हुई जब इन सैलानियों ने कहा कि दिल्ली एयरपोर्ट पर उनकी किसी तरह की जाँच नहीं हुई। यहाँ तक कि थर्मामीटर भी नहीं लगाया गया। जैसलमेर की तंग गलियों में पटवों की हवेली के बाहर भी ऐसी ही मुलाक़ात हुई थी। वहाँ तो इटली के ही कुछ लोग मिल गये थे जिनका कहना था कि वह तो पिछले दो महीनों से भारत में घूम रहे हैं और वापस इटली नहीं जाना चाहते क्योंकि वहाँ हालात भयावह हैं। भारत में ख़ुद को सुरक्षित महसूस कर रहे हैं।

मंडावा में कैमरे पर बात करने वाले विदेशी तो नहीं मिले लेकिन एक किराना की दुकान वाले पाँच रुपये में 'कोरोना बचाव पुड़िया' बेचते ज़रूर मिल गये थे। उसमें कपूर का टुकड़ा, हरी इलायची, सुपारी के दाने, तुलसी का पत्ता आदि-आदि कुछ था। दावा किया जा रहा था कि पुड़िया शर्ट की ऊपर की जेब में रखो और बीच बीच में उसे सूँघते रहो। कोरोना भाग जायेगा। वहाँ कुछ विदेशी ट्यूरिस्ट भी पुड़िया सूंघते मिल गये थे। मंडावा में ही अहसास हुआ था कि कोरोना पर्यटन उद्योग की कमर तोड़ने वाला साबित होगा। वहाँ की चंग-ढप के साथ मनायी जाने वाली होली देखने के लिए लोग एक साल पहले से बुकिंग कराते हैं लेकिन होटलों में या तो कर्मचारी दिखते थे या माथा पकड़े मैनेजर। वहाँ दो बड़ी फ़िल्मों की शूटिंग होनी थी जो कैंसिल हो गयी थी।

एयरपोर्ट जाते हुए यही सब सोच रहा था कि कब एयरपोर्ट आ गया पता ही नहीं चला। ड्राइवर ने कहा कि सिर्फ़ 35 मिनट में नोएडा से एयरपोर्ट पहुँच गये। अन्दर गया तो पूरा एयरपोर्ट ख़ाली-ख़ाली था। कुछ ही लोग थे जो बेंच पर बैठे थे या फिर खड़े-खड़े बात कर रहे थे। रेस्तराँ में कोई कुछ खा नहीं रहा था। बीच बीच में फ्लाइट के रद्द होने की एनाउंसमेंट लगातार हो रही थी। धड़कते दिले से स्पाइसजेट के काउंटर पर पहुँचा। पूछा शाम की जयपुर की फ्लाइट का तो जान में जान आई। मैंने मास्क लगा रखा था। फिर भी वह पहचान गया। टीवी चैनल में काम करते हुए तीस साल हो गये लेकिन आज भी कोई पहचान जाता है तो दिल ख़ुश हो जाता है। हाँ! यह तो बताना भूल ही गया कि एयरपोर्ट के बाहर पहले ट्रैफिक पुलिस वाले ने पहचाना और कोने में जाकर प्रतिबन्धित क्षेत्र में सिगरेट पीने की इज़ाज़त दी और फिर गुवाहाटी जा रहे जयपुर के कुछ लोगों ने पहचाना जिनके भाई की कभी किसी स्टोरी में मैंने बाइट ली थी।

स्पाइसजेट के कर्मचारी ने कहा कि फ्लाइट चण्डीगढ़ से आती है और जयपुर जाती है। फ्लाइट में जयपुर के भी कुछ यात्री होते हैं। लिहाज़ा कैंसिल होने का सवाल ही नहीं उठता। तसल्ली हुई। आगे मुझे बताया गया कि मेरी सबसे आगे की सीट है और बग़ल की दोनों सीटें किसी को नहीं देने का वायदा है। सुरक्षा जाँच के लिए पहुँचा तो सीआईएसएफ का अधिकारी बोला। क्या विद्रोही जी, जयपुर किसी स्टोरी के लिए जा रहे हैं क्या। मैंने कहा अपने घर जा रहा हूँ क्योंकि डर है कि दिल्ली में कोरोना काल में अकेला रहा तो कहीं मेरी ही स्टोरी न बन जाये। टिकट पर ठप्पा लगाते हुए वह मुस्कराया। कहने लगा कि रात बारह बजे बहुत बड़ी राहत मिलेगी। सरकार को यह क़दम पहले ही उठा लेना चाहिए था।

मैं कन्धे पर बैग लटकाये गेट नम्बर 38 की तरफ़ जा रहा था। वहाँ से स्पाइसजेट की फ्लाइट जानी थी। सभी दुकानें बन्द थीं। सफ़ेद चादरों से ढकी हुई जैसे मुर्दा हों। एक दवाई की दुकान ज़रूर खुली हुई थी। बीच बीच में बिस्कुट नमकीन वेपर्स के काउंटर भी खुले थे। स्मोकिंग कक्ष के आगे से गुजरा तो मुझे लगा कि सिगरेट पीनी चाहिए। लेकिन मैं टाल गया। गेट नम्बर 38 के सामने था। कुर्सियों पर कुछ लोग जमे हुए थे। कुछ मोबाइल चार्ज़ कर रहे थे। मैंने ख़ाली सीट तलाशनी शुरू की जिसके अगल बग़ल कोई बैठा नहीं हो। कोने की एक सीट पर बैठने लगा तो लगा कि आमतौर पर लोग कोने की सीट पर ही बैठते हैं मेरी तरह। हो सकता है कि कुछ देर पहले ही यहाँ कोई ऐसा बैठा हो जिसनें कोरोना के लक्षण हों। मैंने तय किया कि बीच की सीट पर बैठना चाहिए। फिर मुझे लगा कि एक बार सर्वे कर लेना चाहिए की आमतौर पर लोग कहाँ बैठ रहे हैं। कोने की सीट पर या बीच की सीट पर।

मैं गेट नम्बर 39 से गेट नम्बर 45 तक का व्यापक सर्वे करने के बाद इस नतीज़े पर पहुँचा कि लोग आमतौर पर कोने की सीट पर ही बैठते हैं। इस महान कामयाबी के बाद मैं वापस गेट नम्बर 38 के आगे आया। देखा बीच की सीट ख़ाली है। एक सीट मैंने चुनी। बैठने से पहले लगा कि सैनिटाइज़ कर लेना ठीक रहेगा। लेकिन यह क्या। सैनिटाइज़र गायब था। बैग को अन्दर तक उल्ट-पुल्ट कर देखा। नहीं मिला। साइड की जेब देखी वहाँ भी नहीं था। मुझे याद आया कि गाड़ी में मैंने बैठने के बाद सैनिटाइज़र का इस्तेमाल किया था। तो वहीं भूल आया। मुझे अपने आप पर गुस्सा आने लगा। मैंने बैठने का आइडिया ड्रॉप किया। टहलने लगा। लगातार दो घण्टे तक टहलता ही रहा, बीच में रुकता रहा।

टहलते-टहलते गेट नम्बर 32 पर पहुँचा। वहाँ एक सीट के नीचे सैनिटाइज़ की एक बोतल दिखी। कोई छोड़ गया होगा सोचा और उठाने ही लगा था कि नज़र सीट की दूसरी तरफ़ पीठ किये एक शख़्स पर नज़र पड़ी। लगा सैनिटाइज़र शायद इनका ही होगा। एक बार मन में आया कि उन साहब से कहूँ कि आपका सैनिटाइज़र गिर गया है। इस पर वह शुक्रिया अदा करेंगे तो कह दूँगा कि क्या मैं सीट साफ़ करने के लिए उसका इस्तेमाल कर सकता हूँ। वह ख़ुशी-ख़ुशी तैयार हो जायेंगे। फिर लगा कि सैनिटाइज़र उनका ही हो ज़रूरी तो नहीं। हो सकता है किसी दूसरे का हो जो भूल गया हो। (मैं इतना घबरा गया था कि दिमाग़ में आया ही नहीं कि दवाई की एक दुकान खुली दिखी थी जहाँ सैनिटाइज़र भी बिक रहे थे।) मैं सीट

पर जाकर बैठ गया। किसी दूसरे की नज़र सैनिटाइज़र पर न पड़े और वह उठाकर नहीं ले जाये इसलिए जूते से सैनिटाइज़र को ढक लिया। मुझे अपनी इस करतूत या हरकत या चालाकी पर ख़ुद ही हँसी आ रही थी।

आधे घण्टे बाद पीछे बैठे आदमी ने हरकत की। उसने अपने बैग से सैनिटाइज़र निकाला और उसकी ख़ुशबू ने मेरा ध्यान खींचा। तो, यह सैनिटाइज़र लावारिस है। जो लावारिस है उसका वारिस मैं ही हूँ। मैंने ख़ुद को तसल्ली दी। इधर-उधर देखा। एक झटके से सैनिटाइज़र उठाया और अपने गेट नम्बर 38 पर तेज़ी से चलते हुए आ गया। अजीब-सी ख़ुशी का अहसास हो रहा था जैसे मैंने कोरोना को कम-से-कम एयरपोर्ट पर तो चकमा दे दिया है। बीच की सीट तलाशी। सैनिटाइज़ की और इस अन्दाज़ में उस पर बैठा जैसे कि अकबर महान तख़्त पर विराजमान होते हों या फिर अशोक दे ग्रेट। अब अगले दो तीन घण्टे आसानी से गुज़रने वाले थे। बैग से रसूल हमजातोव की किताब 'मेरा दागिस्तान' निकाली और पढ़ने लगा।

बीच में मोबाइल देखा। तीन बजे थे। पाँच बीस की फ्लाइट है। साढ़े चार बजे तक हलचल शुरू हो ही जायेगी। मन को तसल्ली दी कि डेढ़ घण्टा ही तो बचा है। कट जायेगा। भूख लग रही थी लेकिन बिस्कुट नमकीन खाने का मन नहीं था। मन ही मन हिसाब लगाया कि छह बजे तक जयपुर पहुँच जाऊँगा। घर से कुछ मँगवा लूँगा एयरपोर्ट। तभी मोबाइल बजा। मैसेज था। स्पाइजेट की फ्लाइट अब शाम सात बजे जायेगी। दो घण्टे लेट। आगे का भी क्या भरोसा। बस इतना ही भरोसा था कि फ्लाइट कैंसिल नहीं हुई थी। क्योंकि बीच बीच में फलाना-फलाना फ्लाइट कैसिंल होने की एनाउंसमेंट होती रहती थी। तो सात बजे फ्लाइट जानी थी। अभी तीन बजे थे। चार घण्टे और बिताने थे। सिगरेट की तलब बढ़ने लगी थी।

स्मोकिंग रूम से बाहर निकला। एसी चल रहा था। लोग चूँकि नहीं के बराबर थे तो एसी ज़्यादा असर दिखा रहा था। मैंने स्वेटर निकाल कर पहन लिया। वैसे भी मुझे तापमान में बदलाव के साथ छींके आनी शुरू हो जाती हैं। लगा कि टैम्परेचर कुछ ऊपर हो गया तो कहीं स्पाइसजेट वाले ले जाने से ही न मना कर दें। वापस उसी सीट पर था। अचानक महसूस किया कि मैं अकेला था जिसने स्वेटर पहन रखा था। लोग घूर-घूर के देख रहे थे कि कहीं मैं बुख़ार पीड़ित तो नहीं, कोरोना के लक्षण तो नहीं। मुझे हल्की-सी झपकी आने लगी और मैंने आने दी।

नींद से जागा तो पाँच बजे थे। अचानक भीड़ बढ़ गयी थी। बग़ल के गेट से कोलकाता की और एक हैदराबाद की फ्लाइट जा रही थी। मेरी सीट के सामने वाली

सीट पर भी लोग थे और अगल बग़ल भी। कुछ घर से लाया खाना खा रहे थे। इसे देख भूख बढ़ गयी थी। मैंने भी एक काउंटर से वेपर्स का पैकेट ख़रीदा। सेल्समैन ने इशारा किया कि मैं ख़ुद ही पैकेट उठा लूँ और 25 रुपये सामने काउंटर पर रख दूं। मैंने ऐसा ही किया। पैकेट उठाया उसे सैनिटाइज किया और टहलते हुए खाने लगा। फिर पानी पिया। इस सबमें आधा घण्टा निकल गया।

ख़ैर ,जैसे-तैसे सात बजे। लेकिन फ्लाइट का कहीं नामोनिशान नहीं था। स्टाफ के लोग ज़रूर आ गये थे जो संकेत दे रहे थे कि सब कंट्रोल में है। शीशे से झाँका तो दूर स्पाइसजेट की फ्लाइट लैंड कर रही थी। स्टाफ से पूछा कि क्या यही चण्डीगढ़ वाली फ्लाइट है तो वह मुस्करा दिया। सवा सात बजे जहाज़ के अन्दर था। आगे की सीट पर। मेरी साथ की दोनों सीट ख़ाली। आगे की तीन पंक्तियों में हम कुल चार मुसाफिर थे। उसके बाद की क़रीब सात आठ पंक्तियाँ ख़ाली थीं और उसके बाद लोग बैठे थे। अगल बग़ल।

सात बजकर 35 मिनट पर जहाज़ ने रेंगना शुरू किया। सात बजकर चालीस मिनट पर हम मेन रन-वे पर थे। जहाज़ के कप्तान के स्वर गूँजे...कैबिन क्रू सीट ग्रहण करें। हम टेक ऑफ़ के लिए तैयार हैं। इंजन की आवाज़ तेज़ हुई। जहाज़ ने गति पकड़ी। कप्तान ने थ्रोटल ऊपर किया और जहाज़ आसमान में था। मेरे चेहरे पर मुस्कान थी। मैंने स्वेटर उतार दिया था और एक बार फिर हाथ सैनिटाइज़ कर रहा था। जयपुर एयरपोर्ट पर उतरे तो बसें तैयार थीं। लेकिन यह क्या एक ही बस में मुसाफिर ठूँस-ठूँस कर भरे जा रहे थे। मैंने हल्का-सा एतराज़ किया लेकिन बात अनसुनी कर दी गयी। अगले पाँच मिनट में एयरपोर्ट की इमारत में थे लेकिन पाँच मिनट भेड़-बकरियों की तरह किया गया सफ़र डराने लगा था। शुक्र है दोस्त ने गाड़ी भेज दी थी। साथ में सैंडविच भी और रम का हॉफ भी। हल्की हल्की बारिश हो रही थी। मैं अपने शहर में था। मैंने सिगरेट सुलगायी। पानी की ख़ाली बोतल में पैग बनाया और चुस्कियाँ लेने लगा। रास्ते में बैरीकेडिंग तो थी लेकिन कोई पुलिसवाला नज़र नहीं आ रहा था। इसकी वजह बारिश थी ऐसा ड्राइवर का कहना था। हाँ, सबसे ज़रूरी चीज़ बताना तो भूल ही गया। जब मैं शराब की चुस्कियाँ लेते हुए एयरपोर्ट से घर जा रहा था तो उसी समय प्रधानमन्त्री मोदी देश को सम्बोधित कर रहे थे। उसमें रात बारह बजे से 21 दिन के देशव्यापी लॉक डाउन की घोषणा कर रहे थे।

ख़ैर, घर पहुँचा तो पत्नी ने गेट पर ही कोने में टी-शर्ट, लोवर रखा था। चप्पल भी। वहीं मैंने कपड़े उतारे। सर्फ़ के पानी में डाले और टैरेस पर आ गया। पत्नी ने

अलग कमरा तैयार कर रखा था। मुझसे कहा गया कि मुझे अब घर के अन्दर ही कम से कम 14 दिन के 'क्वारंटाइन' पर रहना होगा। और इसका समय शुरू होता है आज से, अभी से। मुझे कोरोना नहीं था। मैं कोरोना पॉजीटिव नहीं था। मुझमें हल्के से लक्षण भी नहीं थे लेकिन पत्नी ने सख़्त हिदायत दी कि सेफ्टी के लिए 14 दिन आइसोलेशन में रहना ही होगा। कोई यार दोस्त घर के अन्दर नहीं आयेगा, मुझे घर से बाहर जाना नहीं है, अपने कमरे से नीचे आना नहीं है, बेटी के कमरे में तो भूल कर भी नहीं जाना है, किचन में आने से परहेज़ करना है, दिन में हर घण्टे हाथ धोने हैं यानी मैं था और मेरा कमरा था जो छत पर खुलता था। दिल्ली में जैसे बरसाती होती है कुछ कुछ वैसा ही।

25 मार्च 2020

एकान्त के सौ वर्ष

देर तक सोया। घरवालों में से किसी ने जगाया भी नहीं। पिछले एक महीने की थकान थी जिसे उतार रहा था। पहले ही बता चुका कि पिछले एक महीने में राजस्थान की कोरोना यात्रा और मध्य प्रदेश की सिंधिया राजघराने की यात्रा कर चुका था। रोज़ सुबह नौ बजे दफ़्तर और देर शाम घर। इस बीच हर तरफ़ कोरोना की ही ख़बर। हर टीवी चैनल पर कोरोना। हर अख़बार में कोरोना। गूगल खोलो तो कोरोना। दिल्ली में था तो घर पर अकेले रहते हुए हमेशा बुरे-बुरे ख़याल ही आते रहते थे। कोरोना के लक्षण अख़बारों में पढ़ता और ख़ुद से तुलना करता। एक दो लक्षण समान निकल आते तो घबराहट तेज़ हो जाती। ख़ैर, पहली सबसे बड़ी चिन्ता यही थी कि जिस फ्लाइट से मैं आया था उसमें कोई कोरोना पीड़ित तो नहीं था। 'जी' टीवी के पत्रकार सुशान्त पारीक ने यहाँ बहुत मदद की। अगले कुछ दिनों तक जयपुर में जो भी कोरोना पॉजीटिव मिलता उसके बारे में सुशान्त ख़बर देता कि बधाई हो सर, यह आप वाली फ्लाइट में नहीं था। यह मैसेज पढ़कर राहत सी मिलती रही।

दोपहर खाना खाकर झूठे बरतन रगड़-रगड़ कर धोये और कमरे के बाहर टेबल पर रख दिये। पत्नी सीमा के निर्देशों पर अमल करते हुए। कमरे में साइड टेबिल पर कुछ किताबें थीं। मैंने 'राजकमल चौधरी की प्रतिनिधि कहानियाँ' संग्रह उठाया। एक कहानी 'स्टिल लाइफ़' पढ़ने की कोशिश की लेकिन मन नहीं लगा। बार बार मोबाइल पर एबीपी न्यूज़ के रिपोर्टरों के वॉट्सअप ग्रुप पर नज़र डालता रहा। कोरोना पर लेटेस्ट अपडेट के लिए।

छत पर कुछ देर टहला। धूप इतनी नरम तो नहीं लेकिन इतनी कड़क भी नहीं थी। वापस कमरे में आया तो किताबों के ढेर पर नज़र डाली। गाब्रियल गार्सिया मार्केज के चर्चित उपन्यास 'एकान्त के सौ वर्ष' पर ज़ा टिकी। कोलम्बिया में पैदा हुए लेखक को इस उपन्यास पर साहित्य का नोबेल पुरस्कार मिल चुका है। पत्रकार रहे मार्केज को 1982 में नोबेल मिला था। उपन्यास स्पेनिस भाषा में लिखा गया था जिसका हिन्दी अनुवाद मेरे हाथ में था। उपन्यास माकोन्दों नाम के एक छोटे से क़स्बे की कहानी का विस्तार है। उपन्यास में भरपूर मनोरंजन है, तिलिस्म है, मज़ाक़ है, डर है, इतिहास बोध है। अन्त में लेखक सब को नकारते हुए कह देता है कि उपन्यास सच्चाई से कोसों दूर होते हैं और उपन्यास को इसी रूप में लिया जाना चाहिए। (अब इस पर बहस हो सकती है)। (दिसम्बर 2024 में नेटफिल्क्स पर सीरिज दिखाई जा रही हैं।)

किताब पढ़ते हुए मन में यूँ ही ख़याल आया कि कोरोना से पहले ग्लोबल दुनिया थी जो अब माकोन्दो क़स्बे जैसी हो गयी है। अलग-अलग देशों के अलग-अलग राज्यों के अलग-अलग शहरों में अलग-अलग क़स्बे और गाँव हैं। जिन सबके नाम माकोन्दो हैं जो कोरोना से बचने की लड़ाई अपने अपने तरीक़े से लड़ रहे हैं। इस उपन्यास में एक ऐसा वाक्या है जो कोरोना काल से मिलता-जुलता है। हुआ यूँ कि माकोन्दो के लोगों को नींद नहीं आने की बीमारी हो गयी थी। (कोरोना जैसी) नींद नहीं आने के कारण धीरे-धीरे स्मरण शक्ति भी कमज़ोर होने लगी थी। यह बीमारी किसी को कुछ खिलाने से फैल जाती थी। किसी को कुछ पिला दिया तो वह भी अनिन्द्रा बीमारी का शिकार हो गया। (जैसे कोरोना में छींक दिया, छू दिया, दूरी नहीं रखी आदि)।

अब गाँव के लोगों ने फ़ैसला किया कि इस बीमारी को गाँव तक ही सीमित रखना है। गाँव के बाहर फैलने नहीं देना है नहीं तो बड़ी तबाही मच जायेगी। (चीन इससे सबक ले सकता है जो चाहता तो कोरोना युहान तक ही सीमित रहता। अगर वह समय रहते पूरी दुनिया को कोरोना के बारे में चेता देता, अन्तरराष्ट्रीय उड़ानों को युहान उतरने या वहाँ से उड़ान भरने के लिए रोक देता)। माकोन्दो गाँव के बूढ़े बुज़ुर्ग इस बीमारी पर विचार करने बैठे तो सभी का कहना था कि अगर यह बीमारी बाहर फैली तो उनके गाँव की बदनामी होगी। इसके साथ ही यह भी कहा गया कि दूसरे गाँव के लोग आख़िर उनकी बीमारी को क्यों भुगते। अब बीमारी नहीं फैले इसका समाधान तलाशा गया।

गाँव की बकरियों के घुँघरू उतार दिये गये। गाँव में प्रवेश करने वाले व्यापारियों और अजनबी सैलानियों के पाँव में घुँघुरू बाँध दिये जाते। घुँघुरू बजते

तो गाँव वाले सचेत हो जाते कि कोई बाहर का आदमी गाँव में प्रवेश कर रहा है। गाँव वाले ऐसे लोगों को न तो पानी पिलाते और न ही खाना खिलाते। न ही ठहरने के लिए कहते। बल्कि उन्हें जल्द-से-जल्द गाँव छोड़ कर जाने को कहते और गाँव में फैली बीमारी का ज़िक्र करते। गाँव की सीमा से बाहर होते ही ऐसे व्यापारियों सैलानियों के पैरों से घुँघुरू उतार दिये जाते। इस तरह बीमारी का फैलाव रोका गया। इसके बाद गाँववालों ने इलाज सोचा। लोगों की दिनचर्या में बदलाव किया। जो दिन में सोता था वह शाम को सोने लगा। जो शाम को सोता था वह दिन में सोने लगा। कुछ लोग सारी रात जागते तो कुछ सारा दिन। धीरे-धीरे लोगों को नींद आने लगी। लोगों की स्मरण शक्ति भी वापस आने लगी।

यह उपन्यास 1967 में लिखा गया था। उसके बाद से दुनिया ने दर्ज़नों वायरस के हमले झेले हैं। इबोला, सार्स जैसे वायरस। प्लेग, हैजा, चेचक, टीबी जैसी बीमारियाँ लेकिन 'एकान्तवास के सौ वर्ष' उपन्यास के लेखक मार्केज ने जिस तरह का समाधान बताया है वह आज भी प्रासंगिक नज़र आता है। कोरोना का विस्तार नहीं हो, यह फैले नहीं इसके लिए ज़रूरी है कि लोग घर से कम निकले, घूमने फिरने से परहेज़ करें, किसी के हाथ का खाना नहीं खाये, पानी नहीं पियें, एक जगह एक साथ नहीं आयें। उपन्यास का यह रोचक अंश पढ़कर मन में विचार आया कि 'कोरोना पॉजीटिव' के पैरों में भी घुँघुरू बाँध दिया जाना चाहिए, ताकि आवाज़ आते ही लोग दूरी बनाना शुरू कर दें, पीड़ित कौन है इसके बारे में सबको पता चल जाये और उसे इलाज के लिए अस्पताल लोग भिजवा दें।

शाम हो चली थी। मैं फिर छत पर था। सोचा कुछ वर्क-आउट का सिलसिला फिर से शुरू किया जाना चाहिए। पिछले दस दिनों से सिलसिला थम चुका था। कोरोना के डर से सुबह टहलने जाना बन्द हो गया था। पैदल चलने के साथ-साथ कभी-कभी हल्की जॉगिंग भी हो जाती थी। दिल्ली में सार्वजनिक पार्क में केजरीवाल सरकार ने जिम भी खोले हैं। वहाँ भी हल्की-फुल्की कसरत का स्कोप निकल ही आता था। वापसी में सुपर स्टोर से अण्डे, ब्रेड, बादाम, दूध ले आया करता था। लेकिन कोरोना के चलते सब पर ब्रेक लग गया था। अब चूँकि जयपुर में था, घर पर था, ख़ुद की छत पर था जो ठीक ठाक चौड़ी थी तो यहाँ से टूटे सिलसिले को जोड़ने की गुंजाइश तो निकलती ही है। लेकिन पहला दिन था। ज़्यादा रिस्क लेना ठीक नहीं था। वह भी 55 साल की उम्र में। लिहाज़ा कुछ देऱ यूँ ही आराम-आराम से टहलता रहा। हाथ-पैर हिलाता रहा। इस बीच फ़ोन पर भी दफ़्तर के लोगों से बात

होती रही। सुशान्त पारीक भी बताता रहा कि जयपुर में रामगंज इलाक़े से चार नये केस मिले हैं। इनमें से एक दुबई से आया था वाया दिल्ली लेकिन...लेकिन आप वाली स्पाइसजेट की फ्लाइट में नहीं था। सुनकर तसल्ली हुई। दरअसल फ्लाइट में मेरे आगे पीछे की सीटों पर जो चार लोग बैठे थे, उनमें दो अजमेर के थे, एक सवाई माधोपुर का था और एक जयपुर का। अभी तक सब सुरक्षित थे। मेरी तरह। मैंने मन-ही-मन ईश्वर का शुक्रिया अदा किया। मन-ही-मन में अगले दिन का टाइम टेबल तैयार किया और कमरे में चला आया। फ़ैज़ अहनद फ़ैज़ की ग़ज़ल का शेर याद आया।

ना उम्मीद नहीं है दिल, नाकाम ही तो है।
लम्बी है गम की शाम मगर शाम ही तो है।

26 मार्च 2020

कोरोना पर पतंगबाजी

24 मार्च को देर दोपहर चार बजे के क़रीब दिल्ली एयरपोर्ट पर आख़िरी सिगरेट पी थी। अभी 26 मार्च सुबह के ग्यारह बज रहे हैं यानी क़रीब 42 घण्टे हो गये हैं सिगरेट पिये। हैरानी की बात है कि सिगरेट को हाथ लगाना तो दूर सिगरेट पीने की इच्छा तक नहीं हुई है। देश में 21 दिन का लॉक डाउन चल रहा है। सिगरेट, तम्बाकू, शराब की दुकानें यहाँ तक कि खैनी की दुकान भी बन्द हैं। सोशल मीडिया पर एक मैसेज वायरल हो रहा है। 21 दिनों में शराब, सिगरेट, गुटका छुड़वाने वाले दिल्ली वाले मोदी जी। सोशल मीडिया की लाख कमियाँ हों लेकिन एक बात ज़रूर है। भारतीयों में जबरदस्त सेंस ऑफ़ ह्यूमर है। क्रिएटिविटी है। यह बात सोशल मीडिया ने साबित कर दी है। मैं ईमानदारी के साथ स्वीकारता हूँ कि मुझे कई बार सोशल मीडिया से ही 'एबीपी अनकट' करने का आइडिया मिला है।

ख़ैर, ग्यारह बजे के आसपास ही राजस्थान सरकार का कोरोना पर अपडेट आया। उसमें जयपुर के भी एक शख़्स को कोरोना पॉजीटिव घोषित किया गया था। मुझे लगा कि कहीं मेरी वाली फ्लाइट से तो नहीं आया था। ब्योरा मँगवाया। नाम...उम्र 45 साल, पता सुभाष चौक, रामगंज बाज़ार। भाईसाहब कतर से आये थे। मुस्लिम थे। मेरे चेहरे के आगे फ्लाइट में बैठे दाढ़ी टोपी वाले चेहरे घूमने लगे। सुशान्त पारीक को फ़ोन लगाया। उसने अगले एक घण्टे में बताया गया कि इमरान (बदला हुआ नाम) चार दिन पहले कतर से आया था। कतर से दिल्ली आया था

और वहाँ से स्पाइसजेट की फ्लाइट से जयपुर। मेरे माथे पर पसीना था। लेकिन सुशान्त ने हिसाब लगाकर बताया कि चार दिन पहले यानी मुझसे एक दिन पहले इमरान जयपुर आ चुका था।

ख़ैर, दोपहर का खाना खाने के बाद राजकमल चौधरी की कहानियाँ पढ़ते पढ़ते कब नींद आ गयी पता ही नहीं चला। नींद खुली तो 'वो काटा, वो काटा' की आवाज़ें आ रही थी। बाहर छत पर जा पर देखता हूँ। बारिश हो चुकी थी। छत के कोनों में अटका पानी इसकी गवाही दे रहा था। मौसम सुहाना हो गया था। लोग छतों पर चढ़े पतंगें उड़ा रहे थे। हवा थम-सी गयी थी और सामने की छत पर एक लड़की पतंग को हवा में रखने की बार बार कोशिश कर रही थी। मेरी नज़र पड़ी तो शरमा गयी। मैंने तुरन्त मुँह फेर लिया। मैं नहीं चाहता कि मेरी वजह से किसी लड़की के हौसलों के आसमान तक पहुँचने में रोड़ा बनूँ।

वैसे मकर संक्रान्ति पर पतंगें उड़ाने का रिवाज़ है, परम्परा है, रस्म है। जयपुर में तो पुराने शहर जिसे परकोटे का शहर भी कहा जाता है वहाँ तो पूरा शहर ही मानो छत पर आ जाता है। मुस्लिम पतंग का माँझा आमतौर पर तैयार करते हैं। पतंग भी हिन्दू मुस्लिम मिलकर ही बनाते हैं और गलियों में मिलकर कटी हुई पतंगें लूटते भी हैं। आज भी जयपुर के जलमहल इलाक़े के मैदानी भाग में बड़े बड़े पतंगबाज़ी के दंगल होते हैं तो मुस्लिम ही उसे जीतते रहे हैं। यहाँ मेरे कहने का मक़सद यही है कि मकर संक्रान्ति त्योहार में मज़हब धर्म की राजनीति का संक्रमण अभी तक नहीं हुआ है। तो छतों पर लोग होते हैं। तिल के लड्डू के साथ। फेणियों के साथ। रेवड़ी के साथ। चाय कॉफ़ी के साथ। दूसरे की पतंग काटना अगर शुभ माना जाता है तो ख़ुद की पतंग कट जाये तो वह भी शुभ ही माना जाता है। मैंने पड़ोसियों को बात बात पर उलझते देखा है लेकिन पतंगबाज़ी के समय कभी पीछे से आकर पतंग काट देने पर या सदे पर ही खींच मारकर पतंग काट देने के मामले पर एक दूसरे पर गर्म होते नहीं देखा।

मैं छत पर खड़ा था। पतंगों को लड़ते हुए देख रहा था। पेंच लड़ाये जा रहे थे। पतंगे पास आती, एक दूसरे पर मानों झपट्टा मारती और फिर अलग हो जाती। उसके बाद फिर से नई कोशिश होती। ज़मीन पर तो लोगों को दो-तीन फुट की दूरी बनाकर रहने को कहा जा रहा था लेकिन आसमान में पतंगे बिल्कुल आसपास आ रही थी और कोरोना काल में कुछ राहत ही दे रही थी। कोई ढील देकर पेंच लड़ा था तो कोई खेंच का उस्ताद था। ढील यानी आप पतंग के आपस में उलझने पर

चरखी खोल देते हैं। ढील पर ढील देते हैं और दूसरे की पतंग के माँझे को रेतने की कोशिश करते हैं। खेंच में आप तेज़ी से अपनी पतंग लाते हैं और क़रीब-क़रीब 45 डिग्री के एंगल पर दूसरे की पतंग के माँझे पर वार करते हैं। एक झटके से या तो पतंग काट देते हैं या कटवा बैठते हैं।

मुझे लगा कि 21 दिन का लॉक डाउन खेंच तकनीक से पतंग काटने जैसा है। यहाँ पतंग की तरह पैर पसार रहे कोरोना के पर कतरने की कोशिश है। कोरोना को अगर लगता है कि सारा आकाश उसका है तो एक झटके में पर कतरने का इन्तज़ाम कर दो। सही बात है कि जिस तरह से दुनिया भर में कोरोना फैल चुका है और भारत में फैलने की आशंका व्यक्त की जा रही है उसे देखते हुए ढील नहीं दी जा सकती थी। ढील तो उन देशी भारतीयों ने दी जो इस दौरान विदेश से आये लेकिन जाँच से घबराते रहे, ख़ुद को छुपाते रहे, जिनसे मिले उनके नाम छुपाते रहे, जो इनसे मिले वह भी ख़ुद को छुपाते रहे। ढील तो भारत सरकार ने दी जो 'नमस्ते ट्रंप' में लगी रही, अन्तरराष्ट्रीय उड़ानों पर रोक नहीं लगायी गयी। चार्टर जहाज़ से आने वालों के तो नाम पते तक नहीं पूछे गये। दूसरी उड़ानों से जो आया उसका टैम्परेचर लेकर जाने दिया गया। मुझे याद आया बीकानेर में मिले विदेशी सैलानी जिनका कहना था कि एयरपोर्ट पर किसी ने टैम्परेचर तक नहीं लिया। यह बात तब की है जब कि जयपुर में इटली का एक जोड़ा कोरोना का इलाज सरकारी अस्पताल में करवा रहा था और विश्व स्वास्थ्य संगठन तक चेतावनी दे चुका है कि कोरोना महामारी को हल्के में नहीं लिया जाना चाहिए।

मैं सोच ही रहा था कि बाँह पर सरसराहट सी महसूस हुई। पड़ोसी की पतंग थी जो झोल खाकर हमारी छत पर आ गयी थी। उसी का माँझा मेरी बाँह को छू रहा था। पड़ोसी अपनी तरफ़ से नीम के पेड़ पर अड़ी पतंग को डोर को झटके देकर सुलझाने की कोशिश कर रहा था। मैंने हाथ से इशारा किया। पेड़ से पतंग छुड़ाई और उसे ऊपर हवा में उठाकर छुट्टी दी। पड़ोसी मुस्कराया। मैं मुस्कराया। पत्नी मुस्कराई। ऐसा मुस्कराने का मौक़ा लम्बे समय बाद आया था क्योंकि पिछली बार मैं जयपुर आया था तो पत्नी ने शिकायत की थी पड़ोसी दीवार पर सीलन को लेकर टोका-टाकी कर चुका है।

ख़ैर, पतंग तो वापस लौटा थी लेकिन तभी मुझे लगा कि चूँकि मैंने पतंग को हाथ लगाया है तो मुझे हाथ धो लेने चाहिए। बीस क्या चालीस सेकेंड तक हाथ धोए। यह मेरा अवांछित डर था या अतिरिक्त सतर्कता बरतना या फिर शायद दोनों का मिश्रण। मुझे लगा कि वक़्त की ज़रूरत है।

चारों तरफ़ छतों पर लोग थे। आसमान पर पतंग-ही-पतंग थीं। बारिश हो चुकी थी और इन्द्रधनुष नज़र आ रहा था। दो दो इन्द्रधनुष एक साथ। लोग मोबाइल पर इन्द्रधनुष के साथ सेल्फी ले रहे थे। मुझे लगा कि एबीपी अनकट करने का मौक़ा भी है और दस्तूर भी। अपने एबीपी चैनल के डिजीटल में हमने एबीपी अनकट शुरू किया था। उसमें मैं दिन के ट्रेनिंड विषयों पर पाँच से दस मिनट का वीडियो बनाता था। ख़बर से जुड़े हर पहलू को आसान सरल शब्दों में समझाने की कोशिश होती कोशिश होती है कि कोई नयी बात युवा दर्शकों को दी जाये जो इस जानकारी के बल पर यार दोस्तों पर रौब ग़ालिब कर सकें। ख़ैर, कोरोना में पतंगबाज़ी पर भी अनकट बनाया। इसमें यह भी बताया कि कैसे केन्द्र और राज्य सरकारें कोरोना को लेकर पतंगबाज़ी कर रही हैं। लेकिन यह वीडियो बहुत चर्चित नहीं रहा। लोग उस समय आसमान में पतंगबाज़ी देखने में उतनी दिलचस्पी नहीं दिखा रहे थे जितने ज़मीन की त्रासदी से चिन्तित थे।

27 मार्च

घर पर आटा-दाल हो, तो सड़क पर ऐसा क्यों हाल हो!

न्यूज़ चैनलों पर देख रहा हूँ आज़ादी के बाद का सबसे बड़ा पलायन। सबसे बेतरतीब पलायन। बेपरवाह सरकारों के जाहिल फ़ैसलों की सज़ा के तौर पर पलायन। मन बहुत बहुत बेचैन है। आज़ादी के समय सबसे बड़ा पलायन हुआ था। तब पाकिस्तान से क़रीब 72-75 लाख हिन्दू भारत आये थे और भारत से लगभग इतनी ही संख्या में मुस्लिम पाकिस्तान गये थे। कुल मिलाकर 140 लाख से 150 लाख के बीच। यहाँ तो संख्या करोड़ों की थी। जहाँ से निकले थे वहाँ भी भारत का संविधान लागू था। जहाँ जा रहे थे वहाँ भी भारत का ही संविधान लागू था। मेरे माँ और पिता के परिवार के लोग भी पाकिस्तान से ही आये थे। आज़ादी के समय। पिता जी बताते थे कि उनकी उम्र उस समय सात साल के आसपास थी। हमारे दादाजी दीवानचन्द सबलोक गाँव के बड़े ज़मींदार हुआ करते थे लेकिन सब कुछ छोड़कर और सोना चाँदी दीवारों पर चिनवा कर आम शरणार्थी की तरह दादाजी का परिवार समेत आना हुआ था। अमृतसर के सरकारी कैंप में गाँव के उन लोगों के साथ दादा जी को रहना पड़ा जो गाँव में उनके यहाँ मज़दूरी किया करते थे। पिता जी बताते हैं कि सम्पत्ति के पूरे सबूत ज़ल्दबाजी में लाना भूल गये थे लिहाज़ा उनके दावे पर शरणार्थी शिविर के संचालकों ने सवालिया निशान लगा दिये थे। इसी गम

और अवसाद में उन्हें दिल का दौरा पड़ा था। उसके बाद पिता जी भाई बहनों के साथ आगरा आ गये थे। वहाँ कठिन ज़िन्दगी बीती। (यह कहानी फिर कभी। अभी तो बात करते हैं 2020 के पलायन की।)

हाईवे उदास है, सड़क पर इक्का-दुक्का गाड़ियाँ ही नज़र आ रही हैं। सन्नाटा पसरा पड़ा है। हाईवे के दोनों तरफ़ किनारे पर लोग एक सीधी लकीर में चले जा रहे हैं। चींटियों की कतार की तरह। मर्द, औरतें, बच्चे। नौजवान बुज़ुर्ग। सर पर गठरी। गोद में बच्चा या थैला। यह गठरी है निराशा की, नाउम्मीदी की, विश्वासघात की, सरकार के निकम्मेपन की, पूरे सिस्टम के सड़ जाने की। गठरी उठाये चले जा रहे हैं। बस चले जा रहे हैं। मंज़िल बहुत दूर है। पता नहीं मंज़िल तक पहुँच पायेंगे या नहीं। लेकिन जाना तो है ही क्योंकि शहर ने धोखा दे दिया है। कारख़ाना मालिकों ने ताला लगा दिया है। ढाबा मालिकों ने ढाबा बन्द कर दिया है। सोसाइटी वालों ने बाइयों के अन्दर घुसने पर रोक लगा दी है। शहर अपना नहीं रहा तो गाँव जा रहे हैं। अपनों के पास। अपनों के बीच मरने के लिए।

रास्ते में कोई पुलिसवाला पीट देता है। पिट लेते हैं। कोई पानी पिला देता है। पी लेते हैं। कोई खाना खिला देता है। खा लेते हैं। सरकारी अमला आगे जाने से रोकता है। पेड़ की छाया में बैठ जाते हैं। लेकिन मौक़ा पाकर फिर पिटते हुए सफ़र जारी रहता है। लोग यही कह रहे हैं कि अब कभी वापस नहीं आयेंगे शहर। जिस शहर के लोगों के लिए घर बनाये, जिनके घर में साफ़-सफ़ाई का काम किया, नालियों से मलबा निकाला, कचरा उठाया, बरतन माँजे उसी शहर ने एकदम से किनारा कर लिया। बेसहारा छोड़ दिया। कुछ ने तो तनख़्वाह तक नहीं दी। कुछ ने हफ़्ते भर का पैसा काट लिया। बेसहारा होने की बेबसी बहुत बेबस कर देती है। घर में आटा चावल दाल हो तो हाईवे क्यों ऐसा हाल हो। नज़रें इतनी थक चुकी है कि मील के पत्थर देखना तक भूल गयी है कि गाँव के लिए अभी कितना सफ़र बचा है। 700 किलोमीटर, 900 किलोमीटर, 1100 किलोमीटर...

सोच रहा हूँ कि इनमें से तो किसी ने कोरोना नहीं फैलाया। इनमें से तो कोई विदेश से लौट कर नहीं आया। इनमें से तो किसी का विदेशी से सम्पर्क नहीं रहा। फिर किस जुर्म की सज़ा पा रहे हैं यह लोग। ग़लती की भारत सरकार ने जो अन्तरराष्ट्रीय उड़ानों पर रोक नहीं लगायी, एयरपोर्ट पहुँचने वालों को आइसोलेशन में नहीं रखा। देशी भारतीयों को एयरपोर्ट से सीधे घर जाने दिया। नेताओं, अफ़सरों, उद्दोगपतियों के बच्चे तो कब किस चार्टर हवाई जहाज़ से वापस आ गये पता ही नहीं चला। किसी ने कोई हिसाब ही नहीं रखा।

कोरोना के आँकड़ों की साइट देखी तो भारत में कोरोना पॉजीटिव का आँकड़ा 881 बता रहा था। लगा कि तीन चार दिन इन मज़दूरों को घर पहुँचने के लिए दिये जा सकते थे। मोदी सरकार रेलगाड़ियों की विशेष व्यवस्था कर सकती थी, राज्य सरकारें बसें चलवा सकती थीं, सेना के ट्रकों से इन्हें भेजा जा सकता था। पहले रोक नहीं लगाने की ग़लती ख़ुद की और आँकड़ा बढ़ने लगा तो ताबड़तोड़ लॉक डाउन का फ़ैसला लेकर दूसरी ग़लती की।

पूरा दिन उदास-उदास बीता। कुछ पढ़ने का मन भी नहीं हुआ। दिन भर हाईवे और मज़दूरों की कतार दर कतार की तस्वीरें घूमती रहीं। दोपहर बाद कोरोना पॉजीटिव का आँकड़ा 902 हो गया था। मरने वालों की तादाद 19 थी। सोशल मीडिया पर दो तरह की बहस हो रही थी।

एक पक्ष कह रहा था कि लोग मुफ़्त में घर जाना चाहते हैं इसलिए सड़कों पर आकर सरकारों पर दबाव डाल रहे हैं कि बस रेल का इन्तज़ाम किया जाये। बस स्टैंड और रेलवे स्टेशनों पर इसलिए तमाशा कर रहे हैं। कुछ लिख रहे थे कि छुट्टी मनाने घर जा रहे हैं और हर किसी की जेब में देखना चार पाँच हज़ार रुपये मिल जायेंगे। अरे, 21 दिन की ही तो बात है। ऐसा क्या हो गया कि कुछ दिन तकलीफ़ नहीं सहन कर सकते। आख़िर राज्य सरकारें लंगर आदि की व्यवस्था कर ही देगी एक आध दिन में।

दूसरा पक्ष लिख रहा था कि तालाबन्दी नोटबन्दी की तरह ज़ल्दबाज़ी में की गयी। सरकार को पहले से अन्दाज़ा लगाना चाहिए था कि लॉक डाउन होते ही कारख़ाने, ढाबे बन्द हो जायेंगे, लोगों का रोज़गार छिन जायेगा, मकान मालिक ऐसे बेरोज़गार किरायेदारों को निकाल देंगे, दुकान मालिक भी किराया नहीं देने वाले दुकानदारों से हिसाब कर लेंगे। प्राइवेट स्कूल बन्द हो जायेंगे तो स्कूल टीचर ठाले हो जायेंगे। लोग सड़कों पर नज़र ही नहीं आयेंगे तो ऑटो चालक मिनी बस ई-रिक्शा वाले भूखों मरेंगे। लिहाज़ा ऐसे मज़दूरों की पहले से पहचान कर राशन का प्रबन्ध करना चाहिए था। मोदी सरकार सोती रही, राज्य सरकारें सोती रहीं। (भले ही किसी भी दल की हों)। आख़िर सरकार के पास कुछ तो आँकड़े होंगे कि किस राज्य के किस शहर में कितने प्रवासी मज़दूर काम करते हैं। सरकार को पहले इनके खाने पीने रहने का इन्तज़ाम करना चाहिए था।

हैरानी की बात थी कि कुछ चैनल अब भी चला रहे थे कि पैदल जा रहे मज़दूर मोदी सरकार को यूँ ही बदनाम कर रहे हैं, यह लोग सरकार से गाँव जाने का

किराया चाहते हैं जबकि इन लोगों को पता है कि तीन चार महीनों के लिए कोरोना ने घर जाने का, घरवालों से मिलने का बहाना दे दिया है। यह सब देखना भी शर्मनाक लग रहा था। ऐसे तर्क न केवल दिये जा रहे थे अपितु सरकार समर्थकों को बुलाकर बहस भी करायी जा रही थी। कोरोना से ज़्यादा चिन्ता सरकारों की साख बचाने की हो रही थी। सड़क पर चलते-चलते मज़दूर मर रहा था और मीडिया के एक वर्ग को तफरीह दिख रही थी।

दिल्ली में तो केजरीवाल सरकार और मोदी सरकार के समर्थकों के बीच सोशल मीडिया में मार मची थी। बीजेपी वाले आरोप लगा रहे थे कि जब केजरीवाल सरकार यह दावा कर रही है कि वह रोज़ एक लाख लोगों को राशन दे रही है तो फिर चन्द हज़ारों लोग मुफ़्त का राशन लेने के बजाय तकलीफ़ें उठाकर गाँव क्यों जा रहे हैं। केजरीवाल समर्थक आरोप लगा रहे थे कि मोदी रात आठ बजे जो कुछ भी घोषणा करते हैं उससे आम आदमी सहम जाता है। इस बीच कुछ स्वयंसेवी संगठन सामने आ रहे थे जो मज़दूरों के लिए पानी बिस्कुट, चप्पलों आदि की व्यवस्था कर रहे थे। गुरद्वारे में मुफ़्त में लंगर का प्रबन्ध किया गया था। कहीं-कहीं तो मोहल्ले के लोग आपस में मिलकर चन्दा करके वहाँ से गुज़रने वाले मज़दूरों की मदद कर रहे थे। ऐसी कुछ स्टोरीज़ देख कर मन कुछ हल्का हुआ।

राज्य सरकारें अपनी अलग राजनीति कर रही थी। अपने राज्य में रह रहे प्रवासी मज़दूरों को तो उनके गाँव भेजने की तैयारी कर रही थी लेकिन दूसरे राज्यों में रह रहे ख़ुद के राज्य के मज़दूरों से 'जहाँ हो वहीं रहो' की गुहार लगा रही थी। वहाँ की राज्य सरकारों से उनके प्रवासी मज़दूरों का ख़याल रखने का अनुरोध कर रही थी। यह कैसी दोगली नीति है। हैरत हो रही थी। सभी राज्य सरकारों को लग रहा था कि दूसरे राज्यों से आये अपने अपने राज्य लौट जायें तो बला कटे। दूसरे राज्यों से मज़दूर नहीं आयें तो कोरोना का संकट कुछ कम हो सके। पूरा दिन चैनल पलट-पलट कर देखता रहा और मन ही मन दुखी होता रहा। कई बार मन में आया कि मुझे ऐसे समय दिल्ली में होना चाहिए था। वहाँ मज़दूरों के बीच होना चाहिए था और स्टोरीज़ करनी चाहिए थी। फिर लगा कि मेरी हालत भी तो मज़दूर जैसी ही थी। मज़दूर अपने गाँव जाकर अपने लोगों के बीच मरना चाहते थे और मैं भी तो इसी भाव के साथ दिल्ली से जयपुर भाग आया था।

रात सिगरेट पीने की जबरदस्त तलब लगी लेकिन पानी पीकर और सिगरेट पीने वाले उन दोस्तों को कोसते हुए सो गया जो जयपुर में रहते हुए सिगरेट का

जुगाड़ नहीं कर पा रहे थे। 24 मार्च की शाम चार बजे आख़िरी सिगरेट पी थी। मुझे लगा रहा था कि यह आदत कोरोना के बहाने ही छूट जाये तो क्या कहना।

28 मार्च

जब उखड़ने लगी साँसें

बहुत याद आ रहा हूँ ना
अभी ताज़ा ताज़ा मरा हूँ ना।

इंडिया टुडे साहित्यिकी के विशेष अंक में एक लेख के समापन पर यह शेर था। सुबह देर से उठा था। छत पर टहलने भी नहीं गया था। मज़दूरों की कहानियाँ देख कर दिमाग़ का दही हो रहा था। कहने को देश में आपदा प्रबन्धन विभाग भी है लेकिन आपदा के समय कहाँ है। एक अख़बार में पैदल जा रहे एक मज़दूर की कहानी छपी थी जो सड़क पर चलते-चलते लड़खड़ाया और फिर हमेशा के लिए ख़ामोश हो गया था। उसके साथ चल रही उसकी पत्नी रोते रोते बता रही थी कि कैसे उसके सामने अचानक ऐसा हो गया और वह कुछ कर भी नहीं सकी। यही स्टोरी एक चैनल पर भी देखी तो इंडिया टुडे में छपा शेर याद आ गया।

बहुत याद आ रहा हूँ ना
अभी ताजा ताजा मरा हूँ ना।

सोच रहा था कि बेचारा गाँव में अपनों के बीच मरने की हसरत लिए निकला था लेकिन यमुना एक्सप्रेस-वे पर टोल नाके के पास मर गया जहाँ एम्बुलेंस का इन्तज़ाम 24 घण्टे रहने का दावा किया जाता है। लेकिन एम्बुलेंस शायद उनके लिए है जो टोल टैक्स चुकाते हैं। पैदल चलने वालों को यमुना एक्सप्रेस-वे पर जाने दिया गया यही अहसान क्या कोई कम था। सोच रहा था कि यूपी सरकार ने बसें लगा दी होती तो यह हालत नहीं होती। वैसे मरने वाला बिहार का था जहाँ के मुख्यमन्त्री नीतीश कुमार तो साफ़ कर चुके थे बिहार का जो मज़दूर जहाँ है वहीं रहे क्योंकि बिहार सरकार उनकी वापसी की व्यवस्था करने वाली नहीं है।

पिछले दो दिनों से पूरा ध्यान कोरोना से जुड़ी ख़बरों पर ही था। 'एकान्तवास के सौ दिन' भी सौ पन्ने पढ़ने के बाद साइड में रख दी गयी थी। न्यूज़ चैनलों और मोबाइल पर कोरोना से जुड़ी ख़बरें देखता तो कभी 'गूगल' पर जाकर कोरोना के जानकारों के लेख पढ़ता। पूरी दुनिया में लोग मर रहे थे, लगातार मर रहे थे।

सिलसिला रुक नहीं रहा था। एक दो जानकार डिजीटल मीडिया में बता रहे थे कि भारत में कोरोना को गाँव और क़स्बों में फैलने से रोकना होगा नहीं तो भारी तबाही होगी और दस लाख तक लोग मर सकते हैं। कुछ का कहना था कि भारत की तीस चालीस फ़ीसद आबादी को कोरोना होना तय है। तीस चालीस फ़ीसद यानी चालीस से पचास करोड़। ऐसे मंज़र की कल्पना करना ही झुरझुरी पैदा कर जाता था।

मुझे पता नहीं क्यों लगने लगा कि अगर मैंने ज़रा-सी भी लापरवाही बरती तो कोरोना की चपेट में आ जाऊँगा। वैसे को कोई और बीमारी नहीं लेकिन सिगरेट पीने की आदत फेफड़ों पर भारी पड़ सकती है (कोरोना होने की सूरत में) और उससे मेरी मौत भी हो सकती है। मैं यह सब सोचता और घबरा जाता। आख़िर सब कुछ नेगेटिव-ही-नेगेटिव ही क्यों, कुछ पॉजीटिव भी तो होगा...इस उम्मीद के साथ गूगल सर्च में जाकर विदेशी जानकारों के लेख पढ़ता। टिप्पणियों पर नज़र डालता। लेकिन कहीं उम्मीद की डोर नज़र नहीं आती। जितना ज़्यादा पढ़ता उतना ज़्यादा दिमाग़ ख़राब होता और बार-बार हाथ धोता।

ऐसी ही एक सुबह सात अख़बार पढ़ने, एक दर्ज़न से ज़्यादा टीवी चैनल देखने और दस लेखों पर नज़र डालने के बाद दिल कुछ तेजी से धड़कने लगा। छत से कमरे में आया तो लगा कि साँस लेने में कुछ तकलीफ़ हो रही है। मैंने बार-बार रामदेव को याद किया 'ओम ओम' करते हुए कपालभाती करने की कोशिश की तो साँस और ज़्यादा फूलने लगी। ज़ोर-ज़ोर से मैंने खाँसना शुरू किया। कहीं पढ़ा था कि लगे कि दिल का दौरा पड़ने वाला है तो ज़ोर-ज़ोर आवाज़ें निकाल-निकाल कर खाँसना चाहिए। वाशरूम में शीशे के सामने खड़े होकर खाँस रहा था। गले में उँगुली डालकर उल्टी करने की कोशिश कर रहा था लेकिन राहत मिल नहीं रही थी। सोचा पत्नी से कहूँ लेकिन फिर रुक गया। बेकार में ही हो हल्ला होगा, पत्नी और बेटी दोनों घबरा जायेंगे। थोड़ा रुका जाये। पानी पिया जाये। छत पर टहला जाये। कोई किताब पढ़ी जाये।

सब कर के देखा लेकिन दिल की बेचैनी जाने का नाम नहीं ले रही थी। ऐसा लग रहा था कि मानो गले में कुछ अटक रहा है। सीढ़ियाँ उतरकर नीचे गया। कुल 21 सीढ़ियाँ ही उतरी थी लेकिन हाँफने-सा लगा था। मुझे लगा कुछ बड़ी गड़बड़ होने वाली है और अब डॉक्टर दोस्त की राय लेनी ही पड़ेगी। फिर 21 सीढ़ियाँ चढ़ कर ऊपर कमरे में आया और टेबल पर पड़ा मोबाइल उठाया। मैं ही जानता हूँ कि किस तरह 21 सीढ़ियाँ चढ़ने में दम फूल गया था। हर पाँच सीढ़ी बाद साँस लेने

रुकता था। मुझे रुलाई-सी आ गयी। पहली बार मौत से इतना डर लगा। डरते-डरते फ़ोन लगाया अपने दोस्त डॉक्टर जी एल शर्मा को। दिल के डॉक्टर हैं और दिल के बहुत अच्छे हैं। ख़ुद का अस्पताल चलाते हैं। राजनीति में जाने की सोच रखी है और अपने गाँव से आने वाले मरीजों का इलाज लगभग मुफ़्त में कर देते हैं।

फ़ोन पर पूरी बात समझाई तो डॉ. शर्मा कुछ चिन्तित से लगे। कहने लगे कि आप जैसे पत्रकार को तो कोरोना होना नहीं चाहिए। फिर पूछा कि जयपुर किस सिलसिले में हो। उन्हें लगा कि मैं कोई स्टोरी करने आया हूँ। मैंने उन्हें वर्क फ्रॉम होम की बात बतायी और साथ ही चैनल और अख़बार देखने पढ़ने की। इस पर उनका कहना था कि कम्पनी ने घर भेजा है काम करने के लिए, मरने के लिए नहीं। यह कोरोना पर 24 घण्टे पढ़ना-लिखना–देखना-बोलना बन्द करो। मैंने भी बन्द कर दिया है। दरअसल यह सब करके आपके अन्दर निगेटीविटी आ गयी है और 'एंग्साइटी' बढ़ गयी है। इस कारण साँस लेने में तकलीफ़ हो रही है। मुझे भी ऐसा ही कुछ हो गया था। कुछ ख़ास बात नहीं है। एक कप गरम दूध में हल्दी गुड़ डालों। पिओ और टीवी बन्द कर के सो जाओ। दो तीन घण्टे बाद भी ज़रा-सा भी आराम नहीं मिले तो फ़ोन करना। ईसीजी करा लेंगे। मैंने शुक्रिया अदा किया। दूध पिया और सो गया। दो तीन घण्टे बाद उठा तो कुछ आराम था। दोपहर के दो बज रहे थे। मैंने खाना खाया और एक बार फिर सो गया।

शाम छह बजे के आसपास फिर से दिल में दर्द शुरू हुआ। कवि, शायर कहते हैं कि 'प्यार का दर्द है मीठा मीठा प्यारा प्यारा' लेकिन साँस लेने में जब तकलीफ़ होती है तो कुछ भी न तो मीठा होता है और न ही प्यारा। सुबह की तरह साँस लेने में तकलीफ़ हो रही थी। ज़ोर-ज़ोर से साँस लेता तो दिल में दर्द-सा होने लगता। मैंने तय कर लिया कि डॉक्टर के पास जाना ही पड़ेगा। रात को अगर कुछ हो गया तो कौन सँभालेगा। मैंने पत्नी से कहा और घबराना स्वाभाविक ही था। हमने तय किया कि सरकारी अस्पताल सवाई मानसिंह अस्पताल (एसएमएस) ही जाया जाये। मैंने अपने दोस्त पत्रकार मित्रों को फ़ोन किया। पाँच मिनट बाद ही स्वास्थ्य मन्त्री डॉ. रघु शर्मा के यहाँ से फ़ोन आ गया। मुझे बताया गया कि एसएमएस की इमरजेंसी में मुझे जाना हैं। वहाँ एक सज्जन गेट पर मिल जायेंगे जिनका मोबाइल नम्बर दिया गया।

पत्नी ने गाड़ी निकाली। पर्स में पैसे रखे। मैंने अपने दफ़्तर का आईडी कार्ड और आधार कार्ड लिया और हम चल पड़े अस्पताल। जब से दिल्ली से लौटा था

पहली बार घर से बाहर निकला था। लग ही नहीं रहा था कि यह वही जयपुर शहर है जहाँ पिछले तीस सालों से मैं रह रहा हूँ। दुकानें बन्द, सड़क पर क्रिकेट खेलते बच्चे तक नहीं, सुनसान सड़कें, पुलिस के बैरिकेड-ही-बैरिकेड। मुझे साँस लेने में लगातार तकलीफ़ हो रही थी और पता नहीं क्यों ऐसा लग रहा था कि शायद यह आख़िरी साँस है। इतना डरा मैं कभी नहीं था। 'नवभारत टाइम्स' के दफ़्तर के आगे से गुज़रे तो 1990 से 1995 तक का समय याद आया जब मैं दिल्ली से टाइम्स ऑफ़ इंडिया ग्रुप के टीआरएफ (टाइम्स रिसर्च फाउंडेशन) से पत्रकारिता का कोर्स करके आया था। सब-एडीटर कम रिपोर्टर था। मैंने कई स्टोरीज़ की जिससे सम्बन्धित पक्ष बिगड़ा और कई बार मुझे धमकियाँ भी मिलीं लेकिन तब भी मैं बिल्कुल नहीं घबराया था। लेकिन आज तीस साल की पत्रकारिता के बाद अस्पताल जाते हुए घबरा रहा था।

ख़ैर, दस मिनट में हम एसएमएस अस्पताल की इमरजेंसी के बाहर थे। जिस अस्पताल में भीड़-ही-भीड़ हुआ करती थी वहाँ भी सन्नाटा पसरा था। सामने दवा की दुकानों पर लोग तो थे लेकिन पहले वाले दिनों की तरह भीड़ नहीं थी। इमरजेंसी भी लगभग ख़ाली थी। रिपोर्टिंग करते समय सैकड़ों बार यहाँ आना हुआ था लेकिन पहली बार मरीज के रूप में जा रहा था। वह साहब गेट के बाहर ही मिल गये थे। मेरा आधार कार्ड लिया और रेजिडेंट डॉक्टर से मिलवाया। डॉक्टर साहब मुझे पहले 'आज तक' और इन दिनों 'एबीपी न्यूज़' में देखते रहे थे इसलिए कुछ आसानी हो गयी। मेरा ईसीजी हुआ। हैरानी की बात है कि बिल्कुल सामान्य निकला। मैंने नर्स से पूछा कि ठीक से लिया है ना ईसीजी...ऐसे कैसे हो सकता है कि सब कुछ सामान्य है। नर्स ने मेरी पत्नी की तरफ़ मुखातिब होकर कहा कि रोज़ पचास सौ ईसीजी करते हैं। कभी ग़लती नहीं की। पत्नी ने मेरी साँस की तकलीफ़ के बारे में बताया तो नर्स कहने लगी कि एंगसाइटी के कारण हो रहा होगा। वैसे डॉक्टर साहब बेहतर बता पायेंगे। ईसीजी लेकर डॉक्टर के पास गये तो उन्होंने नर्स वाली बात दोहरायी। यही बात तो सुबह डॉ. जी एल शर्मा ने भी कही थी। डॉ. ने कुछ दवाइयाँ लिख दीं। मैंने लगे हाथों अपना बीपी (ब्लड प्रेशर) भी नपवाया जो बिल्लुक सामान्य था 120-80।

हम शुक्रिया करते हुए चलने लगे तो वह साहब दवाइयाँ लेकर आ गये। मैंने क़ीमत पूछी तो कहने लगे कि यहाँ मुफ़्त है। किसी निजी अस्पताल में गये होते तो अब तक शायद तीन हज़ार का बिल तो बन ही चुका होता। हम घर पर थे। रास्ते में पत्नी ने सिगरेट छोड़ने, शराब कम करने और सेहत पर ध्यान देने की सलाह

चेतावनी के रूप में दी। चुपचाप सुनता रहा। इसके अलावा कर भी क्या सकता था। वैसे भी पूरा इलाज कहाँ हुआ था। एक ईसीजी ठीक आने का मतलब यह नहीं था कि मैं गामा पहलवान बन गया हूँ। शक था कि कहीं दिल की कोई बीमारी तो नहीं। कहीं किसी तरह का ब्लाकेज़ तो नहीं।

कहीं कोरोना का शुरुआती हमला तो नहीं। सबसे बड़ा डर उस समय तो यही था। ऐसा लग रहा था कि कोरोना के कीटाणु शरीर में घुसने का रास्ता तलाश कर रहे हैं और शरीर इसका प्रतिरोध कर रहा है। एक जंग चल रही है। ख़ुद को नहीं सँभाला, सुबह नमक हल्दी के गरारे नहीं किये, काढ़ा नहीं पिया तो कोरोना जीत जायेगा। सोशल मीडिया में किसी डॉक्टर ने लिखा भी था कि कोरोना सबसे पहले गले पर हमला करता है। वहाँ बैठ जाता है घुसपैठियों की तरह और विषाणुओं की संख्या बढ़ाता रहता है। इन्हें गरारे करके, काढ़ा पीकर ही मारा जा सकता है और गले के रास्ता अन्दर शरीर में जाने से रोका जा सकता है। तो यही लड़ाई लड़ी जा रही थी। सुबह साँस लेने में तकलीफ़ का मतलब भी यही था कि कोरोना पूरा ज़ोर लगा रहा है।

ख़ैर, साँस लेने में हो रही तकलीफ़ कुछ कम ज़रूर हुई थी लेकिन पूरी तरह से गयी नहीं थी। मैंने धीरज श्रीवास्तव को फ़ोन लगाया जो नारायणा हृदयालय में कोरपोरेट सोशल रेस्पांसिबिलटी (सीएसआर) में काम करते थे। धीरज पहले न्यूज़ 24 में बतौर रिपोर्टर काम कर चुका था। धीरज के कहने पर कुछ और टेस्ट करवाये जो सभी सही आये। इसमें लिवर से लेकर हार्ट तक के तमाम टेस्ट शामिल थे। मन को तसल्ली हुई। तब तक साँस की तकलीफ़ भी ख़त्म हो चुकी थी। ट्रेडमिल टेस्ट की भी सलाह दी गयी। शक था कि कहीं किसी तरह का ब्लाकेज़ तो नहीं लेकिन डॉ. शर्मा के सुझाव पर टाल दिया गया। क्लोस्ट्रोल कंट्रोल में करने और ख़ून पतला करने की दवा डॉ. शर्मा ने बीपी की दवा के साथ जोड़ दी। (यह तीन दवाएँ अभी भी ले रहा हूँ)।

रात जल्दी सो गया। ख़ुद से वादा करते हुए कि कल से जमकर कसरत करनी है। छत पर दौड़ भी लगानी है और शरीर की प्रतिरोधक क्षमता को बढ़ाना है। पिछले कुछ दिनों से सुबह छत पर जाकर हल्की फुल्की एक्सरसाइज़ शुरू की थी। कल से इसे सिलसिला बना देना है। और हाँ, कोरोना के बारे में बहुत गहराई से पढ़ना नहीं है।

29 मार्च 2020

सारस और वायरस

सुबह जल्दी नींद खुल गयी। मोबाइल पर कोरोना के ताज़ा आँकड़े देखे। भारत में कोरोना के मरीजों की संख्या एक हज़ार को पार कर गयी थी। लेकिन साथ ही कुछ राहत भी मिली। राजस्थान में पिछले 24 घण्टों में 803 टेस्ट हुए थे लेकिन कोई नया पॉजीटिव नहीं निकला था। एक और स्टडी देखी तो और ज़्यादा राहत मिली। 21 मार्च को देश में 283 कोरोना मरीज थे। 22 मार्च को 396 यानी चालीस फ़ीसद का इज़ाफा। लेकिन 23 मार्च को 468 मरीज ही थे यानी सिर्फ़ 18 फीसद का इज़ाफा। 24 मार्च को 566 मरीज थे यानी पिछले 24 घण्टों में 23 प्रतिशत का इज़ाफा। लेकिन 25 मार्च को मरीज थे 645 यानी सिर्फ़ 14 फ़ीसद का इज़ाफा। 26 मार्च को 720 कोरोना मरीज मिले यानी 24 घण्टों में मात्र 11 प्रतिशत का इज़ाफा। 27 मार्च को यह संख्या बढ़कर 886 हो गयी। 12 प्रतिशत का इज़ाफा। 28 मार्च को तो और भी ज़्यादा गिरावट हुई। मरीजों की संख्या 933 हुई यानी सिर्फ़ 5 फीसद का इज़ाफा। मन ख़ुश हो गया। लगा चीजें कंट्रोल में आ रही हैं। फिर मन यह सोचकर उदास हो गया कि कोरोना काफ़ी कुछ कंट्रोल में आ गया तो वापस दिल्ली जाना पड़ेगा। दिल्ली से आये एक हफ़्ता ही हुआ था और परिवार के साथ रहने के सुख से वंचित होना नहीं चाहता था।

पिछले दो दिनों से तबीयत ठीक नहीं होने और टेस्ट कराने के चक्कर में 'एबीपी अनकट' नहीं कर पाया था। सोचा कि आज तो कर ही देना है। चीन और विश्व स्वास्थ्य संगठन ने मिलकर जिस तरह से पूरी दुनिया को धोखे में रखा उसकी पोल खोल देनी है। चीन पर अनकट करने का एक बड़ा सुख है कि कुछ भी बोल दो, कोई-सा भी आरोप चीन पर लगा दो लोग देख लेंगे और चीन मानहानि का केस भी नहीं करेगा। इसी बात पर 'नवभारत टाइम्स' के दिन याद आ गये। एक दिन सम्पादक जी (अब इस दुनिया में नहीं हैं) ने बुलाया और गाय पर लिखने की सलाह दी। कहा पिंजरापोल गोशाला मुझे जाना चाहिए वहाँ जाकर देखना चाहिए कि कैसे गाय के गोबर से लेकर मूत्र तक का इस्तेमाल हो रहा है (दूध के अलावा। सलाह देने के बाद जाते जाते बोले कि गाय पर लिखने का सबसे बड़ा सुख यही है कि आपको पुण्य मिलेगा और साथ ही गाय मानहानि का केस भी नहीं करेगी। दरअसल उन्ही दिनों मैंने कृषि विभाग में गड़बड़ियों पर स्टोरी की थी जिस पर विभाग ने मुझ

पर मानहानि का केस दायर करने का नोटिस दिया था। इस बात से सम्पादक जी नाराज़ चल रहे थे और गाय की बात कह कर व्यंग्य कर रहे थे। सारी कहानी समझ में आ रही थी लिहाज़ा मुस्कराते हुए सम्पादक जी के कक्ष से निकल गया था।

'एबीपी अनकट' की तैयारी कर ही रहा था कि नीचे से बेटी की आवाज़ आयी। जल्दी नीचे आने को कहा जा रहा था। मेरा माथा ठनका। छह दिनों से छत से जुड़े कमरे में था। खाना भी ऊपर आ जाता था। दरवाज़े के बाहर स्टूल पर रख दिया जाता था। खाना खाने के बाद मैं बहुत अच्छे से बरतन धोकर स्टूल पर रख देता था। चाय हो या काढ़ा या फिर कुछ और यही सिलसिला चलता था। कपड़े मैं ख़ुद धोता था और छत पर खिंची तार पर डाल देता था। कभी-कभी पहली मंज़िल पर बनी छोटी-सी लाइब्रेरी में ज़रूर जाता था और अपनी पसन्द की किताबें छाँट कर ऊपर अपने कमरे में ले आता था। मुझे कोरोना बिल्कुल नहीं था। कोई लक्षण भी नहीं था। (उस दिन साँस की तकलीफ़ को छोड़कर। वैसे भी उसे डॉक्टर से लेकर नर्स तक ने और जाँच रिपोर्ट ने एंग्जाइटी करार दिया था।) लेकिन पत्नी का कहना था कि कम-से-कम चौदह दिन एकान्तवास में गुजारने चाहिए। उन दिनों 14 दिन का रिवाज था।

किसी अनहोनी के आशंका से डरा हुआ मैं लगभग कूदते-फाँदते हुए नीचे पहुँचा तो पत्नी ने पंखे की तरफ़ इशारा किया। पंखा हल्के हल्के घूम रहा था और एक चिड़िया वहाँ बैठी थी जो मेरी तरह ही घबराई हुई लग रही थी। चींची करती हुई। मैंने बेटी को पंखा बन्द करने का इशारा किया। चुपके से जाकर मैंने रसोई का दरवाज़ा बन्द किया। इस बीच पत्नी ने बाहर का दरवाज़ा पूरी तरह खोल दिया। हम तीनों दम साधे एक कोने में खड़े थे और चिड़िया एक दीवार से दूसरी दीवार के बीच चक्कर काट रही थी। हम तीनों पंखे के पंखे थमने का इन्तज़ार कर रहे थे। दुआ कर रहे थे कि भूलकर भी चिड़िया पंखे की तरफ़ न जाये। इसलिए हम चिड़िया को कोई भी हरकत कर डराना नहीं चाहते थे। पंखा थमा तो तौलिये से चिड़िया को खुले दरवाज़े की तरफ़ जाने का इशारा किया। बार बार इशारा किया। लेकिन चिड़िया तौलिये के लहराने से और ज़्यादा घबरा गयी और 'चीं चीं' करने लगी। एक बार दरवाज़े की तरफ़ गयी भी लेकिन फिर लौट आयी।

पत्नी और बेटी की बेचैनी बढ़ती जा रही थी। दोनों कहने लगी कि कुछ करो चिड़िया कहीं घबरा कर मर न जाये। इस पर मुझे साँस लेने में तकलीफ़ का मंज़र याद आ गया। मुझे अहसास होने लगा कि किस तरह चिड़िया ख़ुद को महसूस कर

रही होगी। चिड़िया की मूर्खता पर ग़ुस्सा भी आ रहा था कि इतना बड़ा दरवाज़ा खुला पड़ा है लेकिन मैडमजी उस तरफ़ देख तक नहीं रही हैं। तीन चार मिनट कुछ ऐसा ही माहौल रहा। हम तीनों दीवार से सटे हुए। चिड़िया सहमी-सी बल्ब के ऊपर बैठी हुई। फिर चिड़िया अचानक फुदकी और डाइनिंग टेबल पर आकर बैठ गयी। हाल में खाना खाने में इस्तेमाल हुई प्लेट पर कुछ चावल और कुछ दाल के दाने पड़े थे। चिड़िया वहीं मुँह मारने लगी। बेटी ने रसोई से एक चौड़ी कटोरी में कुछ चावल दाल लाकर चिड़िया के सामने रख दी। चिड़िया नन्ही चोंच से खा रही थी। बीच बीच में इधर-उधर देख भी लेती थी। चिड़िया की घबराहट कुछ कम हो रही थी। बेटी चिड़िया का सामने वाली कुर्सी पर जाकर बैठ गयी। चिड़िया पंख फड़फड़ाते हुए उड़ने को हुई लेकिन फिर थाली पर बैठ गयी।

भूख लगी है। खा लो। पानी पी लो। तुमको कोई कुछ नहीं कहेगा। आराम से बैठो। जब तक चाहो तब तक बैठो। तुम्हें कोई कुछ नहीं कहेगा। हम तीनों शायद यह सन्देश चिड़िया तक पहुँचाने की कोशिश कर रहे थे और चिड़िया भी शायद इन सन्देशों को समझ रही थी। कुछ देर बाद चिड़िया उड़ी। बेटी ने बाहर जाने के दरवाज़े की तरफ़ इशारा किया तो इस बार चिड़िया को वह दिख भी गया और वह बाहर चली भी गयी। बाहर नीम के पेड़ पर जाकर बैठ गयी और 'चीं चीं' करने लगी। इस बार चीं चीं चहकना लग रही थी मानो शुक्रिया अदा कर रही है या फिर अपने बच्चों को बुला रही है। नीम के पेड़ पर हम लोगों ने पानी पीने के बरतन लटका रखे थे। पत्नी ने उसमें पानी भरा जो सूख चला था। एक में बेटी ने चावल और दाल के दाने डाल दिये।

शाम को मैं छत पर पत्नी के साथ टहल रहा था मुँडेर पर चिड़िया और चिड़ा नज़र आये। हमें लगा कि हो न हो सुबह वाली चिड़िया है जो अपने चिड़े के साथ आई है। पत्नी कुछ पास गयी तो दोनों उड़कर बिजली की तार पर झूलने लगे। पास पास। मुझे लगा कि कोरोना काल में हमसे अच्छे तो परिन्दे ही हैं जिन्हे सोशल डिस्टेंसिग की ज़रूरत नहीं है। तीन से छह फीट की दूरी इनके लिए कोई मायना नहीं रखती। वैसे नीम का पेड़ परिन्दों का डेरा रहा है। लेकिन कोरोना काल में इनकी संख्या बढ़ गयी थी। पहले इक्का-दुक्का गिलहरी दिखती थी। अब तीन चार दिखने लगी थी। पता नहीं कहाँ से आयी थी और कोरोना काल के बाद पता नहीं कहाँ चली जायेंगी। कुछ नयी तरह की चिड़िया भी पेड़ पर दिखने लगी थी। एक बार तो नीली चोंच वाली बड़ी-सी चिड़िया देखी जिसकी पिक पत्नी ने फेसबुक पर डाल

दी। उसके बाद तो यार दोस्त सालिम अली हो गये। (मशहूर पक्षी विशेषज्ञ जो अब दुनिया में नहीं हैं) और चिड़िया का नामकरण करने लगे।

मुझे चिड़िया प्रसंग से एक क़िस्सा याद आया। भरतपुर में घना पक्षी विहार है। वहाँ साइबेरिया तक से हज़ारों किलोमीटर का सफ़र तय कर पक्षी आते हैं ख़ासतौर से साइबेरियन क्रेन। क्रेन के आते ही भरतपुर में पर्यटन उद्योग से जुड़े लोग ख़ुश हो जाते हैं क्योंकि साइबेरियन क्रेन के देखने लोग दिल्ली, जयपुर, आगरा से चले आते हैं। बहुत पुरानी बात है शायद 2004 की। कई साल से भरतपुर में साइबेरिन क्रेन नहीं आयी थी। कहा जा रहा था कि अफ़ग़ानिस्तान में लड़ाई के चलते ऐसा हो रहा है। उन्हीं दिनों एक बाघिन भी भटक कर घना पक्षी विहार पहुँच गयी थी। उसने साइकिल पर गश्त लगा रहे एक वन रक्षक पर घात लगाकर हमला भी बोला था। चूँकि घना में आप सिर्फ़ रिक्शे से या साइकिल लेकर ही जा सकते हैं लिहाज़ा यहाँ आने वाले सैलानियों में डर बैठने लगा था।

हम घना में थे। रिक्शा वाला एक बुज़ुर्ग सरदार जी थे। वह हमें बाघिन के शरणस्थल की तरफ़ ले जा रहे थे। रास्ते में बताने लगे कि पाँचना बाँध से पानी नहीं मिलने के कारण कैसे पूरा विहार सूखता जा रहा है और पक्षी कम होते जा रहे हैं। हमने आश्वासन दिया कि बाघिन की कहानी के बाद इस पर भी स्टोरी बनायेंगे। वह ख़ुश हो गये। रिक्शा खींचते-खींचते वह अचानक बोलते देखिए, बायीं तरफ़ पेड़ पर फलाना पक्षी। हम देखते। वह रिक्शा रोकते। हम शूट करते। वह पक्षी के बारे में बताते। आगे फिर आवाज़ आती। दायें तरफ़ फलाना पक्षी। ग़ज़ब पहचान थी। वह मुहावरा है ना कि उड़ती चिड़िया के पंख पहचानना। सरदार जी ने ही बताया कि कैसे दुनिया के सबसे बड़े पक्षी विशेषज्ञ सालिम अली को उन्होंने यहाँ घुमाया था। इसी रिक्शे पर।

बाघिन की स्टोरी करने के बाद हम फारिग ही हुए थे कि सरदार जी आसमान की तरफ़ देख कर चहकने लगे।कहने लगे कि हमारे सौभाग्यशाली क़दम पक्षी विहार में पड़े हैं। साइबेरियन क्रेन का एक जोड़ा हवा में था और उतरने की कोई माकूल जगह तलाश रहा था। सरदार जी हमें वहाँ ले जाने लगे। कहने लगे कि हम इस ख़बर को बड़ा-बड़ा कर दिखाये। ट्यूरिस्ट भी आयेगा जिससे हमारा भला होगा और सरकार पक्षी विहार के लिए पानी भी छोड़ेगी जिससे परिन्दों का भी भला होगा। सरदार जी से दो घण्टे के तीन सौ रुपये तय हुए थे लेकिन क्रेन के चक्कर में तीन घण्टे हो गये लेकिन सरदार जी ने ज़्यादा पैसे लेने से मना कर दिया। अलबत्ता हमारे साथ चाय नाश्ता करने के लिए सहमत हो गये।

यह अलग बात है कि तीन साल बाद साइबेरियन क्रेन आने की ख़बर दिल्ली को दी तो जवाब आया कि किसी अंग्रेज़ी चैनल को ख़बर दे दो। हालाँकि स्टोरी चली। उस समय हम लोग तुलसीदास के दोहे को तोड़-मरोड़ कर पेश करते थे।

ढोर, गँवार, शूद्र पशु और नारी...यह अंग्रेज़ी चैनल के अधिकारी।

अर्थात, पशु पक्षियों यानी वन और पर्यावरण, दलितों, शोषितों और महिलाओं से जुड़ी ख़बरों को अंग्रेज़ी चैनलों पर ही ज़्यादा तरज़ीह मिलती है। हिन्दी चैनल तो राजनीतिक ख़बरें या नाटकीयता वाली ख़बरों पर ही ज़्यादा ज़ोर देते हैं।

नेता, घपला और नाटक भारी। यह हिन्दी चैनल के अधिकारी।

अगर आज की बात करूँ कि न्यूज़ चैनल क्या दिखा रहे हैं तो दो बातें कहनी हैं। उस समय हिन्दी चैनलों और अंग्रेज़ी चैनलों में फ़र्क़ साफ़तौर पर देखा जा सकता था। आज की तारीख़ में कोई फ़र्क़ नहीं दिखता। चैनलों का भक्तिकाल चल रहा है, भक्त और एंकर में फ़र्क़ करना मुश्किल है और हर तरफ़ 'जय-हो-जय हो जय हो' की गूँज है।

ख़ैर, साइबेरियन क्रेन का क़िस्सा याद करते हुए सोच रहा था कि कोरोना काल में अगर दिसम्बर के महीने में साइबेरियन क्रेन इस बार भरतपुर नहीं पहुँची तो चैनलों पर बड़ी ख़बर हो जायेगी। 'कोरोना ने क्रेन को डराया' टाइप शीर्षक के साथ। वैसे कोरोना वायरस से लोग पॉजीटिव हो रहे थे लेकिन एक पॉजीटिव असर यह था कि पर्यावरण को लेकर चैनल वालों का रुख भी पॉजीटिव हो रहा था। पर्यावरण हमारे यहाँ गम्भीर मुद्दा नहीं रहा है। दिल्ली में 'ऑड ईवन' मीडिया में ख़ूब रहा लेकिन यहाँ राजनीति हावी रही। केजरीवाल बनाम मोदी सरकार बनाम कांग्रेस। अलबत्ता कभी-कभी ऐसा भी होता है कि सम्पादक जी प्रदूषण के कारण सुबह की मार्निंग वॉक पर नहीं जा पाते हैं तो सारे रिपोर्टरों की दौड़ा दिया जाता है प्रदूषण नापने के लिए। कोरोना काल लम्बा चला तो कुदरत के प्रति हमारी सोच को बदल कर रख देगा या लॉक डाउन ख़त्म होने के साथ ही प्रदूषण पर चर्चा भी ख़त्म हो जायेगी। ऐसा मैं छत पर टहलते हुए सोच रहा था।

इन दिनों अजब-अजब वीडियो सामने आ रहे थे। नोएडा में जीआईपी के आगे से नीलगाय का झुण्ड जाता हुआ। हरिद्वार में एक कालोनी में बारहसिंगे घूमते हुए। दक्षिण भारत में किसी हाईवे पर हिरणों का झुण्ड सस्ताते हुए। जैसे कि इनके बाप की सड़क हो। लेकिन वास्तव में इनके बाप परदादों का ही यह इलाक़ा हुआ करता था। मैं अगले दिन दवा लेने दोस्त के साथ निकला था। विधानसभा के आगे

से गुज़र रहे थे। सड़क पर कबुतर दाना चुग रहे थे। दूर गाड़ी की आवाज़ सुनकर भी उड़े नहीं। पहले ऐसा नहीं होता था। गाड़ी पास आयी तो भी नहीं उड़े। जोर से हॉर्न बजाया तो कबूतरों ने जाने का रास्ता दिया। मुँह बनाते हुए, गुस्से में आवाज़ें निकालते हुए। मानो कह रहे हों कि इलाक़ा तो अब हमारा है, हमारा पहले भी था। अब हमने फिर से छीन लिया है। कितने नादान हैं कबूतर। नहीं जानते कि मनुष्यों से मुकाबला है। लॉक डाउन ख़त्म होने के साथ ही यूँ सड़क पर चौड़े धाड़े बैठना ख़त्म हो जायेगा।

तीस मार्च

कोरोना ने बदल डाला

सुबह छत पर बग़ल में रहने वाले गुप्ता जी मिले। मैं टहल रहा था। गुप्ता जी तुलसी के पौधे पर जल अर्पित कर रहे थे। नज़रें आपस में उलझी तो 'नमस्कार, कैसे हैं?' का दौर चला। आमतौर पर इतनी ही बातचीत होती थी लेकिन इस बार गुप्ता जी उत्सुक नज़र आये।

आप तो बहुत बिजी रहते हैं?

हम्म

इस मौक़े पर कैसे आ गये?

मतलब

कैसे छुट्टी मिल गयी?

न तो छुट्टी मिली है और न ही छुट्टी हुई है। वर्क फ्रॉम होम कर रहा हूँ।

अच्छी वही जो मुन्ना कर रहा है। घर से काम। बढ़िया है भाईसाहब।

यह गुप्ता जी की पत्नी थी जो छत पर चली आयी थी। कपड़े सुखाने। मुन्ना यानी राजेश। गुप्ता जी का बेटा जो काल सेंटर में नौकरी करता है। गुप्ता जी रिटायरमेंट की ज़िन्दगी जी रहे थे। संयुक्त परिवार था। तीन बेटे थे लिहाज़ा तीन मंज़िला मकान था। नीचे की मंज़िल पर गुप्ता जी अपनी पत्नी और सबसे छोटे बेटे के साथ रहते थे जिसकी शादी के लिए लड़की तलाशी जा रही थी। (तीन महीने बाद राजेश की नौकरी चली गयी थी और लड़की वालों ने झाँकना भी बन्द कर दिया था) ऊपर की दो मंज़िलों पर बाक़ी के दो भाई अपने अपने परिवार के साथ। गुप्ता जी के बारे में एक दिलचस्प बात बताता चलूँ। क़रीब 15 साल पहले किसी छोटी-सी बात पर गुप्ता जी के परिवार से अनबन हो गयी थी। उस समय मैं 'आज तक' चैनल में

हुआ करता था। यूँ तो गुप्ता जी का परिवार 'आज तक' न्यूज़ चैनल ही आमतौर पर देखता था लेकिन रात को जब मैं घर आता तो गुप्ता जी चैनल बदल देते। मुझे शायद चिढ़ाने के लिए। 'आज तक' की जगह 'स्टार न्यूज़' लगा देते। उनका यह अन्दाज़ मुझे बहुत पसन्द आया था। 'आज तक' की सालाना ब्यूरो मीटिंग में मैंने इसका ज़िक्र भी किया था।

हमारे घर की चौकीदारी भी गुप्ता जी का परिवार ही करता था। घर पर हम लोगों ने सुरक्षा सिस्टम लगा रखा था। अगर कोई घर में घुसने की, दरवाज़ा छूने की कोशिश करे तो साइरन बजेगा। इसके साथ ही गुप्ता जी के सबसे बड़े बेटे की पत्नी सुनीता भाभी के मोबाइल पर घण्टी बजेगी। कई बार ऐसा हुआ कि ग़लती से सुरक्षा सिस्टम के लॉक होने पर भी मैं या पत्नी अपने कमरे से बाहर निकल जाते तो साइरन बज जाता। सुनीता भाभी तुरन्त बरामदे पर आ जाती और सीमा सीमा (पत्नी का नाम) सब ठीक है पुकारने लगती। सीमा जी बाहर निकलकर भाभी जी से माफ़ी माँगती कि ग़लती से हो गया। आपको तकलीफ़ दी। ऐसा कई बार हुआ लेकिन सुनीता भाभी ने कभी बुरा नहीं माना। एक दो बार दो हम लोग देर रात भी सुनीता भाभी को तकलीफ़ दे चुके थे। लेकिन उन्होंने न तो कभी बुरा माना और न ही एतराज़ ही किया।

अब मैं इतने अच्छे पड़ोसियों से बहुत कम बात करता था तो सीमा जी बुरा मान जाती थी। कहती कि तुम्हारे पीछे यही तो लोग है जो घर पर नज़र रखते हैं। मैं दिल्ली में नौकरी कर रहा था। पत्नी जयपुर में आकाशवाणी में थी। बीच में पत्नी का ट्रांसफ़र नागौर हो गया था तो पूरा घर पड़ोसियों के ही भरोसे था। क़रीब सौ गज की दूरी पर सास-ससुर रहते थे और ससुर बीच बीच में सूने घर के चक्कर लगा लिया करते थे। पत्नी कई बार समझाती कि तुम स्वभाव से कम बोलते हो लेकिन यह बात तो सिर्फ़ मुझे पता है। पड़ोसी तो सोचते हैं कि अपने चैनल में तो बैठकर दिनभर गिट-पिट करता है और हमसे बात करते हुए ज़ुबान पर ताला लग जाता है। इससे पड़ोसी बुरा मान जाते हैं। उन्हें लगता है कि मैं या तो नाटक कर रहा हूँ या अकड़ में हूँ या अपने आप को कुछ समझता हूँ। (तीनों ही बाते सही नहीं थी लेकिन पत्नी के तर्क यही रहते थे।) मैं पत्नी की बातों को नज़रअन्दाज़ कर जाता या फिर झल्ला उठता। लेकिन लॉक डाउन के पाँच महीने जयपुर घर पर रहा तो समझ में आया कि पड़ोसी कितने मददगार होते हैं और कभी-कभी 'रामा श्यामा' कर लेने में कोई बुराई नहीं है।

सामने सड़क पर दो भाइयों का संयुक्त मकान था। साल भर पहले ही बना था। वह भी तीन मंज़िला। पहले हमारे घर पर सुबह-सुबह धूप आ जाती थी। सर्दियों में तो यह धूप अमृत समान लगती थी। लेकिन तीन मंज़िला घर बनने से धूप आनी बन्द हो गयी थी। बड़ा भाई मुम्बई में रहता था और ऊपर का हिस्सा पीजी (लड़कियों के लिए) बनाया हुआ था। वहाँ रहने वाली लड़कियाँ होली-दीवाली पर भी घर नहीं जाती थी और हैरत की बात है कि कोरोना काल में भी घर नहीं गयी थी। पत्नी ने बताया कि ऐसे समय में तो घरवालों को जबरन घर ले जाना चाहिए था लेकिन बाद में पता चला कि लड़कियाँ छोटे क़स्बों से जयपुर आयी थी। अच्छे भविष्य की तलाश में। क़स्बे में कोरोना फैलने की आशंका को देखते हुए घरवालों ने ही कह दिया था कि वहीं रहो, सुरक्षित रहो, घर लौटने की जल्दी नहीं है। सुनकर अच्छा लगा कि घरवाले दूर की सोचते हैं कि जयपुर में तो कोरोना होने पर फिर भी इलाज हो जायेगा लेकिन छोटे क़स्बों में ईश्वर की मालिक है। ख़ैर, बड़ा भाई जब भी जयपुर आता तो दोनों भाइयों में अक्सर लड़ाई होती। लेकिन कोरोना काल में बड़ा भाई जयपुर आ गया था। पूरे परिवार के साथ। हैरानी की बात है कि अब लड़ाई की आवाज़ें नहीं आती थीं। सुबह दोनों भाई बाल्कनी में एक साथ चाय पीते दिख जाते थे।

इस घर के बगल में वर्मा जी का मकान है। बेटा विदेश में पढ़ता था। पढ़ाई पूरी होने के बाद वहीं नौकरी लग गयी और फिर लौटकर नहीं आया। मुहल्ले वालों का कहना है कि वहीं उसने गौरी मेम से ब्याह भी रचा लिया है जो उसके साथ कोर्स कर रही थी। बेटे के बाद बेटी हुई थी। शादी के बाद उसका तलाक़ हो गया और माँ बाप के पास लौट आयी। यह कहानी बताने का मक़सद यही है कि दरअसल जिस लड़के से बेटी की शादी हुई थी वह मेरा जानने वाला था। शादी की बात चली तो वर्मा दम्पती घर आये थे। लड़के के बारे में मेरी राय लेना चाहते थे। मैंने लड़के को भला बताया था। और कुछ ग़लत भी नहीं कहा था। लेकिन मैं ग़लत निकला।

शादी के तीन साल बाद उस लड़के ने अपने घरवालों के बहकावे में आकर लड़की पर दबाव डाला कि वह ससुराल में ही रहे। माँ बाप की सेवा करे। (लड़का दिल्ली में नौकरी करता था) अब बीएड पास लड़की ने अलवर की थानागाजी तहसील में रहने से इनकार कर दिया। उसे माँ बाप यानी सास ससुर की सेवा का आदेश अपमानित करने वाला लगा। अपनी एक साल की बेटी को लेकर वह घर आ गयी। फिर कभी वापस नहीं जाने के लिए। अब वर्मा जी और उनकी पत्नी पता नहीं क्यों इस सब के लिए मुझे कसूरवार ठहराने लगे थे। पहले आते-जाते सामने पड़ जाते तो दुआ सलाम हो जाती थी लेकिन बेटी घर वापस आयी तो यह सिलसिला

भी बन्द हो गया। यहाँ तक कि मेरे पीछे से भी मेरे घर कभी नहीं आये। ख़ैर, बेटी की इस बीच सरकारी स्कूल में नौकरी लग गयी। दूसरी जगह शादी हो गयी और इस बार लड़का घर जमाई बनने को तैयार हो गया। पिछले एक साल से वर्मा जी की पत्नी ने मेरे पीछे से घर आना शुरू कर दिया था। कभी तुलसी तो कभी गिलोय के पत्रों के लिए।

इन दिनों मैं छत पर टहलता तो वर्मा जी अपनी छत पर नज़र आ जाते। नातिन को खिलाते हुए। उसके साथ खेलते हुए। एक बार हाथ भी दोनों तरफ़ से हिला। एक दिन मैं घर के गेट पर खड़ा अख़बार वाले का इन्तज़ार कर रहा था तो वर्मा दम्पती गली में टहलते हुए दिखे। मैंने नमस्कार किया तो दोनों रुक गये। कहने लगे कि किसी के माथे पर तो लिखा नहीं होता कि वह कैसा है। फिर तीन साल तो ठीक ठाक कटे ही थे दामाद जी के साथ। पुरानी बातों के लिए माफ़ी माँगने के अन्दाज़ में बात शुरू की तो मैंने बात वहीं ख़त्म करने की सलाह दी। कुल मिलाकर कोरोना के कारण ग़लतफ़हमियाँ मिटी थीं। वर्मा जी ने छत पर दो कमरों बनवाये थे। यहाँ एक किरायेदार परिवार रहता थआ। पति-पत्नी और दो बच्चे। दोनों एक जैसी उम्र के लड़के। शाम को दोनों भाई पतंग उड़ाते और आपस में झगड़ते। उधर पति पत्नी चाय की चुस्कियों के बीच झगड़ते। बीच-बीच में पति पत्नी बारी-बारी से झगड़ते बच्चों को डाँट देते। मैं छत पर दौड़ते हुए देखता और सोचता कि सचमुच घर घर की यही कहानी है।

गली के नुक्कड़ पर एक राजपूत परिवार रहता था। दोनों की उम्र बहुत ज़्यादा नहीं थी लेकिन दोनों दादा-दादी, नाना-नानी बन चुके थे। बहुत सम्भव है कि बचपन में ब्याह हो गया हो। ख़ैर, दोनों पति-पत्नी बिना नागा सुबह पाँच बजे टहलने निकलते थे। घर से क़रीब चार सौ मीटर की दूरी पर एक बड़ा सरकारी पार्क था। सामान्य दिनों में कभी-कभी मैं भी वहाँ जाता था और दोनों से मुलाक़ात भी हो जाती थी। इन दिनों कोरोना के चक्कर में पार्क बन्द था। पति-पत्नी सुबह शाम छत पर नज़र आते। टहलते हुए, योग करते हुए, पाँच-पाँच किलो के वेट उठाते हुए, दण्ड बैठक लगाते हुए, सूर्य नमस्कार करते हुए। सामने ही दाहिनी तरफ़ घर की छत पर दो लड़कियाँ नज़र आतीं। योग करती हुईं, तेज़ी-तेज़ी के साथ छत के चक्कर लगाते हुए। मैंने अपनी बेटी शिरीन से योग वाली बात कही तो वह भड़क गयी। कहने लगी कि कोई योग कर रहा है तो ज़रूरी नहीं कि मैं भी योग करूँ। सबका जीने का अपना अपना स्टाइल होता है। मुझे बात समझ में आ गयी थी। घर में भले ही आप एक परिवार हों लेकिन व्यक्तिगत रूप से सबकी अपनी अपनी अलग ज़िन्दगी भी होती है और अपने अपने हिस्से की प्राइवेसी भी। इस का मान रखना ही बेहतर है।

वैसे बेटी शिरीन कुकीज केक वग़ैरह बहुत अच्छा बनाती है। स्वाद मन को भानेवाला, मुँह में घुल जाने वाला, मीठा न ज़्यादा न कम और एक ताज़ापन। तालाबन्दी के दौरान होटल रेस्तराँ सब बन्द हो गये थे। खुले भी रहते तो भी लोग कोरोना के डर से वहाँ जाने से कतराते। ऐसे में बहुत से लोगों ने ऑन लाइन काम करना शुरू कर दिया था। बेटी ने भी 'बैटर कॉल शिरीन' नाम से केक कुकीज बन-ब्रेड आदि का ऑन लाइन काम शुरू किया था। दरअसल बेटी आर्ट ऑफ़ बेकिंग का एडवांस कोर्स करने के लिए कनाडा जाना चाहती है। वहाँ एक प्रतिष्ठित कॉलेज में दाखिला भी हो गया है। फीस भर दी गयी है। अलग से बैंक एकाउंट खोल दिया गया है। कोर्स सितम्बर में शुरू होना है। महीन भर पहले ही वह बहुत उत्साहित थी और दिन गिना करती थी। लेकिन कोरोना के चलते सब कुछ अधर में लटक गया है। इन दिनों अक्सर उदास रहती है और कुछ सोचती रहती है। हो सकता है कि उतनी उदास नहीं हो जितना कि मैं सोच रहा हूँ या मुझे आभास हो रहा है। मैं समझाता हूँ कि अभी तो मार्च ख़त्म हुआ है। सितम्बर में छह महीने बाक़ी हैं। तब तक सब ठीक हो जायेगा। पता नहीं, देखो कह कर वह अपने कमरे में चली जाती है। दरवाज़ा बन्द कर लेती है।

कोरोना सभी के लिए अपने अपने दुख लेकर आया है। बेटी अपने कोर्स को लेकर परेशान है तो एक पड़ोसी अपने 'सुमन भोजनालय' और जिम के बन्द होने से दुखी हैं। कोरोना आने से ठीक पहले जनवरी में उन्होंने अपने 'सुमन भोजनालय' को नया रूप दिया था। अच्छा ख़ासा पैसा उसमें लगा था। दरअसल उनकी बेटी सुमन इवेंट मैनेजमेंट का कोर्स कर ताज़ा-ताज़ा ही जयपुर आयी थी। पहला प्रयोग भोजनालय को लेकर हो रहा था। उनका अच्छा-सा रेस्तराँ हैं जहाँ एक साथ पचास लोग खाना खा सकते हैं लेकिन नाम 'सुमन भोजनालय' ही है। बहुत साल पहले उसी जगह उनका छोटा-सा भोजनालय ही हुआ करता था। दुकाननुमा भोजनालय जहाँ दस से ज़्यादा लोग एक साथ खाना नहीं खा सकते थे। देखते-देखते भोजनालय आकार लेता गया। दो मंज़िला हो गया। फिर तीसरी मंज़िल पर जिम शुरू कर दिया लेकिन नाम सुमन भोजनालय ही रहा। वह कहते हैं कि बेटी सुमन के पैदा होने के दो महीनों के भीतर सुमन के नाम से भोजनालय खोला था जो चल निकला। पहले कुछ अन्य धन्धे वह कर चुके थे लेकिन कामयाबी नहीं मिली थी।

बेटिया भाग्य लेकर आती हैं। सुमन हो या शीरीन। मुझे याद आता है कि एक बार मेरी सासू माँ ने भी कहा था कि विजय जी, जो कुछ हो छोटू (शीरीन का घर का नाम) की वजह से हो। दरअसल जिस साल शीरीन का जन्म हुआ था तब मैं 'नवभारत टाइम्स' के जयपुर संस्करण में हुआ करता था। बेटी के पैदा होने के छह

आठ महीने बाद ही 'आज तक' शुरू हुआ था। तब वह दूरदर्शन के मैट्रो चैनल पर आता था। बीस मिनट का। 'आज तक' के सम्पादक एसपी सिंह थे जो पहले 'नवभारत टाइम्स' में ही सम्पादक थे। मेरा उनसे तब से ही परिचय था। 'आज तक' शुरू हुआ तो एसपी ने बुला लिया। 'नवभारत टाइम्स' से क़रीब तीन गुना ज़्यादा तनख़्वाह थी और 'आज तक' शुरू होने के तीन महीने बाद ही 'नवभारत टाइम्स' का जयपुर संस्करण बन्द हो गया था। तो सासू माँ यही कहती कि बेटी भाग्य लेकर आई। छोटू की वजह से 'आज तक' की नौकरी मिली और नौकरी जाते-जाते बची ('नवभारत टाइम्स' बन्द होने के कारण)।

ऐसा नहीं है कि सब तरफ़ मुर्दनी का ही माहौल था। सामने की तरफ़ बायीं तरफ़ एक परिवार रहता है। नीचे बोर्ड लगा है। 'यहाँ मोच निकाली जाती है।' पैर की मोच, कमर की मोच। ख़ाली पेट आये। सुबह छह से आठ बजे के बीच आयें। बोर्ड के बग़ल में पहलवाननुमा एक शख़्स बैठे रहते। बड़ी बड़ी मूँछों को अब तब ताव देते, बीच-बीच में अख़बार पढ़ते और पोता-पोती को डाँटते। कई बार मुझे सुबह-सुबह महिलाएँ दिख जाती थीं कमर की मोच निकलवाने के लिए आती हुई।

आमतौर पर महिलाएँ अपने बेटों के साथ आती या देवर के साथ। शायद ही कोई पति के साथ कभी आयी हो। इसका रहस्य आज तक मेरी समझ में नहीं आया है। ख़ैर, पहलवान जी का बेटा पान बीड़ी-सिगरेट की थड़ी लगाया करता था। सुबह सुबह मोटरसाइकिल के आगे पान की टोकरी लगाये दुकान की तरफ़ जाते दिखता था। दुकान भी सही मौक़े पर थी और पान-सिगरेट के साथ-साथ चाय बेचनी भी शुरू कर दी थी। बेटी शाम को पापा की मोटरसाइकिल गली में चला चलाकर चलाना सीख गयी थी। बेटा भी पढ़ाई में ठीक-ठाक था। कुल मिलाकर ख़ुशहाल परिवार नज़र आता था। लेकिन कोरोना कहर ले कर आया। लोगों ने घर से निकलना बन्द कर दिया तो मोच निकलवाने आने वालों का टोटा पड़ गया। एक दिन सुबह मैं छत पर गया तो पहलवान जी जिस पत्थर की गद्दी पर गद्दीनशीन हुआ करते थे वहाँ सब्ज़ी की दुकान सजाई जा रही है। पत्नी को बताया तो पहले हैरानी जतायी फिर तसल्लीबख्श स्टाइल में कहा कि चलो, गली में ही सब्ज़ी मिल जायेगी। ज़्यादा कुछ नहीं तो नीबू, अदरक हरी मिर्च जैसी चीज़ें। जो बेटा पान की टोकरी मोटरसाइकिल पर लेकर निकलता था वह मंडी से सब्जियों के छोटे-छोटे बोरे ला रहा था मोटरसाइकिल पर। आलू-प्याज-टमाटर हरी सब्ज़ी अदरक कच्ची हल्दी आदि। पोता-पोती दादा जी की मदद कर रहे थे दुकान सजाने में। दरअसल कोरोना से तिहरी मार पड़ी थी। मोच निकालने का धन्धा बैठ गया था।

सरकार ने पान सिगरेट तम्बाकू बेचने पर रोक लगा दी थी तो दुकान बन्द करनी पड़ी थी। घर पर चोरी चोरी चुपके-चुपके सिगरेट तम्बाकू लेने वालों को कुछ ज़्यादा रेट में माल दे दिया करता था लेकिन यह धन्धा भी कब तक चलता। कुछ ही पैकेट सिगरेट के और कुछ ही पुड़ियाँ तम्बाकू की बची थी। अलबत्ता मैं कभी सिगरेट मँगवाता तो मुझसे वाजिब पैसे ही लिये। मैंने ही एक बार ज़्यादा पैसे देने चाहिए तो मना कर दिया। उस समय सिगरेट का जो पैकेट तीन सौ रुपये का था वह पाँच सौ रुपये का बिक रहा था। इस परिवार ने घर का एक हिस्सा किराये पर दिया हुआ था। तालाबन्दी के साथ ही किरायेदार के दफ़्तर में ताला लग गया था और वह घर ख़ाली कर गया था।

लेकिन परिवार ने हिम्मत नहीं हारी थी। सब्ज़ी की दुकान सुबह छह बजे से लगनी शुरू हो जाती। दिन में धूप ज़्यादा पड़ती तो चार बाँस पर बोरे लगा छाँव का देसी इन्तज़ाम कर लिया जाता। इस बीच मेरी नज़र घर की बहू पर जाती जो हमेशा ही मुस्कराती हुई नज़र आती। मैंने कभी भी उसे ज़ोर से बोलते, पहलवान ससुर को कोसते, पनवाड़ी पति से लड़ते या पड़ोसियों से झगड़ते नहीं देखा। जब घर पर सब ठीक था तब भी जिस अन्दाज़ में मुस्कराती हँसती नीचे से ऊपर सीढ़ियाँ चढ़ती नज़र आती उसी अन्दाज़ में आज भी नज़र आती जब घर में सब कुछ कोरोना ने उलट-पुलट दिया था। सुबह दस ग्यारह बजे छत पर फ़र्श पर बोरी डाल उस पर बैठ अख़बार फैला कर उसे पढ़ती, पूरे मनोयोग के साथ। पति पास में ही कभी रेलिंग पेंट करता नज़र आता तो कभी टंकी से पानी निकाल गमलों में डालता। बीच में पति कुछ कहता तो वह खिलखिला कर हँस पड़ती। मुझे अच्छा लगता कि कोरोना ने भले ही आर्थिक ख़ुशियाँ छीन ली हों लेकिन मुस्कान अपनी जगह कायम है जो वायरस को हमेशा चुभती होगी। मैं ऐसा सोचता। यह बात मैंने एक दिन बातों ही बातों में पत्नी से कह दी।

पत्नी ने उलाहना दिया कि छत पर एक्सरसाइज़ करते हो या औरतों की ताक-झाँक। पत्नी एक दिन नीबू लेने गयी तो मुस्कराती बहू से कह आयी कि विजय जी कह रहे हैं कि आप ही पूरी गली की सबसे मज़बूत औरत हैं जो मुश्किल में दिल खोलकर हँसती रहती हैं और जीने का अन्दाज़ बहुत कुछ सीखने की प्रेरणा देता है। अब कभी छत-से-छत पर नज़र पड़ जाती तो वह पहले हँसती फिर शरमा जाती। मैं मुँह फेर के कसरत करने लगता। यह उस समय के कोरोना काल की मुझे सबसे बड़ी स्टोरी लगती थी। सबसे बड़ी बात है कि पूरी गली संकट की घड़ी में उस परिवार के साथ थी। सब उन्हीं के यहाँ से सब्ज़ी ख़रीदते ताकि कुछ आय हो सके। यहाँ तक कि अगल बग़ल की गली वाले भी यहाँ आने लगे थे। हालत यह हो गयी

कि ठेलों पर सब्ज़ी बेचने आने वालों ने हमारी गली में फेरे लगाने ही बन्द कर दिये थे। गलीवालों की फ़रमाइश पर परिवार ने फल भी रखने शुरू कर दिये थे जिससे दुकान कुछ कुछ बड़ी बड़ी नज़र आने लगी थी। कोरोना के ख़िलाफ़ लड़ाई का नमूना पेश कर रही थी हमारी गली।

बग़ल के एक पड़ोसी के दोनों बेटे घर से प्रॉपर्टी डीलर का काम करते थे। पत्नी बताती रहती थी कि कैसे नोटबन्दी के बाद प्रॉपर्टी डीलिंग का धन्धा बैठ गया था और कैसे क़र्ज़ वसूलने वाले रात दिन पड़ोसियों को आकर धमकाया करते थे। बीच-बीच में दोनों भाइयों की पत्नियाँ आपस में उलझ जातीं और तमाशा शुरू हो जाता। लेकिन कोरोना फैलने पर क़र्ज़ माँगने वालों ने चक्कर काटने बन्द कर दिये थे। भाइयों की पत्नियाँ भी कम लड़ती थीं। लड़ती भी तो दबी ज़बान में। घरों में शान्ति छायी रहती थी वैसी ही शान्ति गली में भी दिखती। कभी-कभी तो सन्नाटा डराने लगता। वह दिन याद आते जब गली में शाम होते ही बच्चों का रैला लग जाता था। कोई क्रिकेट खेल रहा है तो कोई साइकिल चला रहा है। कोई स्टापू खेल रहा है तो कोई बैडमिंटन। हमारे घर अमरुद के पेड़ पर एक साल बहुत अच्छे अमरूद लगे थे। गली में क्रिकेट खेलते बच्चे जानबूझकर गेंद हमारे घर के अन्दर उछाल देते। फिर अंकल-अंकल करते हुए गेंद लेने अन्दर आते और आँख बचाकर एक आधा अमरूद तोड़कर ले जाते। अख़बार या कोई किताब पढ़ते हुए मैं सब देखता रहता लेकिन कुछ नहीं कहता। अपना बचपन याद करता। पत्नी ने भी हिदायत दे रखी थी कि अमरूद चुराते बच्चों को डाँटना नहीं है। यह नहीं खायेंगे तो तोते खायेंगे। इससे अच्छा तो यही है कि यहीं खायें।

ख़ैर, पड़ोसी के झगड़े की बात चल रही थी तो मैं स्वाकारना चाहता हूँ कि मेरे घर में भी घर घर की कहानी दोहराई जाती रही है। लेकिन तालाबन्दी का आज छठा दिन है। छह दिन से 24 घण्टे घर पर हूँ। ऐसा ज़िन्दगी में पहली बार हुआ है। सैट छह दिन से घर में हूँ लेकिन आपस में झगड़ा तो छोड़ो तू-तड़ाक भी नहीं हुआ है। अलग-अलग कमरे हैं, दूरियाँ हैं लेकिन दिल शायद पास आये हैं। सबसे बड़ी बात है की बेटी को समझने का कुछ मौक़ा मिला है। अभी तक तो भागमभाग में ज़िन्दगी कट रही थी। बड़ी मुश्किल से छुट्टी मिली। दो दिन घर में रहे। दो दिन बाद जयपुर से ही कभी रायपुर चल गये कोई स्टोरी करने तो कभी अहमदाबाद। वहीं से सीधे दिल्ली। उसके बाद अगले पन्द्रह दिन बात तक नहीं। बेटी की शादी भी तो करनी है...पत्नी ने कहा तो लगा कि बेटी इतनी बड़ी हो गयी कि शादी तक बात जा पहुँचे। दौड़ती भागती ज़िन्दगी को कोरोना ने जो ठहराव दिया वह सोचने-समझने के लिए

ही दिया है। अपनी ग़लतियों को पहचानने के लिए दिया है। उन ग़लतियों को सुधारने के लिए दिया है। बहुत फुरसत में हूँ शायद। मैं भी पता नहीं क्या-क्या सोचता रहता हूँ इन दिनों। सुकरात की तरह, जबकि ग़ालिब ज़्यादा ख़ूबसूरती से कह गये हैं।

फ़िक्र-ए-दुनिया में सर खपाता हूँ,
मैं कहाँ और यह बवाल कहाँ।

31 मार्च 2020

सात गुज़रे या चौदह बाक़ी

लॉक डाउन का आज एक हफ़्ता हो गया। सात दिन बीत गये। चौदह दिन और बाक़ी हैं। वैसे आपको क्या सुनना ज़्यादा अच्छा लगता है। सात दिन बीत गये या चौदह दिन बाक़ी हैं। ज़ाहिर है कि चौदह दिन बाक़ी हैं। इससे मन में पॉजीटिव ख़याल आते हैं। अगर आप जिम में जायें तो वहाँ ट्रेनर कोई भी एक्सरसाइज़ 15 बार करने को कहता है। आप मान लीजिए कि पुश-अप कर रहे हैं तो वह दस तक तो सीधे गिनता रहेगा। लेकिन दसे के बाद 11,12,13,14,15 नहीं कहता। वह कहता है लास्ट फाइव। (अन्तिम पाँच) और फिर उल्टी गिनती शुरू करता है। 5, 4, 3 , 2, 1। गेट अप। अगर आप इन अनुभवों से गुज़रे हैं तो आपने ख़ुद देखा होगा कि इस तरह लोग 15 बार की एक्सरसाइज़ आसानी से कर लेते हैं। कुल मिलाकर उम्मीद बड़ी चीज़ है। आख़िरी पाँच ही तो हैं। लो चार ही बचे, लो तीन ही बचे, लो दो ही बचे...लो हो गया। चलो दोबारा करते हैं।

आपको मैं बता ही चुका कि पत्रकारिता में आने से पहले मैं मर्चेंट नेवी में था। हमारी ट्रेनिंग मुम्बई में एक जहाज़ 'टी.एस. राजेन्द्रा' पर होती थी। खाना पीना रहना सब जहाज़ पर ही होता था जो गेट वे ऑफ़ इंडिया से क़रीब तीन किलोमीटर अन्दर समुन्दर में था। हम क़रीब 120 कैडेट थे। इसमें भारतियों के आलावा मालद्वीप मारीशस ईरान इराक के भी कैडेट शामिल थे। हमारी ट्रेनिंग का पहला सत्र पूरा हो रहा था। एक महीना जब बचा तो कैप्टन ने क्लास के ब्लैक बोर्ड के कोने में लिखा डीएलजीएच 30 यानी डेज लेफ्ट टू गो होम...तीस। घर जाने में तीस दिन बचे थे या यूँ कहा जाये कि सिर्फ़ तीस दिन बचे थे क्योंकि हम शिप पर क़रीब आठ महीने काट चुके थे। सुबह शिप की सफ़ाई और ख़ुद की सफ़ाई के बाद आठ बजे नाश्ता होता और ठीक नौ बजे क्लास शुरू हो जाती। हमेशा की तरह अगले दिन हम क्लास में गये तो एक कैडेट चहक कर उठा और तीस को मिटाकर 29 लिख दिया। उसके

बाद सिलसिला चल निकला। 28...27...22...15...10...8...4...2...1। इससे उम्मीद बँधी रहती थी। नौ महीनों की ट्रेनिंग के बाद घर जा रहे थे तो किसी को शिप में गुज़ारे दिन याद नहीं आ रहे थे या यूँ कहा जाये कि शिप पर गुज़ारे दिनों से ज़्यादा घर में गुज़ारे साल याद आ रहे थे। दोस्तों के संग की मस्ती याद आ रही थी। तीस दिनों तक सभी इस मनोदिशा में थे। और कितने दिन बाक़ी हैं...कब शिप से मुक्ति मिलेगी...कब घर जाने वाली ट्रेन मुम्बई वीटी रेलवे स्टेशन से पकड़ेंगे।

यही बात तालाबन्दी के दिनों पर भी लागू होती है। सात दिन गुज़र गये यह बड़ी ख़बर है या सिर्फ़ 14 दिन और बाक़ी हैं यह बड़ी ख़बर है। जैसे सात दिन गुज़र गये वैसे ही यह 14 दिन भी गुज़र ही जायेंगे। यह अहसास होता है दिन बाक़ी है कि बात सोचकर। यह सलाह मैंने चैनल सम्पादक रजनीश आहुजा को दी। उन्हें यह सुझाव पसन्द आया। अब हमारे एबीपी न्यूज़ चैनल पर चलना शुरू हुआ। चौदह दिन बाक़ी। देखते-ही-देखते दूसरे चैनलों ने भी यही चलाना शुरू कर दिया। इसी तरह एक अन्य उदाहरण याद आता है। तब मिलिन्द खाण्डेकर चैनल के सम्पादक थे। हरियाणा से खाप पंचायत और ऑनर किलिंग से जुड़ी ख़बर आयी। ऊँची जाति के लड़की के घरवालों ने लड़की को इसलिए मार दिया क्योंकि वह गाँव के एक दलित लड़के के प्यार में थी और शादी की ज़िद किये बैठी थी। हमारे यहाँ ऑनर किलिंग कहते हुए ख़बर चली।

मिलिन्द और मैं एसाइनमेंट डेस्क पर साथ-साथ खड़े थे। मिलिन्द ने मुझसे पूछा कि हिन्दी में क्या कहेंगे तो मैंने कहा कि इज़्ज़त बचाने या इज़्ज़त ढकने के लिए हत्या। मिलिन्द का कहना था कि यह कैसी इज़्ज़त बचाना जिसमें अपनी ही बेटी को मारना पड़े। कुछ सोचना चाहिए। तो हम दोनों ने तय किया कि इसे 'झूठी इज़्जत के लिए हत्या' कहा जाये। तुरन्त एंकर तक यह सन्देशा पहुँचाया गया। हैरानी की बात है कि दो घण्टे बाद सभी चैनल ऑनर किलिंग भूल चुके थे। सब के सब झूठी इज़्ज़त के लिए या फिर झूठी शान के लिए हत्या चला रहे थे। धीरे-धीरे अख़बारों में भी यही चलन में आ गया। अजीब भेड़चाल है चैनलों में। क्या बताऊँ... क्या-क्या बताऊँ...किसी दिन इस पर अलग से एक किताब लिखूँगा। मेरा वायदा है आप सब से।

ख़ैर, मर्चेंट नेवी में जहाज़ में ट्रेनिंग करना भी एक तरह से एकान्तवास ही था। सबके बीच रहते हुए, सबके साथ खाना खाते हुए, सबके साथ पढ़ते हुए, सबके साथ नाव के चप्पू चलाना सीखते हुए भी आइसोलेशन का भाव आ ही जाता था। हालाँकि हम 120 कैडेट रात को भी दो बड़े हॉल में एक साथ सोते थे। बंक बने

हुए थे। एक ऊपर एक नीचे। एक बग़ल की बंक पर। सुबह नाश्ते पर आठ बजे एक साथ पूरे 120 कैडेट पहुँचते थे। इसी तरह दोपहर एक बजे लंच, चार बजे चाय और रात आठ बजे डिनर भी एक साथ ही होता था। तब तक हँसी मज़ाक़, एक दूसरे की टाँग खींचना, शर्त लगाकर दण्ड बैठक लगाना या जहाज़ के चक्कर दौड़ कर लगाना यह सब सामूहिक रूप से चलता रहता था।

लाइट रात नौ बजे ऑफ़ कर दी जाती और इसके साथ ही सारे कैडेट अपने अपने एकान्तवास में चले जाते। अपने घर के आँगन में पहुँच जाते, अपनी माँ की गोद में, दोस्तों की साथ छुपकर सिगरेट पीने की जगह या प्रेमिका की जुल्फों तले। मैंने कई बार रात को बहुत से कैडेट्स को चुपके-चुपके रोते देखा। मेरी बंक में नीचे एक ईरान का कैडेट माज़िद था। वह तो रात में कुछ-कुछ बुड़बुड़ाता रहता था जो मेरी समझ में नहीं आता था। उसके भाव शायद बग़ल की बंक में इसी तरह बुड़बुड़ाता देहरादून का बड़ा त्यागी समझ सकता था। ख़ैर, मैं माज़िद को पुचकारता। उसे पानी लाकर देता। वह कुछ देर मुझसे बात करते रहने की विनती करता (जो मैं हमेशा मान लेता) और फिर हम दोनों सो जाते।

शिप में महीने में एक बार ही शोर लीव मिलती थी। सुबह नौ बजे से रात आठ बजे तक। बाक़ी 29 दिन शिप में ही गुज़ारने पड़ते थे। वही आसपास का नजारा, वही पढ़ाने वाले चेहरे और वही दिन के हिसाब से खाने का मैन्यू। 29 दिन किसी से आप मिल नहीं सकते थे। किसी को शिप पर बुला नहीं सकते थे। हफ़्ते में दो दिन रात के खाने के बाद घर पर ख़त लिखने का समय तय था। साढ़े आठ से नौ बजे। हम सब ख़त लिखते जिसे रात की पारी का इंस्ट्रक्टर एक थैले में इकट्ठा कर ले जाता। वैसे एक बात अच्छी थी। दिन भर पढ़ाने वाले कैप्टन और इंस्ट्रक्टर हम सब पर कड़ी नज़र रखते थे। कोई कैडेट उदास नज़र आता या अकेले में ज़्यादा समय तक खड़ा नज़र आता या डैक पर जाकर समुन्दर के पार मुम्बई की गगनचुम्बी इमारतों को टकटकी बाँधे देखता नज़र आता तो उस कैडेट के साथ वालों से कैप्टन पूछते। उस कैडेट के साथ रहने की हिदायत देते। कई दफे अपने केबिन में ले जाते और अपनी जवानी के समय जहाज़ पर पूरी दुनिया घूमने के दौरान के क़िस्से सुनाते। सारे क़िस्से पॉजीटिव होते। सारे क़िस्सों में खाने-पीने और सम्भोग का ज़िक्र होता। सारे क़िस्सों में अजीब-सा रोमांच होता।

मुझे याद है कि शिप में तीन महीने रहने के बाद ही मुझे लगने लगा था कि मैं कहाँ समय ख़राब करने आ गया। मैं उन दिनों कविताएँ लिखता था और हमारे कैप्टन को यह बात पता थी। दरअसल शिप में आने से पहले ही हम सब की रुचि

के विषय हमसे लिखवा लिये गये थे। तो कैप्टन ने मुझे एक दिन बुलाया और कहा कि बीच समुन्दर में जब जहाज़ लहरों को काटते हुए चलता है और चाँदनी रात के दिनों में चाँदनी लहरों पर झूलती है तो वह मंज़र आँखों से बयान नहीं किया जा सकता। मुझसे कहने लगे कि मैं उस समय जहाज़ के 'ब्रिज डैक' पर बैठकर दर्ज़नों कविताएँ लिख सकता हूँ। लेकिन इसके लिए मुझे शिप पर रहना होगा, ट्रेनिंग पूरी करनी होगी। उसके बाद ही गहरे समुन्दर में जाने का मौक़ा मिलेगा जहाँ चाँदनी रात और लहरे अभी से मेरा इन्तज़ार कर रही हैं। यह सब इतना आनन्दित करने वाला था कि उसके बाद मुझे कभी शिप पर आने का अफ़सोस नहीं हुआ। (अलबत्ता बाद में नौकरी छोड़ पत्रकारिता में आ गया वह क़िस्सा अलग है।)

तालाबन्दी के सात दिन बिताने के बाद मुझे मर्चेंट नेवी के दिन याद आ रहे थे। शिप में बाकायदा टाइम टेबल था। मैंने तालाबन्दी के एकान्तवास में भी टाइम टेबल जैसा कुछ बना लिया था। सुबह कसरत, फिर नाश्ता, फिर अख़बार, फिर एबीपी अनकट करना, बीच-बीच में टीवी चैनल देखना, दोपहर का खाना, मोबाइल पर अपडेट पर नज़र डालते रहना, कोरोना पर गूगल में पढ़ते हुए चैनल के सम्पादक को स्टोरी पर सलाह देना, शाम को फिर कसरत, छत पर टहलना, रात का खाना और फिर साढ़े नौ दस बजे तक सो जाना। मर्चेंट नेवी की बातों में इतना खो गया कि याद ही नहीं रहा कि सुबह मैंने चीन और डब्ल्यूएचओ (विश्व स्वास्थ्य संगठन) की भूमिका पर 'एबीपी अनकट' किया था। यह ख़ासा लोकप्रिय रहा था और दो दिन में ही एक मिलियन यानी दस लाख से ज़्यादा लोगों ने इसे देख लिया था।

इन दिनों डब्ल्यूएचओ की इस बात के लिए आलोचना हो रही है कि वह चीन को बचाने में लगा है। इस दौरान विदेशी अख़बारों में बाकायदा लेख छपे हैं कि कैसे चीन ने युहान में फैले कोरोना को लेकर देर से जानकारी दी। अलबत्ता कुछ का तो कहना है कि चीन में कोरोना वायरस दिसम्बर में ही पकड़ में आ गया था। उधर डब्ल्यूएचओ जनवरी के अन्त तक चीन का बचाव करता रहा और यहाँ तक कि सर्टिफिकेट देता रहा कि कोरोना को लेकर चीन सजग है और महत्त्वपूर्ण भूमिका निभा रहा है। चीन की सरकार भले ही तथ्य छुपा रही हो लेकिन वहाँ के वैज्ञानिक इस तरफ़ इशारा कर रहे थे। दरअसल पिछले साल नवम्बर के आख़िरी और दिसम्बर के पहले हफ़्ते में 'वायरस' नाम के जर्नल में कोरोना को लेकर कुछ ख़बरें छपी थी। इसके बाद युहान में निमोनिया के केस आये।

डॉक्टरों ने जाँच में पाया कि यह वैसा निमोनिया नहीं है और न ही उसके वैसे लक्षण हैं जैसा कि सामान्य तौर पर निमोनिया के मरीज़ों में पाये जाते हैं। दस

जनवरी को चीन के एक डॉ. झानलू ने वेबसाइट पर इसे छापा भी था। कुल मिलाकर आठ डॉक्टर थे जो एक तरह से व्हिसिल ब्लोअर का काम कर रहे थे। इन सब का कहना है कि युहान में नया किस्म का वायरस निमोनिया फैला रहा है जो बेहद ख़तरनाक साबित हो सकता है। लेकिन चीन की सरकार ने डॉक्टरों को चुप करा दिया। सिटीजन जर्नलिस्ट 37 साल की झांग छान ने भी वेबसाइट पर इसके बारे में लिखा था कि कैसे चीन की सरकार आँकड़े छुपाने की कोशिश कर रही है और तथ्यों के साथ छेड़छाड़ कर रही है। झांग को पुलिस ने घर से उठा लिया था और जेल में डाल दिया था। उधर डॉक्टरों से वेबसाइट से लेख हटाने को कहा। यहाँ तक कि लैब में जो नमूने लिये गये थे उन्हें भी नष्ट करने को कहा गया। इसी दौरान युहान के आँखों के सर्जन डॉ. ली वैनलीयांग की मौत हो गयी। ली युहान के निमोनिया मरीजों का इलाज कर रहे थे। इसे कोरोना से पहली मौत बाद में माना गया। इससे पहले 31 दिसम्बर को चीन ने डब्ल्यूएचओ से कहा था कि युहान का वायरस नया ज़रूर है लेकिन इतना ख़तरनाक नहीं है और उसे ठीक किया जा सकता है। इस पर भी डब्ल्यूएचओ ने बिना जांच किये विश्वास कर लिया था।

तो कुल मिलाकर क़ायदे से तो पूरी दुनिया को दस जनवरी को ही कोरोना और उसके ख़तरनाक स्वरूप के बारे में पता चल जाना चाहिए था लेकिन ऐसा हो नहीं सका। ऐसा इसलिए नहीं हो सका कि चार दिन बाद यानी 14 जनवरी को विश्व स्वास्थ्य संगठन के डायरेक्टर जनरल डॉ. टैड्रोस एडनॉम ने ट्वीट किया कि यह वायरस मनुष्य से मनुष्य में फैलता नहीं है। डॉ. टैड्रोस मूल रूप से इथोपिया के हैं और उन्हें महानिदेशक बनाने में चीन की बड़ी भूमिका रही है। इथोपिया में स्वास्थ्य मन्त्री रहते हुए डॉ. टैड्रोस ने कोलोरा बीमारी को छुपाया था। यह बात मई 2017 में एक अख़बार में छपी भी थी जिसकी तस्दीक डॉ. नवारो ने भी की थी। डॉ. नवारो भी डब्ल्यूएचओ से जुड़े हुए हैं और उन्हें हराकर ही डॉ. टैड्रोस एडनॉम महानिदेशक (डायरेक्टर जनरल) बने थे। हालाँकि कुछ जानकारों का कहना है कि बाद में अख़बार की छपी ख़बर का खण्डन हुआ था।

तो 14 जनवरी को डॉ. टेड्रोस टवीट करते हैं। इस दौरान वह चीन का दौरा भी करते हैं और एक हफ़्ते बाद ही युहान में स्थितियाँ ख़राब होने के साथ ही चीन 21 जनवरी को स्वीकारता है कि वायरस मनुष्य से मनुष्य तक फैलता है और फैल रहा है। इसके दो दिन बाद ही 23 जनवरी को पूरे युहान को सील कर दिया जाता है। वहाँ लॉक डाउन की घोषणा होती है लेकिन तब तक बहुत देर हो चुकी थी। उधर डा टैड्रोस इसके बाद भी चीन को क्लीनचिट देते हैं। चीन जाते हैं। राष्ट्रपति

शी जिनपिंग के गले मिलते हैं और कहते हैं कि चीन ने कोरोना वायरस की पहचान करने और समय पर पूरी दुनिया का बताने में तत्परता दिखाई जिसके लिए जिनपिंग बधाई के पात्र हैं। लेकिन तब तक दुनिया भर से पचास लाख लोग बाहर से युहान आ चुके थे या फिर युहान से बाहर जा चुके थे। ख़ासतौर से इटली। दरअसल युहान और इटली के शहर मिलान के बीच चमड़े का बड़ा कारोबार है। इतना बड़ा कि युहान और मिलान के बीच हफ़्ते में तीन अन्तरराष्ट्रीय फ्लाइट चलती हैं जो भरी हुई जाती हैं। यानी लोग तीन हफ़्तों में कई दफे युहान आ चुके थे और युहान से अपने देश जा चुके थे। यही वह लोग हैं जो अपने साथ कोरोना वायरस लेकर गये और तबाही मची यानी अगर चीन तीन चार हफ़्ते युहान का सच दुनिया के सामने रख देता तो आज मैं और आप लॉक डाउन का दंश नहीं झेल रहे होते। पैदल मज़दूर घर नहीं जा रहे होते। लोगों की नौकरियाँ सुरक्षित होती। मेरे पड़ोसी राजेश की सगाई तो कम से कम हो चुकी होती।

चीन के एक ब्लागर शू जुगरन ने अपने ब्लाग में फ़रवरी महीने में चीन की पोल खोली थी। कोरोना...रोटन कोर ऑफ़ चाइना गर्वरमेंट। लेखक ब्लाग लिखने के तीसरे दिन से ग़ायब है। अभी तक उसका पता नहीं चला है। युहान की एक नर्स के बारे में भी बताया जाता है कि उसका भी अता पता नहीं है। वैसे हमारे यहाँ प्रधानमन्त्री मोदी ने चार घण्टे की मोहलत दी और लॉक डाउन कर दिया। इससे हज़ारों लाखों लोगों को तकलीफ़ हुई। लेकिन चीन में तो युहान में तालाबन्दी हुई तो बाकायदा सेना के हथियारबन्द लोग गये। परिवार के लोगों को जबरन उठाकर लाये और सेना के शिविरों में एक तरह से क़ैद कर दिया था जिसत तरह हिटलर की जर्मन सेना ने यहूदियों को कैंपों में रखा था। सचमुच में भयावह मंज़र रहा होगा। एक ही परिवार के कोरोना पॉजीटिव बुज़ुर्ग अलग कैंप में, बच्चे अलग कैंप में, बच्चों के माँ बाप अलग कैंप में। पीछे से कोई घर में अकेला रह गया तो उसे पानी तक के लिए पूछने वाला कोई नहीं।

यही वजह है कि अमेरिकी राष्ट्रपति ट्रंप लगातार चीन की आलोचना करते रहे। भारत के निशाने पर डब्ल्यूएचओ की कार्यप्रणाली रही तो ट्रंप ने तो डब्ल्यूएचओ से बाहर निकलने की धमकी तक दे डाली। ट्रंप के लिए ऐसा मज़बूत स्टैंड लेना मजबूरी भी है क्योंकि वहाँ इसी साल नवम्बर में चुनाव होने हैं और चीन के बहाने अमेरिकी अस्मिता और राष्ट्रवाद को वह मुख्य मुद्दा बनाने के फेर में है। बड़ा सवाल उठता है कि जब कोरोना वायरस का खात्मा हो जायेगा, जब सब को वैक्सीन लग जायेगा तब क्या चीन से उसकी ज़िम्मेदारी के बारे में सवाल पूछे जायेंगे... आख़िर सवाल किसी देश का नहीं पूरी दुनिया के वजूद का है।

एक अप्रैल 2020

मूर्ख, महामारी, महानायक

आज एक अप्रैल है। फूल्स डे। लेकिन कोई किसी को मूर्ख नहीं बना रहा है। अख़बारों में भी आज के दिन किसी तरह का प्रयोग नहीं किया गया है मसलन अमिताब बच्चन को सूचना प्रसारण मन्त्री बना दिया गया है या भारत सरकार ने इनकम टैक्स ख़त्म कर दिया है या मारुति ने अपनी कारों के दाम पचास फीसद घटा दिये हैं। वग़ैरह-वग़ैरह। टीवी चैनल हों या अख़बार सब कोरोना की ख़बरों से भरे पड़े हैं। मैं पिछले सात आठ दिनों के लॉक डाउन का आकलन कर रहा हूँ। पता नहीं क्यों मुझे ऐसा लगा रहा है कि हर कोई दूसरे को कोरोना के नाम पर मूर्ख बनाने में लगा है। देश हो या विदेश। प्रधानमन्त्री हो या कारख़ाना मालिक।

बीस मार्च को प्रधानमन्त्री घोषणा करते हैं कि 22 मार्च को जनता कर्फ्यू रहेगा। सुबह आठ बजे से शाम पाँच बजे तक। इस दौरान कोई घर से नहीं निकलेगा। शाम पाँच बजे घर की बाल्कनी पर खड़े होकर लोग थाली बजायेंगे। ताली बजायेंगे। क़रीब-क़रीब ऐसा ही होता है। बस गड़बड़ यही होती है कि लोग थाली, ताली बजाते हुए घरों से निकल पड़ते हैं। प्रभात फेरी की तर्ज़ पर संध्या फेरी लगाते हुए। सारा मक़सद ही ख़त्म हो जाता है जनता कर्फ्यू का। मक़सद यही था कि लोग घरों में पूरे 24 घण्टे रहेंगे तो कोरोना की चेन कुछ जगह टूटेगी, लोगों को अहसास होगा कि घरों में रह कर कैसे कोरोना के प्रसार को रोका जा सकता है। लेकिन समझाने वाले ढंग से समझा नहीं पाये और जिनको ताली थाली बजानी थी वह ज़्यादा ही जोश में आ गये मानों पाँच बजे कोरोना से पूरी तरह से मुक्ति मिल गयी हो। कुल मिलाकर कोरोना बहुत चालाक टाइप वायरस है इतना तो समझ में आ रहा है। वायरस को हमला करने का मौक़ा चाहिए और यह मौक़ा उसे मिल गया। हम कोरोना को मूर्ख बनाने चले थे। लेकिन मूर्खता कर बैठे। कोरोना ने हमारी मूर्खता का फ़ायदा उठाया।

टीवी चैनलों पर आज भी मज़दूरों के घर जाने लौटने की कहानियाँ आ रही हैं। लोग कतार में चले जा रहे हैं। रास्ते में दम तोड़ रहे हैं। कोई ट्रेन के नीचे आ रहा है कोई हाईवे पर ट्रकों तले कुचला जा रहा है। ट्रेन चल नहीं रही है। माँग पर माँग हो रही है। 24 मार्च रात आठ बजे घोषणा होती है कि रात बारह बजे से 21 दिन का लॉक डाउन। मैं सोच रहा था कि प्रधानमन्त्री के वह कौन-से सलाहकार थे जिन्होंने ऐसी बेहूदा राय दी होगी। यह सलाहकार किसको मूर्ख बनाने की कोशिश

कर रहे थे। क्या उनको पता नहीं था कि देश में छह से आठ करोड़ लोग ऐसे हैं जिनके पास अपनी कोई छत नहीं है। जो सड़क किनारे फुटपाथ पर सोते हैं, जिस ढाबे में काम करते हैं वहीं उनका बसेरा हो जाता है, जिस बिल्डिंग में काम कर रहे हैं, वहीं रात भी बिताते हैं। अब जब तालाबन्दी में ढाबा बन्द हो जायेगा तो ऐसे लोग कहाँ जायेंगे...क्या खायेंगे...कहाँ सोयेंगे। क्या भारत सरकार के आलादिमाग़ लोग यह अन्दाज़ नहीं लगा पाये कि तालाबन्दी में सूक्ष्म, छोटे मझौले उद्योग बन्द हो जायेंगे तो इनमें काम करने वाले क़रीब 12 करोड़ मज़दूर कहाँ जायेंगे...क्या करेंगे। क्या मकान मालिक किराया माँगना बन्द कर देगा...क्या मालिक बिना काम के तनख़्वाह देना जारी रखेगा...जब लोग घर से निकलेंगे ही नहीं तो रेहड़ी पटरी वाला क्या करेगा। सड़क किनारे बैठे मोचीराम के पास तो धूमिल तक नहीं जा पायेंगे तो मोचीराम का क्या होगा। ई-रिक्शा वाला, ऑटो वाला, मिनी बस वाला, नाई की दुकान चलाने वाला...लिस्ट लम्बी है। इन सब की सम्भावित तकलीफ़ों का ध्यान रख कर कोई ब्लू प्रिंट तैयार क्यों नहीं किया गया। क्यों रैन बसेरा स्टाइल में शरण स्थल नहीं बनाये गये। क्यों मज़दूरों की आधी तनख़्वाह देने जैसे विकल्प पर सोचा नहीं गया। एक पत्रकार के तौर पर जब मैं यह सब सोच सकता हूँ तो प्रशासनिक अनुभव रखने वाले आपदा प्रबन्धन के जानकार ऐसा क्यों सोच नहीं पाये।

दूसरी तरफ़ कारख़ाना मालिकों, ढाबा चलाने वालों, घरों में बाई रखने वालों के बदले रुख पर भी हैरानी होती थी। जिन मज़दूरों ने इतने साल साथ दिया, आपकी तिजोरी भरने में पसीना बहाया उन्हें एक झटके से निकाल दिया। कम-के-कम एक महीना तो साथ में रखते। वहीं फ़ैक्टरी के एक कोने में चूल्हा जलाकर कुछ बना लेते, वहीं कहीं किसी कोने में सो जाते। दिन भर घर के काम करवा सकते थे आप। मज़दूर मना नहीं करते। आधी तनख़्वाह आधी कर देते। लेकिन कुछ ने तो मार्च महीने का भी पूरा वेतन नहीं दिया। आख़िरी के एक हफ़्ते का काट लिया। घरों में मेमसाहबों ने बाइयों को यह कहकर मूर्ख बनाया कि बस कुछ दिनों की बात है। फिर से काम पर आ ही जाओगी। तब तक गाँव ही हो आओ। कुछ पैसे हाथ में ही रख दिये गये होते।

लेकिन सिर्फ़ केन्द्र सरकार को दोष देना ठीक नहीं। राज्य सरकारों ने भी ऐसा ही कुछ किया। अपनी तरह से मज़दूरों को मूर्ख बनाया। दूसरे राज्य के मज़दूरों को अपनी बसों में बैठाया। टिकट भी नहीं लिया लेकिन घर पहुँचाने के बजाय अपने राज्य की सीमा तक पहुँचा कर बसें लौट गयीं। मज़दूर सीमा पर तकलीफ़ें उठाने के लिए छोड़ दिये गये। उधर उस राज्य विशेष की सरकार ने मज़दूरों को उनके घर तक

पहुँचाने की कोई व्यवस्था नहीं की। कुल मिलाकर मंटो की कहानी 'टोबाटेक सिंह' याद आ गयी। मज़दूरों की हालत 'टोबाटेक सिंह' जैसी हो गयी जिसे समझ में नहीं आ रहा कि वह किस राज्य का है। जहाँ से निकला या जिस राज्य में मज़दूरी की।

हैरानी की बात है कि कोरोना काल में ही पता चला कि राज्य सरकारों को इस बात की पुख़्ता जानकारी तक नहीं है उनके यहाँ के कितने मज़दूर बाहर काम करते हैं। किस राज्य में कितने काम करते हैं। चुनाव आता है तो नेताओं को सब पता होता है कि उनके निर्वाचन क्षेत्र में कितने मतदाता हैं, किस-किस जाति के कितने हैं, किसके वोट पक्के हैं और किसके वोट बिल्कुल ही मिलने वाले नहीं हैं। तब प्रवासी मज़दूरों को भी वोट के लिए गाँव आने का रेल टिकट सहित निमन्त्रण भेजने से नहीं चूकते। लेकिन कोरोना में यही प्रवासी वापस आना चाह रहे हैं तो लाने को तैयार नहीं हैं क्योंकि अभी कोई चुनाव नहीं है। अगले छह महीने कोई चुनाव होने वाला भी नहीं है।

ऐसा लग रहा था कि महामारी के समय भी पूरा देश अलग-अलग तरह से सोच रहा है। वैसे भी 24 मार्च को जब मोदी जी ने देश व्यापी लॉक डाउन की घोषणा की थी तब तक 22 राज्य अपने अपने स्तर पर तालाबन्दी की घोषणा कर चुके थे। यहाँ भी बिना कोई होमवर्क किये। आख़िर किस तरह का समाज होता जा रहा है यह। होना तो यह चाहिए था कि सरकार का होमवर्क पूरा होना चाहिए था उसके बाद लॉक डाउन किया जाता। यूरोप के कई देशों की सरकारों ने प्राइवेट नौकरी करने वालों का आधा वेतन अपनी तरफ़ से दिया। क्या हमारे यहाँ ऐसा कुछ नहीं हो सकता था। हमारे यहाँ तो प्रधानमन्त्री मोदी ने अपील कर दी कि उन्हें विश्वास है कि दु:ख की घड़ी में कारख़ाना मालिक या कॉल सेंटर वाले कर्मचारियों को नौकरी से निकालेंगे नहीं। अब भले ही लोग मोदी भक्त हों लेकिन जब ख़ुद की जेब पर भार पड़ता नज़र आता है तो भक्ति हाशिये पर चली जाती है। प्रधानमन्त्री जी, लोग इतने भी मूर्ख नहीं है कि आपके कहने पर नौकरी से छँटनी बन्द कर देंगे।

सोच रहा हूँ कि इस बार का 'अप्रैल फूल डे' क्या यही सब सोचने में निकल जायेगा। अमेरिका में चुनाव हैं। ट्रंप अपनी तरह से मूर्ख बनाने में लगे हैं। उनकी हार पक्की मानी जा रही है तो कोरोना काल में भारत चले आये। 'नमस्ते ट्रंप' में। फिर चीन को गलियाने में लग गये। उतना समय अमेरिका में कोरोना से निपटने में किया होता तो कुछ लोगों की जान बचायी जा सकती थी। मास्क न ख़ुद पहना न ही किसी को पहनने पर ज़ोर दिया, जबकि चेकोस्लोवाकिया देश का उदाहरण हमारे सामने हैं जहाँ कोरोना को मास्क ने ही फैलने से रोका। वहाँ के एक स्थानीय

अख़बार में एक दिलचस्प ख़बर छपी थी। प्राग में तरणताल में नग्न नहाने की छूट है। वहाँ एक विवाहित जोड़ा नग्न नहा रहा था लेकिन पुलिस ने पकड़ लिया और जुर्माना कर दिया। पकड़ा इसलिए नहीं कि नग्न नहा रहे थे बल्कि इसलिए कि नहाते समय मास्क नहीं पहना हुआ था। इस ख़बर को पढ़ कर हँसी भी आयी और सोचने के लिए भी मजबूर हुआ। मोदी सरकार की वित्त मन्त्री निर्मला सीतारमण अपनी तरह से मूर्ख बनाने में लगी हैं। उन्हें आर्थिक मन्दी शब्द से एतराज़ है। मीडिया से कहा जा रहा है कि आर्थिक सुस्ती लिखा जाये या बोला जाये। आर्थिक मन्दी नहीं। वैसे अपनी जगह यह बात इसलिए सही है कि जीडीपी का डाटा आया नहीं है। लेकिन आर्थिक सुस्ती कोरोना काल के कारण ही आयी है। ऐसा आभास दिया जा रहा है, जबकि सच्चाई यही है कि साल 2018-19 की चौथी तिमाही के बाद से ही विकास दर गिरनी शुरू हो गयी थी। तब यह दर 6.7 फीसद थी। यह साल 2019-20 की पहली तिमाही में गिरकर 5.2 फीसद पर आ गयी। अगली तिमाही में यह 4.4 प्रतिशत रही। तीसरी तिमाही मे और ज़्यादा गिरवाट देखी गयी। यह 4.1 प्रतिशत रही। और चौथी तिमाही में तो यह घटकर 3.1 फीसद ही रह गयी। अब सभी जानकार कह रहे हैं कि साल 2020-21 की पहली तिमाही में विकास दर शून्य से नीचे रहेगी यानी माइनस में। कितनी रहेगी यह देखना बाक़ी है। लेकिन वित्त मन्त्रालय से रिजर्व बैंक अपना अलग राग अलाप रहा है। आँकड़ों से न तो ज़िन्दगी चलती है और न ही पेट भरता है। ग़रीब भूखे आदमी को दो रोटी चाहिए विकास दर बढ़ने की उम्मीद हाजमौला का काम नहीं करती।

सरकार डीबीटी-डीबीटी कह कह के मूर्ख बना रही है। डीबीटी यानी डायरेक्ट बैंक ट्रांसफ़र। पैसा सीधे आपके बैंक खाते में। सरकार कह रही है कि महिलाओं के जन धन खातों में पैसा डाला जा रहा है। सरकार कह रही है कि किसानों को दो हज़ार रुपये की अगली किस्त डीबीटी के जरिये दी जा रही है। (किसान सम्मान निधि जिसके तहत सरकार किसानों को तीन किस्तों में कुल छह हज़ार रुपये सालाना देती है।) उधर रघुराम राजन जैसे अर्थशास्त्री कह रहे हैं कि यह समय डीबीटी का नहीं है। यह समय अनाज के भण्डार खोल देने का है। यह समय लोगों के घर तक अनाज पहुँचाने का है। एफसीआई के गोदामों में ज़रूरत के बफर स्टाक से तीन गुना ज़्यादा गेहूँ और चावल पड़ा है। खुले में भीग रहा है। चूहों का भोजन बन रहा है। उस अनाज पर पहला हक हज़ार किलोमीटर पैदल चल कर आये मज़दूर का है। उस अनाज पर पहला हक ढाबा बन्द होने से सड़क पर आये कारीगर का है। उस अनाज पर पहला हक नौकरी खो चुके मिस्त्री बेलदार का है।

2 अप्रैल 2020

छत पर मैराथन

सुबह पाँच बजे उठ गया। रात दस बजे सोया था। सात घण्ट की नींद काफी होती है। वैसे और सोता अगर नीम के पेड़ पर चिड़िया का झुण्ड यूँ नहीं चहचहाता। इन दिनों चिड़ियों की संख्या भी बढ़ गयी है और प्रकार भी।

छह बजे छत पर था। टी शर्ट, शार्ट्स, स्पोर्ट्स शू में। दरअसल पिछले आठ दिनों से छत पर कसरत दौड़ भाग का सिलसिला शुरू किया था। अब जाकर रिदम में आया था। दो-दो किलो के दो डम्बल, पाँच-पाँच किलो के दो डम्बल और साढ़े सात साढ़े सात किलो का एक डम्बल। साथ में क़रीब तीन किलो की गेंद। इन सब की मदद से वेट ट्रेनिंग भी कर रहा था। वार्म-अप के बाद कभी टहलने और पाँच मिनट बाद दौड़ने से वर्जिश का सेशन शुरू होता तो कभी डम्बल उठाने के साथ। हाँ दोनों ही सूरत में वार्म-अप ज़रूरी था। वार्म-अप यानी शरीर को खोलना। अंग अंग की अकड़न दूर करना। गरदन दायें-बायें और ऊपर नीचे हिलाना, बाँहों को सीध तक में उठाना, टाँगों को फैलाना, जोड़ों को दबाना आदि-आदि। दो-दो किलो के डम्बल एक एक हाथ में लेकर बाँहों की सीध में उठाना धीरे-धीरे। अगली बाँह बाँहों को सामने की तरफ़ ले जाना। यह सिलसिला कम से कम तीस बार दोहराना। इसके बाद बारी आती पाँच-पाँच किलो के डम्बल की। एक हाथ में एक। दोनों बाँहें कन्धे तक उठाना और फिर नीचे। ऐसा पाँच बार करने के बाद ही कन्धों में दर्द सा शुरू हो जाता लेकिन मैं हिम्मत नहीं हारता। हर हाल में 15 बार तो करना ही है यह मेरा मिशन रहता। एक बार 15 पूरे हो जाते तो अगला लक्ष्य 20 का तय किया जाता। हफ़्ता भर पहले मैं मुश्किल से 15 तक पहुँच रहा था रोते तड़पते हुए लेकिन आज तीस प्लस आसानी से कर लेता हूँ।

पाँच किलों के एक डम्बल को दोनों हाथ से उठाना। कानों के पास से सिर के ऊपर ले जाना। वहाँ से पीछे-पीछे पीठ की तरफ़। फिर ऊपर ले जाना सिर के ऊपर। यह क्रम 15 बार से शुरू किया था। अब कभी-कभी जोश में आकर पचास तक एक बार में कर लेता हूँ। यह सारी डम्बल वाली कसरत कमरे में किया करता था। अब बारी आती पलंग का सहारा लेने की। पलंग पर झुकना एक हाथ पलंग पर रखते हुए पीठ के बल। दूसरे हाथ में पाँच किलों का डम्बल (बाद में साढ़े सात किलों के डम्बल से भी) नीचे जमीन की तरफ़ लाना और फिर कान के बग़ल से ऊपर आसमान की तरफ़ ले जाना। यह सिलसिला भी 15 से शुरू होकर अब एक

बार में पचास साठ को पार कर चुका था। एक बार पूरा होने पर पलंग पर पोजीशन बदलना। अब दूसरा हाथ पलंग पर और दूसरे हाथ में डम्बल हवा में झूलता हुआ। आसमान से नीचे ज़मीन पर आता हुआ और फिर आसमान की तरफ़ जाता हुआ।

इस तरह की कसरत में पेट पर भी खिंचाव पड़ता था जो आपको ख़ुद को भी महसूस पड़ता था। इसी तरह कुर्सी पर बैठना। डम्बल एक हाथ में लेना और हाथ को नीचे से ऊपर की तरफ़ लाना। एक हाथ के साथ कम से कम तीस चालीस बार। फिर दूसरे हाथ में डम्बल और डम्बल की ज़मीन से आसमान तक की सैर। डम्बल पलंग पर लेट कर भी उठाये जाते। सिर पलंग के एक छोर पर होता, दोनों हाथों से एक डम्बल पकड़ता, पहले ठीक सर के ऊपर ले जाता, फिर धीरे-धीरे नीचे लाता, पलंग के साथ-साथ नीचे जमीन पर। साँस अन्दर लेकर डम्बल नीचे लाया जाता और कुछ सेकेंड इसी पोजीशन में रहने के बाद साँस छोड़ते हुए डम्बल को दोबारा सिर के ऊपर ले जाता आसमान पर। यह सिलसिला भी 15 से शुरू हुआ था और अब आसानी से सौ तक पहुँच गया था। अब दोनों हाथ में डम्बल लेकर लेटे-लेटे हाथ सिर के ऊपर लेकर आता। यहाँ से आगे पेट की तरफ़ दोनों हाथ में डम्बल। साँस अन्दर लेने के साथ। साँस छोड़ते हुए दोनों हाथ ठीक सिर के ऊपर। अब दोनों हाथ साँस अन्दर खींचने का साथ पीछे की तरफ़, जहाँ तक जा सकते। कुछ देर उसी पोजीशन में रहने के बाद साँस छोड़ते हुए हाथ ठीक सिर के ऊपर। साँस अन्दर लेते हुए फिर आगे की तरफ़...यह सिलसिला तीस बार से पचास बार तक चलता। एक ही गो में यह सब करने पर साँस चढ़ जाती। मैं हाँफने लगता। कन्धों में अजीब सा दर्द होता मीठा मीठा सा।

कुछ देर कमरे में यूँ ही सुस्ताने और पानी के दो घूँट पीने के बाद छत पर आता। कुछ देर साँसों को नियन्त्रण में करने के इरादे से टहलता। छत लम्बी चौड़ी थी। क़रीब चालीस फीट लम्बाई और बीस फीट की चौड़ाई। चहारदीवारी के साथ-साथ चक्कर काटता। छत पर लोहे की सीढ़ियाँ थी जो ऊपर टैरेस तक जाती थी। बीस सीढियाँ। मैं धीरे-धीरे छत पर दौड़ता। चहारदीवारी के साथ-साथ। गिनते हुए एक दो तीन...चालीस...पचास यानी एक चक्कर पचास बार की गिनती के साथ पूरा होता। आमतौर पर ढाई चक्कर में सौ तक बोल पाता। मैंने हिसाब लगाया कि पाँच सौ बार बोलने में क़रीब चार मिनट पूरे होते हैं। तो हज़ार पर नौ मिनट। डेढ़ हज़ार बोलने पर छत के तीस बत्तीस चक्कर पूरे कर चुका होता था। और 13-14 मिनट का समय इसमें लगता था।

मैं 21 मिनट दौड़ने की शुरू में कोशिश करता। 21 मिनट इसलिए कि तालाबन्दी 21 मिनट की थी। कभी-कभी 18 मिनट बाद थक जाता तो ज़बरदस्ती

तीन मिनट और दौड़ता ताकि किसी भी तरह 21 मिनट हो जाये। मन-ही-मन कहता कि अगर मैं 21 मिनट दौड़ा तो 21 दिन बाद तालाबन्दी पूरी तरह से हट जायेगी और लोगों को कोरोना से भी बड़ी राहत मिल जायेगी। कुल मिलाकर 21 मिनट का टोटका ही था जो मेरे काम आ रहा था। मैं सोचता कि यह 21 मिनट का लक्ष्य कैसे मनोवैज्ञानिक असर डालता है। फिर मैंने इसे एक दिन मोदी की रणनीति से जोड़ना शुरू किया। 2022 में जब आजादी के 75 साल पूरे होंगे तो सबके पास घर होगा, सबके घर में गैस कनेक्शन होगा, सबके घर बिजली होगी वग़ैरह-वग़ैरह और वग़ैरह या हम 180 दिनों में 1800 गाँव में बिजली पहुँचायेंगे। या सौ दिन में सौ काम पूरे करेंगे या रोज़ तीस किलोमीटर सड़क बनायेंगे। या हज़ार दिन में हज़ार करोड़ की परियोजना पूरी हो जायेगी जिससे दस हज़ार लोगों को फ़ायदा मिलेगा। वैसे एक न एक लक्ष्य निर्धारित कर लेने से फ़ायदा होता है।

मैं अपनी बात बताता हूँ। साल 2003 की। तब मैं जयपुर में 'आज तक' चैनल में राजस्थान का ब्यूरो चीफ़ था। मेरा वजन तब 106 किलो तक पहुँच गया था। एक दिन किसी दोस्त के यहाँ पत्नी सहित गया तो दोस्त की पत्नी ने टोक दिया। अरे विजय, तुम तो सीमा (पत्नी) के बाप जैसे लगने लगे हो। पता नहीं क्यों बात खटक गयी। बुरी तरह खटक गयी। अब यह पुरुषवादी सोच थी या फिर बेडौल शरीर को लेकर की गयी झन्नाटेदार टिप्पणी कह नहीं सकता। मैंने जयपुर के सेंट्रल पार्क जाना शुरू किया। साढ़े चार किलोमीटर का मिट्टी का शानदार ट्रैक है। इससे ख़ूबसूरत ट्रैक मैंने कभी कहीं दूसरे शहर में नहीं देखा। ख़ैर, पहले दिन बड़ी मुश्किल से पूरा चक्कर पूरा कर पाया। समय लगा पचास मिनट से भी ज़्यादा। शाम को घुटने दुखने लगे। पिण्डलियों में दर्द होने लगा। लेकिन मैं अगले दिन फिर शाम को ट्रैक पर था। एक किलोमीटर के बाद लगा कि अब आगे चला नहीं जायेगा। तो मैंने तय किया कि बस उसे बिजली के खंभे तक चलता हूँ वहाँ से वापस लौट लूँगा। जहाँ तक पहुँचा तो तय किया वहाँ जो घोड़े खड़े हैं (दरअसल वहाँ रामबाग पोलो क्लब भी है जहाँ घोड़े रोज़ ही दिखते हैं) वहाँ तक चलता हूँ। आगे चला नहीं गया तो लौट लूँगा। वहाँ पहुँचा तो तय किया कि अगले शिव मन्दिर तक चलता हूँ। वहाँ तक नहीं चला गया तो शिव मन्दिर के बाहर बाहर जाने का रास्ता खुलता है नारायणसिंह सर्किल की तरफ़। वहाँ से ऑटो लेकर दफ़्तर चला जाऊँगा। मन्दिर पार किया तो फिर नयी मंज़िल का लक्ष्य रखा। वह मंज़िल फिर तय की। तीन चार दिन यह दौर चला। उसके बाद घुटनों का दर्द गायब हो गया। पिण्डलियों की ऐंठन जाती रही। मैं अब साढ़े चार किलोमीटर 35 मिनट में पूरा करने लगा।

महीने भर बाद मेरा वज़न 99 पर आ गया था। सौ से भी कम। चेहरे पर से चर्बी ग़ायब हो गयी थी। डबल चिन से क़रीब-क़रीब मुक्ति मिल गयी थी। और उसके बाद एक दिन ऐसा भी आया कि मैंने पूरे साढ़े चार किलोमीटर जोगिंग की। समय लिया 28 मिनट। एक बार तो पूरे दो चक्कर दौड़ा यानी नौ किलोमीटर। वह भी 54 मिनट में। तो कहने का मतलब है कि तय कर लो ठान लो तो मंज़िल मिल ही जाती है। इसलिए कोरोना को हराना है, हर हालत में हराना है, मास्क पहनना है, दो गज की दूरी बनानी है, फालतू में घर से बाहर नहीं निकलना है, भीड़ से बचना है, थूकना नहीं है। यह सब हम सब तय कर लें तो फिर बात ही क्या है।

ख़ैर, वापस आते हैं कोरोना काल में छत पर। दौड़ने के क्रम को कई बार तोड़ता। उसमें बदलाव करता। एक चक्कर दौड़कर काटना है। फिर सीढ़ियाँ चढ़ जाना है। सीढ़ियों से उतरना है और फिर एक चक्कर दौड़ना है। यह मुश्किल काम था लेकिन यहाँ भी मोदी का टोटका काम आता। किसी भी तरह 21 मिनट का लक्ष्य हासिल कर ही लेता। शुरू के कुछ दिन यह सिलसिला चला। फिर मुझे एक दिन ख़याल आया कि छत पर क्या मैराथन दौड़ी जा सकती है। पूरी मैराथन तो 42 किलोमीटर से कुछ ज़्यादा होती है लेकिन हॉफ मैराथन 21 किलोमीटर ही होती है। मैं कोरोना काल से पहले सुबह-सुबह पार्क में दौड़ने जाया करता था। वहाँ मैंने कई बार नापा था कि हल्की जोगिंग करते हुए भी मैं क़रीब आठ मिनट में एक किलोमीटर पूरा कर लेता हूँ। वैसे एक वक़्त मैं सात मिनट से ज़्यादा नहीं लिया करता था। तो छत पर अगर मैं 21 मिनट दौड़ रहा हूँ तो क़रीब-क़रीब ढाई किलोमीटर दौड़ रहा हूँ। इस हिसाब से मैं पिछले सात दिनों में 17 किलोमीटर दौड़ चुका हूँ।

इस गणना से इतना ख़ुश हुआ कि अगले कुछ दिन सिर्फ़ दौड़ने में ही लगाये। अब मैं 21 की जगह चालीस मिनट तक दौड़ रहा था। कभी-कभी तो पचास मिनट तक़। पसीने से भीग जाता, घुटने कभी-कभी जवाब देने लगते लेकिन दौड़ता रहता। यानी अब रोज़ चार से पाँच किलोमीटर छत पर दौड़ लगा रहा था। एक बेहद मोटा मोटा अनुमान है यह। छत पर दौड़ने और मैदान में दौड़ने या ट्रेडमिल पर दौड़ने में ज़मीन आसमान का अन्तर है। लेकिन छत पर दौड़ने का सुखद अहसास था जो दिन भर ख़ुश रहने के लिए ज़रूरी था।

मेरा वजन 95 किलो से कम होकर क़रीब-क़रीब 89-90 पर आ गया था। पेट अन्दर जा रहा था। सीना बाहर निकल रहा था। पीठ सीधी होती जा रही था। तन कर खड़ा रहने लगा था। पहले कुछ झुका-झुका-सा रहता था। चेहरे पर नूर आ गया था (ऐसा पत्नी का कहना था)। चेहरा अब टीवी पर भी कुछ पतला-पतला

नज़र आने लगा था। रोज़ सुबह वज़न की मशीन पर खड़ा होता और काँटा 90 के आसपास आकर काँपने लगता। ऐसा नहीं है कि मेरा वज़न इससे पहले कम नहीं हुआ था। एक साल पहले मैं बड़ी महेनत कर इसे 87 तक ले गया था। यार दोस्तों का कहना था कि क़रीब छह फीट ऊँचाई और 56 साल की उम्र में 85 से 90 के बीच वज़न ठीक ही है। मुझे लगता कि 80-82 हो जाये तो कितना अच्छा हो। कम से कम घुटनों पर तो दबाव कम रहेगा, घुटने कम वज़न को झेलेंगे तो ज़्यादा चलेंगे।

मेरी तरह और लोग भी छत पर होते हालाँकि मेरी पत्नी का कहना था कि मेरी देखादेखी लोग छतों पर आ रहे है। पहले इतने लोग दिखते नहीं थे। कोई छत पर बच्चों के साथ क्रिकेट खेल रहा होता तो कोई योग कर रहा होता। कोई छत पर चटाई बिछा कर कपालभाती करता नज़र आता तो कोई दण्ड पेलता। कहीं बैडमिंटन का खेल चल रहा होता तो कोई मेरी तरह दौड़ लगा रहा होता। महिलाओं की संख्या कुछ ज़्यादा ही बढ़ गयी थी। पत्नी छेड़ती कि विजय जी, आप प्रेरणा का काम कर रहे हैं। मैं शरमा ज़ाता और चोर नज़रों से महिलाओं को देख लेता जो टहल रही होती। एक छत पर माँ बेटी रस्सी एक साथ कूद रही थी। कुछ दिन पहले ही बेटी नाराज़ होकर घर छोड़ गयी थी होस्टल में रहने। साथ-साथ रस्सी कूदते देखना सुखद अहसास था। यहाँ माँ बेटी में से कोई ग़लती करता तो दूसरा नाराज़ होने के बजाय हँस पड़ता। माँ कहती क्या सुमन तुमसे इतना भी नहीं होता। रस्सी नहीं कूद पा रही तो ज़िन्दगी के गड्ढों के पार कैसे कूदोगी। हल्के से उलाहने के बाद फिर हँसी। कोरोना रिश्तों को नया मोड़ दे रहा था। छत पर क्रिकेट खेलने वालों की गेंद पड़ोसी के यहाँ गिर जाती तो पड़ोसी उसे उठाकर छत पर उछाल देते। आपस में एक दूसरे का अभिवादन करते हुए। एक बार तो नीचे चाय पी रहे बुज़ुर्गवार के पास गेंद अचानक गिरी तो वह चौंक गये। प्याला छलक गया। गिरते-गिरते बचा लेकिन वह नाराज़ नहीं हुए। अपने बच्चों से कह कर गेंद वापस भिजवा दी। पत्नी ने याद दिलाया कि कैसे तीन साल पहले दोनों घरों के बीच बीच की बाउंड्री वॉल को लेकर झगड़ा हुआ था और लोकल थाने की पुलिस को दख़ल देना पड़ा था।

पड़ोसी जिस ढंग से पड़ोसियों से पेश आ रहे थे यह सब देखकर यात्रा के अलग-अलग प्रसंग याद आते। आप बस में सफ़र करो तो साथ बैठे सहयात्री का बातचीत का तरीक़ा अलग होता। एक दूसरे को घुटना लग जाये या ऊपर से सामान उतारते हुए सहयात्री को किनारा लग जाये तो कोई माफ़ी नहीं माँगता। (आमतौर पर)। यही हाल ट्रेन में भी होता है। माफ़ी करना या सॉरी बोला भी जाता है तो भी मशीनी अन्दाज़ में। चेहरा पर बिना कोई भाव लाये। लेकिन आप हवाई जहाज़ में

सफ़र करो तो ज़बान ही बदल जाती है। बात-बात पर एक्सक्यूज मी, थैंक यू, यू वेलकम, सॉरी...बार-बार यह शब्द और मुस्कराते हुए। जवाब भी मुस्कराते हुए आता है। पता नहीं क्यों आपको यह तुलना पसन्द आयेगी या नहीं लेकिन मुझे तो ऐसा ही अहसास होने लगा था जब ग़ुस्सा करने के बजाय बुज़ुर्गवार ने चाय के प्याले के टूट जाने की आशंका को नज़रअन्दाज़ कर गेंद पोते के हाथ वापस छत पर भिजवा दी थी। सभी मध्यवर्गीय लोग थे। सभी अपने अपने सुख-दुख के बीच झूल रहे थे। किसी के यहाँ लड़की सयानी हो गयी थी और किसी की लड़की लड़ झगड़ कर ससुराल से मायके वापस आ गयी थी। किसी को अपनी दुकान बन्द रखनी पड़ी थी तो किसी की नौकरी जाती रही थी। किसी का धन्धा बैठ गया था तो कोई लगातार घर बैठे बैठे झल्लाने की हालत में था। लेकिन कोरोना सबको बदल रहा था। संयमशील बना रहा था। क्षमा करना सिखा रहा था। आपस का प्यार बढ़ा रहा था। बुरे दिन एक साथ मिलकर काटेंगे तो कट ही जायेंगे की सोच हवा में तैर रही थी। कोरोना के वायरस के साथ-साथ। मैं यह सब देखता तो और ज़्यादा प्रेरित होता और नये उत्साह के साथ दौड़ने लगता। छत पर मैराथन पूरी जो करनी थी।

तीन अप्रैल

9 बजे 9 मिनट भाग एक

सुबह से ही नौ बजने का इन्तज़ार था। प्रधानमन्त्री मोदी सुबह नौ बजे देश के नाम सन्देश देने वाले थे। रात आठ बजे सन्देश देकर देश को हैरानी में डालने वाले प्रधानमन्त्री ने इस बार सुबह नौ बजे का समय चुना था। जाहिर है कि कुछ हैरान करने वाला ही होगा। एक बार रात आठ बजे नोटबन्दी की घोषणा की थी और एक बार रात आठ बजे तालाबन्दी की। आज सुबह क्या फिर कुछ बन्दी होगी या फोर ए चेंज कुछ खुलेगा। अलग-अलग चैनलों पर बदल-बदल कर देखा। कुछ समझ में नहीं आया। सब के सब पतंगबाज़ी करने में लगे थे अपनी जान बचाते हुए। कोई कह रहा था कि सन्देश छोटा होगा। कोई कह रहा था कि परम्परा तो यही बताती है कि सन्देश लम्बा होगा। वैसे देखो सब प्रधानमन्त्री पर ही निर्भर करता है। कोई कह रहा था कि कोरोना पर कुछ अन्य कठोर क़दमों की घोषणा सम्भव है। कोई कह रहा था कि राहत की ख़बर सुबह-सुबह मोदी जी सुनायेंगे। कोई कह रहा था कि लॉक डाउन पर बिल्कुल भी बात नहीं होगा। कोई कह रहा था कि लॉक डाउन पर ही बात होगी। अब चैनल वालों का इसमें कोई कुसूर नहीं। आपके दिमाग़ में

जितने सवाल आ रहे थे सब गिना दिये। नौ बजने तक कुछ तो चलाना है, कुछ तो बताना है। वैसे लॉक डाउन किस्तों में खुलने की बात नयी थी लेकिन अरुणाचल के मुख्यमन्त्री ट्वीट कर इसे जगजाहिर कर चुके थे। दरअसल एक दिन पहले ही प्रधानमन्त्री ने वेब के जरिये देश भर के मुख्यमन्त्रियों से बात की थी और उस के बाद ही मुख्यमन्त्री खाँडू ने यह खुलासा किया था। मेरा अपना अनुमान था कि कोरोना से बचाव का कोई नारा होगा तुकबन्दी वाला।

चैनलों का निचोड़ बता रहा था कि यह भी नहीं, वह भी नहीं। यह भी सम्भव। वह भी सम्भव। तो सवाल उठ रहे थे कि आख़िर क्या बोलेंगे मोदी। 24 मार्च की रात जिस ढंग से आठ बजे घोषणा हुई थी कि रात 12 बजे से 21 दिन का लॉक डाउन शुरू होता है उसके बाद जिस ढंग से मज़दूरों का रैला सड़कों पर निकला था जो तकलीफ़ें हुई थीं, जो अफ़रा-तफ़री फैली थी उस पर क्या बात तक नहीं होगी। क्या वाहवाही ही लूटी जायेगी कि हमने महिलाओं के जन धन खातों में पैसा डाल दिया है, वृद्धावस्था पेंशन की तीन किस्ते अग्रिम जमा करा दी गयी हैं, मनरेगा मज़दूरों को उनकी मज़दूरी का अग्रिम भुगतान का सिलसिला शुरू हो गया है। यह सब भी नहीं तो फिर क्या।

ज़रूर कुछ चौंकाने वाला होगा। जो चौंकाने वाला होगा उसके लिए अभी से क्या उतावला होगा। पूरे देश के साथ मैं भी चौंक जाऊँगा यह सोच कर छत पर आ गया। जमकर कसरत की। चाय पी। अख़बार पढ़े। और 9 बजे का इन्तज़ार किया। घोषणा हुई कि पाँच अप्रैल को रात 9 बजे लोग 9 मिनट के लिए घर की सारी लाइट बन्द कर दें। छत पर या बाल्कनी में आ जायें। मोमबत्ती जलायें। दीया जलायें। टॉर्च को ऑन करें। कुछ नहीं है तो मोबाइल की लाइट जलायें। कुल मिलाकर उजाले की एकजुटता से कोरोना को डराना है और अन्तत परास्त करना है। पहली प्रतिक्रिया यह रही कि कोई प्रतिक्रिया नहीं रही। चेहरे पर हल्की-सी मुस्कान आयी और चली गयी। सच कहूँ तो जुमला जैसा लगा। फिर सोचा कि चलो कम-से-कम इससे किसी को नुकसान तो नहीं होगा। किसी को शहर छोड़ गाँव तो नहीं जाना पड़ेगा। पैदल-पैदल।

इस बीच आँकड़े देखे जो चौंकाने वाले थे। 23 मार्च तक हर तीन दिन में कोरोना मरीज़ दुगुने हो रहे थे। 29 मार्च तक हर पाँच दिन में कोरोना मरीज दुगुने हो रहे थे। तीन अप्रैल तक हर तीन दिन में कोरोना मरीज दुगुने हो रहे थे। लॉक डाउन नहीं होता तो संख्या पाँच हज़ार को पार कर चुकी होती। लेकिन तालाबन्दी के बाद

हम फिर तालाबन्दी की स्टेज पर आते दिख रहे थे। सवाल उठता है तालाबन्दी का मक़सद हासिल हो रहा था या नहीं। ख़ैर, देश में इस पर बहस नहीं हो रही थी। चैनलों पर तो ख़बर यही थी कि मोदी जी का नया मास्टरस्ट्रोक सामने आया है। 9 बजे 9 मिनट वाला। किसी चैनल ने चला दिया कि सुबह 9 बजे, 9 मिनट का भाषण जिसमें 9 बजे 9 मिनट बत्ती बुझाना। मैं सोच रहा था कि कोरोना के ख़िलाफ़ टॉस्क फोर्स ज़रूरी है या यह 9 का टॉस्क। इसी बहाने लगा कि कोरोना के बाद प्रधानमन्त्री के चार देश के नाम सन्देशों का अध्ययन किया जाये और उस पर अनकट बनाया जाये।

पहला सन्देश 20 मार्च को दिया। इसमें कहा गया कि लोग 22 मार्च को सुबह आठ बजे से शाम पाँच बजे तक जनता कर्फ्यू का पालन करें और पाँच बजे ताली थाली बजायें। 22 मार्च को लोग सड़कों पर आ गये, प्रभात फेरी स्टाइल में थाली बजाने लगे गली मोहल्लों में घूमते हुए। दूसरा सन्देश 24 मार्च को आया जिसमें 21 दिन की तालाबन्दी की घोषणा की गयी। तीसरा छोटा-सा सन्देश था जिसमें शहर से पलायन कर गाँव जा रहे लोगों से सहानुभूति व्यक्त की गयी थी। तकलीफ़ों के लिए अफसोस जताया गया था। चौथा था 9 बजे 9 मिनट वाला। साफ़ है कि प्रधानमन्त्री मोदा का काम करने का, चौंकाने का, हैरान करने का अपना तरीक़ा है। अब इसकी कोई लाख आलोचना करे लेकिन मोदी जी को छटाँक भी फ़र्क़ नहीं पड़ता।

नोटबन्दी के समय भी ऐसा ही हुआ था। सारा देश जानता है कि यह ग़लत फ़ैसला साबित हुआ। हो जाता है ऐसा कभी-कभी। हमसे कोई भी ख़ुदा नहीं है। लेकिन हमारे यहाँ ग़लती होने पर माफ़ माँगने का संस्कार है। जैन धर्म के अनुयायी तो हर साल क्षमा दिवस मनाते हैं जिसमें वह साल भर ग़लती से भी हुई ग़लती के लिए अपने रिश्तेदारों, यार दोस्तों, जानने वालों और अनजान लोगों से भी माफ़ी माँगते हैं। मुझे लगता है कि यह बहुत ही स्वस्थ परम्परा है जिसे दुनिया अपना ले तो युद्ध होने ही बन्द हो जायें। दुनिया की क्या बात करें यहाँ तो भारत में ही जैन धर्म के बाहर इसको अपनाने वाले तैयार नहीं दिखते। नोटबन्दी पर ग़लती होने की बात पर आज तक देश से माफ़ी नहीं माँगी गयी है। जिन सौ सवा सौ लोगों ने लाइन में खड़े होकर जान दे दी उनके परिवार वालों तक भी सरकार ने पहुँचने की कोशिश नहीं की है। उल्टे तब भी प्रधानमन्त्री ने पचास दिन देश से माँगे थे हाथ जोड़ते हुए।

आज जब वह 9 बजे 9 मिनट का नया टास्क दे रहे हैं तब भी अख़बार पटे पड़े हैं ऐसी ख़बरों से कि डॉक्टर कह रहे हैं कि एन-95 मास्क की भारी कमी है।

बिना पीपीई किट के कोरोना प्रभावित इलाक़ों में जाना पड़ रहा है। कामचलाऊ किट पहन डॉक्टर और नर्स जैसे-तैसे पॉजीटिव केसों का इलाज कर रहे हैं। सैनिटाइज़र की कालाबाज़ारी हो रही है। निजी अस्पतालों ने लूट का अड्डा बना दिया है। सरकार अस्पतालों में सुविधाओं का घनघोर अभाव है। ख़ासतौर से छोटे शहरों और क़स्बों में। डॉक्टर चिन्ता व्यक्त कर रहे हैं कि कोरोना पीड़ितों की तादाद इसी तरह बढ़ती रही और लोग इसी रफ़्तार से मुख्य शहरों में इलाज के लिए आते रहे तो हालात बेक़ाबू भी हो सकते हैं। आख़िर किसी को नहीं पता कि वायरस के फैलने का सिलसिला कब तक चलेगा। ख़ैर, मोदी जी की यही स्टाइल है। उन्हें कोई फ़र्क़ नहीं पड़ता। वह जानते हैं कि उनकी आलोचना करने वालों की संख्या इतनी कम है कि यह पूरा वर्ग एक साथ ख़िलाफ़ वोट दे तो भी मोदी या बीजेपी को चुनाव हरवा नहीं सकता। ग़रीब के लिए जनधन योजना, उज्ज्वला योजना, बिजली घर-घर पहुँचाना, पीएम आवास योजना, पीएम फ़सल बीमा योजना...इतना कुछ किया है कि वह वोट देता रहेगा। सबसे बड़ी बात है कि यह ग़रीब वर्ग न तो टीवी चैनल देखता है और न ही अंग्रेज़ी अख़बार पढ़कर अपनी राय बनाता है। मुस्लिम वोट का साथ मिलना नहीं है और बीजेपी को अब उसकी ज़रूरत भी नहीं है। ध्रुवीकरण में इसका समाधान तलाश लिया गया है। 15 फीसद मुस्लिम वोटों की जगह 80 फीसद हिन्दुत्व से ओत-प्रोत वोट मिल रहा हो तो यह सौदा ज़्यादा सस्ता है।

मोदी जी जानते हैं कि चिन्ता करनी है सिर्फ़ मिडिल क्लास की और अपर मिडिल क्लास की। यह वर्ग चुनाव हराने जिताने की क्षमता रखता है, सोशल मीडिया पर सक्रिय रहता है, छवि बनाने चमकाने या बिगाड़ने में जिसका तगड़ा हाथ रहता है। लेकिन यह वर्ग राष्ट्रवाद के फेर में पड़ ही जाता है क्योंकि यह वर्ग देश को लेकर बहुत जज़्बाती होता है। हिन्दुत्व, राष्ट्रवाद, मोदी का ख़ुद का करिश्मा और मोदी की भ्रष्टाचार मुक्त छवि। इसमें आप चाहें तो इसमें कमज़ोर विपक्ष और नॉन सीरियस राहुल गांधी को भी जोड़ सकते हैं। जब तक इन चार-पाँच का साथ है तब तक चुनावों की कोई चिन्ता नहीं है। चाहे विधानसभा चुनाव हों या फिर लोकसभा चुनाव। एक आध विधानसभा चुनाव हार भी गये तो भी कोई फ़र्क़ नहीं पड़ता है। जहाँ-जहाँ कांग्रेस से मुक़ाबला है वहाँ वहाँ बीजेपी को आसानी होती है। लोकसभा चुनावों में बीजेपी का कांग्रेस के सामने स्ट्राइक रेट 92 फ़ीसद रहा था।

अब चुनाव चूँकि जीत रहे हैं तो इसे नोटबन्दी पर जनता की मुहर से आसानी से जोड़ा जा सकता है। आम आदमी अगर इतना ही नाराज़ होता तो वोट क्यों देता...

यह तर्क टीवी चैनलों की बहस से लेकर संसद की बहस में इतनी बार दोहरा दिया गया है कि लोगों ने अब इससे आगे सोचना ही बन्द कर दिया है। कुल मिलाकर जब चुनावी गणित इतना साफ़ हो, इतना पारदर्शी हो तो फिर प्रयोग करते रहने में हर्ज क्या है। आख़िर हर प्रयोग पूरी तरह असफल तो रहता नहीं है। कुछ तो लाभ मिलता ही है। जैसे पहले कहा कि नोटबन्दी से कालाबाज़ारी रुकेगी, काला धन वापस आयेगा। तीन चार लाख करोड़ काले धन वापस बैंकों में आयेगा ही नहीं और नये नोट छापकर जनता का कल्याण कर दिया जायेगा। लोग लाइन में लगने की तमाम तकलीफ़ें भूल जायेंगे और मोदी सरकार का गुणगान करेंगे। जब 99 फ़ीसद से ज़्यादा पैसा वापस आ गया तो सरकार ने पूरा नैरेटिव ही बदल डाला। कहा गया कि नोटबन्दी का मक़सद तो डिजिटल पेमेंट को बढ़ावा देने का था। देखो यह आँकड़े। हैरत की बात है कि जनता ने भी इस तर्क को मान लिया।

आम जनता से उस समय मैं बात करता था तो यही कहते थे कि मोदी जी की नीयत ठीक थी। हरियाणा के एक गाँव में गया तो वहाँ एक किसान ने कहा कि देखो जी हम तो ग़रीबी में पैदा हुए हैं और ग़रीबी में ही हमारा मरना तय है। इसमें इन्दिरा गांधी कुछ नहीं कर सकती थी, मोदी भी कुछ नहीं कर पायेंगे। हमारा भला तो होने वाला नहीं है लेकिन गाँव के पटवारी के यहाँ से रात को रोने की आवाज़ें आती हैं। उसने हम ग़रीबों को बहुत सताया और बहुत पैसा बनाया। अब उसका सारा काला धन मिट्टी हो गया है। उसकी हालत मेरी जैसी हो गयी है। तो रोज़ रात को जब वह रोता है तो मुझे बड़ी ख़ुशी होती है। मोदी जी ने यह काम ठीक किया। पटवारी को मेरे बराबर ला पटका। यह कहते हुए किसान में मुझे लस्सी पिलायी।

तो आम लोगों का यही कहना था कि मोदी जी ने अपनी तरफ़ से तो ठीक काम किया। यह तो बैंक वाले हैं जिन्होंने काला धन वालों का साथ दिया। इसमें मोदी जी की क्या ग़लती। अब किसी राज्य के किसी ज़िले के किसी गाँव की छोटी-सी बैंक शाखा में क्या घपला हो रहा है इसका पता मोदी जी कैसे लगा सकते हैं। यह कुछ ऐसे तर्क थे जिनका कोई जवाब मेरे पास भी नहीं रहता था। ऐसा ही कुछ कोरोना काल में हो रहा लगता है। लोग कहने लगे हैं कि मोदी जी ने तो लॉक डाउन लगाकर जीवन बचाने का प्रयास किया है। साथ ही आजीविका भी बचाने में लगे हैं। इतनी बड़ी महामारी है तो कुछ तो समय लगेगा ही।

अरे जब अमेरिका नहीं बचा, लन्दन नहीं बचा, यूरोप नहीं बचा, रूस नहीं बचा तो भारत की क्या बिसात। वहाँ तो आधुनिक अस्पताल हैं बड़े-बड़े, इलाज की

सारी सुविधाएँ हैं, लेटेस्ट मशीनें हैं लेकिन कोरोना से हमारे से ज़्यादा लोग वहाँ मर रहे हैं। भारत में तो अस्पताल हैं तो डॉक्टर नहीं है। डॉक्टर हैं तो सुविधाएँ नहीं हैं। सुविधाएँ हैं तो दवाइयाँ नहीं हैं। बात में दम तो है लेकिन कोई सवाल नहीं उठा रहा था कि लॉक डाउन के पिछले दस-बारह दिनों में भारत सरकार ने कितने पीपीई किट ख़रीदे ,एन-95 जैसा मास्क कितने गाँवों के डॉक्टरों तक पहुँच पाया, आपातकालीन परिस्थितियों के लिए कितने अस्थायी अस्पताल तैयार किये गये, ऑक्सीजन सिलेंडर की सप्लाई बनाये रखने की क्या कोशिशें कीं, विदेशों से कितने वैंटीलेटर ख़रीदने के टेंडर जारी किये गये। जब ताली थाली और मोमबत्ती से ही लोग ख़ुश हैं तो क्या फ़र्क़ पड़ता है। लेकिन फ़र्क़ तो पड़ता है। यह हम सब को पता है।

4 अप्रैल

भीलवाड़ा मॉडल

24 मार्च की रात दिल्ली से जयपुर आया था। डर था कि दिल्ली में अकेले रहते हुए कहीं कोरोना का शिकार न हो जाऊँ। राजस्थान ख़ासतौर से जयपुर और अजमेर से कोरोना पाजिटिव की ख़बरें आती तो वहम हो जाता कि कहीं यह शख़्स भी उस फ्लाइट में मौजूद नहीं था। कई दिनों तक काँपता रहा था। पुख़्ता ख़बर मिलती कि ऐसा नहीं था तो मन कुछ शान्त होता था। यही वजह थी कि जयपुर में अपने घर मे स्वयं चुने एकान्तवास की जीवन एकान्त में जी रहा था। आज 12 दिन बाद ख़ुद को आश्वस्त महसूस कर रहा था। बार-बार भीलवाड़ा मॉडल की चर्चा हर जगह हो रही थी। टीवी चैनलों पर ज़िक्र हो रहा था। अख़बारों में छप रहा था। मुख्यमन्त्री अशोक गहलोत ख़ुद प्रधानमन्त्री के साथ बैठकों से लेकर पत्रकारों के बीच चर्चा कर रहे थे। कोरोना के विशेषज्ञ भीलवाड़ा मॉडल देश भर में अपनाने पर ज़ोर दे रहे थे। मेरा बहुत मन कर रहा था कि भीलवाड़ा का चक्कर लगा कर आऊँ। वहाँ से ग्राउंड रिपोर्ट करूँ लेकिन घरवालों ने साफ़ मना कर दिया था। दफ़्तर का भी कहना था कि देख लो, कुछ ज़्यादा ही रिस्की हो जायेगा। भीलवाड़ा मॉडल पर मैंने जयपुर से ही रिपोर्ट चैनल के लिए तैयार की थी जो विजय फ़ैक्टर (मेरे नाम से मेरा ही कार्यक्रम) में दिखाई भी गयी थी। 'एबीपी अनकट' भी इस पर कर चुका था जिसे लाख से ज़्यादा हिट मिले थे।

भीलवाड़ा राजस्थान का ज़िला है दक्षिणी राजस्थान में पड़ता है। जयपुर से क़रीब 250 किलोमीटर दूर। भीलवाड़ा शहर मैनचेस्टर ऑफ़ द ईस्ट भी कहलाता है। यहाँ ढेरों कपड़ा मिलें हैं। क़रीब-क़रीब सभी मशहूर सूटिंग-शर्टिंग ब्रांड का

कपड़ा भीलवाड़ा में ही तैयार होता है। रेमंड से लेकर ग्वालियर सूटिंग तक। अब हुआ यह कि मार्च के दूसरे सप्ताह में एक निजी अस्पताल के डॉक्टर नियाज खान कोरोना पीड़ित निकले। देखते-ही-देखते उस अस्पताल के छह अन्य डॉक्टर भी पाजिटिव घोषित किये गये। पूरे अस्पताल में हड़कम्प मच गया। अस्पताल क्या पूरे ज़िले और आसपास के ज़िलों में हड़कम्प मच गया। मचना ही था क्योंकि कोरोना पीड़ित निकलने से पहले डॉ. नियाज बाकायदा अस्पताल आ रहे थे। मरीजों की इलाज कर रहे थे। साथी डॉक्टरों के साथ खाना खा रहे थे। पैरामेडिकल स्टाफ के साथ मिलकर मरीजों को देख रहे थे। कुल मिलाकर डॉ. नियाज सैकड़ों मरीजों को देख चुके थे। प्रशासन कुछ सोचता इससे पहले ही भीलवाड़ा में कोरोना पीड़ितों की संख्या 27 तक पहुँच गयी थी। (आज की तारीख़ में तो यह संख्या कुछ भी नहीं है लेकिन मार्च के दूसरे तीसरे हफ़्ते में यह संख्या दिल दहलाने के लिए काफी थी।

भीलवाड़ा मॉडल के बारे में बताने से पहले आपको बताते चलें कि आज की तारीख़ में भी भीलवाड़ा में कोरोना पाजिटिव की संख्या 27 ही है। 27 में से दो की मौत हो चुकी है। 15 ठीक होकर घर जा चुके हैं। बचे दस। इन दस में से भी सात निगेटिव पाये गये हैं और जनरल वार्ड में शिफ्ट किये जा चुके हैं। सवाल उठता है कि आख़िर ऐसा चमत्कार कैसे हुआ। डॉ. नियाजी समेत सात डॉक्टरों ने सैकड़ों मरीजों का इलाज किया था। अस्पताल का स्टाफ इनके सम्पर्क में आया था। घर लौट मरीज जाहिर है कि यार-दोस्तों, रिश्तेदारों और आम आदमी से मिले थे। लेकिन कोरोना पाजीटिव सिर्फ़ 27 ही निकले। यह राज ही दरअसल भीलवाड़ा मॉडल है।

आपको बताते चलें कि डॉ. नियाजी कुछ दिन पहले ही अरब देशों में से किसी एक देश से आये थे। कायदे से उन्हें ख़ुद को एकान्तवास में ले जाना था लेकिन पता नहीं किस आत्मविश्वास में मरीज़ देखने बैठ गये। बहुत सम्भव है कि उन्हें अपने भीतर कोई लक्षण नहीं लगा हो और उस समय कोरोना काल में उन्हें लगा हो बिना लक्षण के घर बैठने से ज़रूरी है अस्पताल जाकर मरीज़ों का इलाज करना। ख़ैर, ज़िला प्रशासन ने बीस मार्च को पूरे भीलवाड़ा ज़िले में धारा 144 लागू कर दी और कर्फ़्यू लगा दिया। 14 दिन तक यह कर्फ़्यू चला जो चार अप्रैल को ख़त्म हुआ और उसी दिन से दस दिनों के लिए महाकर्फ़्यू लगा दिया गया। कोरोना काल में महाकर्फ़्यू लगाने वाला भीलवाड़ा देश का पहला ज़िला रहा। ज़िले की सीमाएँ सील कर दी गयी। आसपास के ज़िलों के पुलिस अधीक्षकों से भी अनुरोध किया

गया कि वह अपने अपने ज़िले से लोगों को भीलवाड़ा ज़िले में घुसने से रोकें। इसके लिए बॉर्डर चेकपोस्ट भी बनाये गये। आम आदमी तो छोड़िए पत्रकारों तक को बड़ी मुश्किल से जाने दिया गया। कुल मिलाकर व्यवस्था इस तरह की थी कि न तो कोई आदमी भीलवाड़ा छोड़ कर बाहर जा सकता था और न ही कोई बाहर से भीलवाड़ा में घुस सकता था।

भीलवाड़ा की आबादी क़रीब 25 लाख है। प्रशासन ने सभी की स्क्रीनिंग का काम शुरू किया। 16 हज़ार स्वास्थ्यकर्मी इस काम में लगाये गये। आँगनबाड़ी महिला वर्करों का भी सहयोग लिया गया। अलग-अलग इलाक़ों के लिए तीस टीम बनायी गयी। हर टीम का एक लीडर रखा गया। अगले दस दिनों के अन्दर 18 लाख लोगों की स्क्रीनिंग का काम पूरा हुआ। लोगों से उनके लक्षण पूछे गये। खाँसी-जुकाम-सर्दी-बुख़ार। 18 लाख में से ऐसे 18 हज़ार लोगों की पहचान की गयी जिनमें लक्षण दिखाई दिये। लोग सहयोग करें इसके लिए स्थानीय बुज़ुर्गों के साथ-साथ पुलिस की मदद ली गयी। इधर स्क्रीनिंग का काम चल ही रहा था कि प्रशासन ने ज़िले के चार निजी अस्पतालों का अधिग्रहण कर लिया। इनके सौ बेड आइसोलेशन के लिए रखे गये। ज़िले के 27 होटल भी अधिग्रहित कर लिये गये। कुल मिलाकर इससे 1550 कमरे ज़िला प्रशासन को मिल गये। यहाँ कोरोना के मरीज एकान्तवास के लिए रखे जा सकते थे।

अब 18 हज़ार लोगों को तो अस्पताल या होटलों में रखा नहीं जा सकता था लिहाज़ा इनमें से 1215 को उनके घरों में ही एकान्तवास में रखा गया। यहाँ देखा गया कि कमरा अलग हो, घरवाले सहयोग करने वाले हों और सख़्त नियम क़ायदों को समझते हों। ऐसे लोग एकान्तवास भंग न करें इसके लिए स्थानीय कर्मचारियों की ड्यूटी लगायी गयी। यह लोग निगरानी रखते, पड़ोसियों से हाल चाल पूछते, अचानक चेकिंग करने घर में आ जाते ताकि एकान्तवास की पूरी तरह से पालना हो सके पाण्डवों के एकान्तवास की तरह। एक हज़ार के लगभग सन्दिग्धों को होटलों में शिफ़्ट किया गया। वहाँ उन्हें एकान्तवास में रखा गया। अब क़रीब 14 हज़ार लोग बच गये जिन्हें खाँसी-जुकाम के मामूली लक्षण थे। इनकी मॉनिटरिंग की गयी। दिन में दो बार आँगनबाड़ी कार्यकर्ता, हेल्थ वर्कर, आशाकर्मी या फिर दूसरा पैरामेडिकल स्टॉफ घर जाता। टेंपरेचर लेते, खाँसी की दवा ख़त्म होने पर दवा देते और जुकाम के बारे में पता लगाते कि नाक बह रही है या साधारण जुकाम है। इसकी रिपोर्ट ज़िला मुख्यालय को रोज़ भेजी जाती जहाँ कंट्रोल रूम बनाया

गया था। वहाँ 24 घण्टे सातों दिन ड्यूटी अफ़सर की मौजूदगी सुनिश्चित की गयी थी। सन्दिग्धों के मोहल्लों को ख़ासतौर से नगर पालिका की गाड़ियों की मदद से सैनिटाइज किया गया। एक तरह से पूरे शहर को सैनिटाइज किया गया। कई-कई बार। कर्फ्यू तोड़ कर लोग घरों से नहीं निकले इसके लिए अलग से व्यवस्था की गयी। सुबह शाम दूध अंडे ब्रेड चाय पत्ती आदि सामान की नगर पालिका की गाड़ियाँ मोहल्लों का चक्कर काटती। हर मोहल्ले में किराणा की दुकान चिह्नित की गयी जिस के लिए दुकान पूरे समय खोलना अनिवार्य किया गया। दिन में दो बार फल और सब्जियों की गाड़ी भी मोहल्लों में भेजी जाती। यहाँ तक व्यवस्था कुछ ऐसी की गयी कि मानो किसी को ख़ास सब्ज़ी या फल चाहिए तो वह कंट्रोल रूम फ़ोन कर देता और प्रशासन का एक आदमी सब्ज़ी या फल घर तक पहुँचा कर आता। जब लोगों की ज़रूरतें घर बैठ पूरी होने लगी तो वह भी प्रशासन का सहयोग करने लगे। घर से बाहर टहलने तक लिए निकलना बन्द कर दिया। उल्टे बच्चे या युवा निकलते तो अपनी तरफ़ से ही उन्हें टोकने लगे। ज़िला प्रशासन लोगों का दिल जीत रहा था और लोग ज़िला प्रशासन का दिल जीत रहे थे।

सवाल उठता है कि भीलवाड़ा मॉडल आख़िर इतना सफल क्यों रहा। प्रशासन ने देरी नहीं की। प्रशासन ने सख़्त क़दम उठाये। प्रशासन ने किसी को भी वीआईपी समझकर छूट नहीं दी। वैज्ञानिक आधार पर स्क्रीनिंग की गयी। कोरोना चेन की तुरन्त पहचान की गयी और उसे तोड़ा गया। टेस्टिंग का काम लगातार होता गया। दस दिन में 2708 सैम्पल लिये गये जो एक रिकॉर्ड ही था। सोशल डिस्टेंसिंग पर जोर दिया गया। आम जनता का खाने पीने की चीज़ों का पूरा ध्यान रखा गया। मोहल्लों को सैनिटाइज़ किया गया। समय पर निजी अस्पताल और होटल क़ब्ज़े में लिये गये। कुल मिलाकर जनता का दिल इस अन्दाज़ में जीता कि जनता ने आगे बढ़-चढ़ कर सहयोग दिया। स्क्रीनिंग करने वाले हिन्दुओं के मोहल्लों में गये, मुसलमानों की बस्तियों में गये, दलितों के यहाँ गये लेकिन किसी ने बदतमीज़ी नहीं की, किसी ने थूका नहीं, भगाया नहीं या उल्टे-सुल्टे जवाब नहीं दिये। यहाँ यह बताना इसलिए ज़रूरी है क्योंकि जयपुर के रामगंज मोहल्ले में आशाकर्मी जाती तो लोग दरवाज़ नहीं खोलते, औरतें कह देती कि अभी घर में कोई मर्द नहीं है, कुछ जगह नाम पूछने पर बन्द दरवाज़े के भीतर से कहते कि लिख लो नाम नरेन्द्र मोदी है।

सोच रहा हूँ कि पूरे देश में भीलवाड़ा मॉडल क्यों नहीं अपनाया जा रहा। अलबत्ता बाद में ख़बरें आयीं कि बाहर के बहुत से राज्यों ने भीलवाड़ा मॉडल

से सबक लेते हुए उसे अपने अपने शहरों में अपनाने की कोशिश की। मुम्बई के भिवंड़ी इलाक़े में ख़ासतौर से उसे अपनाया गया जिसके अच्छे नतीज़े भी निकले।

5 अप्रैल 2020

9 बजे 9 मिनट भाग दो

एक दो तीन चार, मोदी थारी जय जयकार।

रात के 9 बजते ही पड़ोस की छत पर दो लड़कों ने यह नारा उछाला। इसे दूसरी छत ने पकड़ लिया जहाँ दो भाइयों ने यही नारा उछाला। दोनों में से एक की पत्नी ने भी साथ दिया जो बीजेपी की टिकट पर वार्ड चुनाव हार चुकी थी। बाक़ी की छतें इस नारे से दूर ही रही लेकिन रोशनी सब जगह थी। घरों की लाइट बन्द थी। लोग बाल्कनी पर थे या छतों पर। बच्चों के हाथ में फुलझड़ियाँ भी मैंने देखीं। बड़े बुज़ुर्ग दीया थामे खड़े थे तो युवा पीढ़ी मोबाइल की लाइन ऑन किये खड़ी थी। मैं जितना देख पाया टॉर्च नहीं के बराबर दिखी। आजकल टॉर्च ख़रीदता ही कौन है मैंने ख़ुद से सवाल पूछा। मुझे याद नहीं कि हमारे घर में मैंने आख़िरी बार कब टॉर्च देखी थी। इसकी वजह है कि आजकल शहरों में नहीं के बराबर लाइट जाती है। जाती भी है तो मोबाइल की लाइट ही टॉर्च का काम कर देती है। यह उसी तरह है कि मोबाइल घड़ी का भी काम करने लगा है। मैंने कब कलाई घड़ी आख़िरी बार पहनी थी मुझे याद नहीं। मुझे लगा कि चलो मोदी जी के बहाने ही सही मुझे टॉर्च के बारे में नया अनुभव हुआ।

ख़ैर मैं निहार रहा था दूर-दूर छतों पर से उभरती तो कभी कम होती रोशनियों की लौ को। मैं भी छत पर था। सच कहूँ तो न तो मेरे हाथ में टॉर्च थी, न दीया था, न मोमबत्ती थी। मोबाइल ज़रूर था लेकिन चमक नहीं रहा था। मैं एक पत्रकार की हैसियत से छत पर था। लोगों का भावनाओं को देखने छत पर आया था। मुझे एक दो तीन चार के नारे के साथ-साथ बच्चों के शोर को समझना था। कोरोना ख़त्म हो इससे ज़्यादा लोगों में उत्सुकता थी कि तालाबन्दी कब ख़त्म होगी। कब वह धन्धे पर लगेंगे। मुझे यह सब देखना था और उसे फिर 'एबीपी अनकट' में उतारना था।

ख़ैर, जनता का जोश देखते ही बनता था। मिनी दीवाली जैसा माहौल था। लोगों ने पटाखे जलान, बम फोड़ने शुरू कर दिये थे। साफ़-सुथरा आसमान धुआँ-धुआँ हो रहा था। ताली -थाली वाले दिन भी लोगों ने ऐसी ही ग़लती की थी जब वह सड़कों पर उतर आये थे। आज पटाखे जलाकर फिर वैसी ही ग़लती कर रहे

थे। इतने दिनों से जो आसमान साफ़ था वह धूमिल हो रहा था। पेड़ों पर शान्ति से सोई चिड़िया जाग गयी थी। चीं-चीं करने लगी थीं। एक नहीं सैकड़ों चिड़िया। मुझे लगा कि रोशनी का मक़सद तो दो मिनट में ही पूरा हो गया होगा। बाक़ी के सात मिनट मक़सद पर सवालियाँ निशान लगा रहे थे। अगले दिन अख़बारों में पढ़ा कैसे देश भर में पावर ग्रिड के कर्मचारियों और अधिकारियों ने नौ मिनट धड़कते दिल से काटे थे। दरअसल उन्हें लग रहा था कि लोगों ने अगर लाइट के साथ टीवी, फ्रिज़, एसी सब बन्द कर दिया तो पावर ट्रिप़ कर सकती है। इससे नुकसान भी हो सकता है। नौ मिनट बाद एक झटके में सारे टीवी, फ्रिज़, एसी चलते तो फ्यूज उड़ने की आशंका बनी रहती। दरअसल बिजली के तारों में करंट एक निश्चित रेंज में रहना चाहिए। उससे ज़्यादा या कम होने पर ट्रिप की आशंका बनी रहती है। शुक्र है कि ऐसा कुछ हुआ नहीं। शान्ति से 9 मिनट भी बीत गये और लोग भी कुछ देर छतों पर टहलने के बाद नीचे उतर आये। सोशल मीडिया पर ज़रूर कुछ भक्त इस ज्वलन्त मुद्दे पर चर्चा कर रहे थे कि अब अगला टास्क मोदी जी क्या दे सकते हैं।

6 अप्रैल

दाढ़ी कटवायी तो सब्ज़ी बिकी

पत्नी सुबह कहने लगी कि हमेशा मुस्कराने वाली पड़ोसन-की-पड़ोसन कह रही है कि ठेले पर सब्ज़ी लेना रिस्की हो गया है। मैंने पूछा क्यों तो बताया गया कि ठेलेवाला हो सकता है कि मुस्लिम हो और दाढ़ी कटवा कर सब्ज़ी बेचने निकला हो। क्या बकवास है यह। मैंने मन-ही-मन कहा। मुझे लगा कि हो सकता है कि पड़ोसन की सब्ज़ी की दुकान नहीं चल रही हो इसलिए वह अफ़वाहें फैला रही है कि मोहल्ले के लोग उसी के यहाँ से सब्ज़ी ख़रीदे। आख़िर पड़ोसन का मोच निकालने वाला आरएसएस का पुराना स्वयंसेवक रहा है। पत्नी ने ग़ुस्से में कहा कि तुम तो हमेशा हर बात ख़बर के एंगल से सोचते हो। कोरोना काल में सब्ज़ी लेना अपने आप में ही एक ख़तरा है और उसे 24 घण्टे अलग रखने के बाद नमक के गुनगुने पानी से धोकर साफ़ कपड़े से पोंछना और फ्रिज़ में एक कोने में सफ़ेद थैलों में डालकर रखना अलग चुनौती है। तुम्हें तो पकी-पकाई सब्ज़ी मिल जाती है इसलिए तुम्हारा क्या जाता है। सुबह सुबह सब्ज़ी का हिन्दू-मुसलमान होना अच्छा नहीं लग रहा था लेकिन चुपचाप सुनता रहा।

आगे पता चला कि इमलीवाला फाटक के पास एक आदमी सब्ज़ी बेचता था। उस इलाक़े में एक कोरोना पॉजीटिव निकला तो भी लोगों ने सब्ज़ी ख़रीदना

बन्द नहीं किया क्योंकि सालों से सब्ज़ी ख़रीद रहे थे। लेकिन एक दिन अचानक ही लोगों ने सब्ज़ी ख़रीदना बन्द कर दिया। पड़ोसी गुप्ता जी सारा क़िस्सा बता रहे थे। उनका कहना था कि वह ख़ुद कई सालों से वह उसी सब्ज़ी वाले से सब्ज़ी ख़रीद रहे थे। सब्ज़ी के साथ मुफ़्त में धनिया और हरि मिर्च देने में कभी कंजूसी नहीं करता था। दाम भी वाजिब लगाता था। लेकिन गुप्ता जी को शाखा जाने वाले एक साथी ने बताया कि उन्हें सब्ज़ीवाले पर शक हुआ। उन्होंने तहक़ीक़ात करायी तो सब्ज़ीवाला मुस्लिम निकला। बात फैल गयी।

लोगों ने उसका बहिष्कार करना शुरू कर दिया। आसपास की कालोनियों के लोगों ने उसके यहाँ से सब्ज़ी ख़रीदना बन्द कर दिया। केवल किदवई कालोनी के लोग ही उसके पास आते, बतियाते और सब्ज़ी ख़रीदते। बाद में पता चला कि उस सब्ज़ीवाले ने वहाँ ठेला लगाना बन्द कर दिया और अब वहाँ जो सब्ज़ी का ठेला लगाता है उसने बड़ृ बड़ा लिखवा रखा है...'बजरंगी सब्ज़ीवाला'। मैंने गुप्ता जी से पूछा कि इसको भी चेक करवा लो कहीं कोई मुस्लिम बजरंगी बनकर तो सब्ज़ी नहीं बेच रहा। गुप्ता जी मुस्कराये और कहने लगे कि लोकल थाने से सब पता लगवा लिया। आधार कार्ड भी देख लिया। अब डरने की कोई बात नहीं है। मुझे हैरानी हुई। मैंने गुप्ता जी से पूछा कि वहाँ बग़ल में करीम कसाई की भी तो दुकान है वह तो किसी ने बन्द नहीं करायी। वहाँ तो किदवई कोलोनी के आलावा मधुबन कॉलोनी के लोग भी जाते हैं। इस पर गुप्ता जी ख़ामोश हो गये।

दोपहर एक दोस्त मिलने आया जिसे मैंने सारा क़िस्सा बताया तो उसने भी मिलती-जुलती अनोखी बात बतायी। मुझे बताया गया कि उसने अपना नया घर जिस कालोनी में बनाया था वहाँ कुछ घर ही बने हुए थे। आबादी ज़्यादा नहीं थी। एक ही किराणा की दुकान थी जिसके आगे अक्सर सुबह और शाम एक ही सब्ज़ी वाला आता था। नाम था बशीर। अब या तो एक दो किलोमीटर मेन बाज़ार में सब्ज़ी ख़रीदने जाओ या बशीर मियाँ के ठेले पर। वहाँ सब्ज़ी के साथ-साथ मौसमी फल भी मिल जाते थे। दोस्त ऑफ़िस से लौटते हुए अक्सर कार में बैठ-बैठे ही बशीर मियाँ से सब्ज़ी फल वग़ैरह ख़रीद लिया करता था। कालोनी में चार पाँच सात बने घर के लोग भी ऐसा ही करते थे। ख़ुद नहीं जा पाते तो बच्चों को भेज देते थे।

तालाबन्दी होने के कुछ दिन बाद दोस्त ने देखा कि शबीर के ठेले पर सब्ज़ी क़रीब-क़रीब ग़ायब है। आलू-प्याज को छोड़कर। फलों में भी केला, सेब जैसे फल नहीं है। अनार और सन्तरा ही है। दोस्त गाड़ी से उतरा बशीर मियाँ का हालचाल पूछा तो वह रोने लगा। कहने लगा कि जो लोग पिछले एक साल से उसके यहाँ से

सब्ज़ी ख़रीद रहे थे उन्होंने अचानक सब्ज़ी फल ख़रीदना बन्द कर दिया है। आलू प्याज इसलिए ख़रीद लेते हैं क्योंकि वहाँ तो छिलका निकालना ही पड़ता है। इसी तरह सन्तरा और अनार भी। बशीर मियाँ कहने लगे कि सब कुछ दाढ़ी की वजह से हो रहा है।

एक साल तक वह सब्ज़ीवाला था। लोग पूरा भरोसा करते थे। बच्चों को भी भेज देते तो कभी तौल में सौ ग्राम की भी गड़बड़ी नहीं की लेकिन अब अचानक ही बशीर सब्ज़ीवाला हो गया है जिस पर भरोसा नहीं किया जा सकता, जो कोरोना फैलाने आया है, जो जानबूझकर आया है, जिसे तब्लीगी ज़मात ने भेजा है, एक साज़िश के तहत भेजा है। दोस्त के पास कोई जवाब नहीं था। फल लेकिन घर गया और पत्नी को पता चला कि बशीर मियाँ के यहाँ से फल आये हैं तो बाहर लॉन में ही रखवा दिये। कहा कि नमक के पानी से काम नहीं चलेगा। थोड़ा सर्फ़ डालकर फल धोने पड़ेंगे। दोस्त ने अगले दिन बशीर मियाँ को राय दी कि उसे दाढ़ा कटवा लेनी चाहिए। तब भी सब्ज़ी नहीं बिकी तो कोई अनजान मोहल्ला तलाश लेना चाहिए जहाँ कोई उसे बशीर के नाम से जानता नहीं हो (कुछ दिनों बाद बशीर सब्ज़ीवाले को दोस्त ने वहाँ नहीं देखा। अभी तक नहीं देखा है)।

यह सब इसलिए भी हो रहा था क्योंकि चैनलों से लेकर अख़बारों में तब्लीगी जमात के कारण कोरोना फैलने की ख़बरें छायी हुई थीं। यहाँ तक भारत सरकार की रोज होने वाली कोरोना पत्रकार वार्ता में भी आँकड़े दिये जाते कि कोरोना पॉजीटिव इतने निकले और फिर अलग बताया जाता क़ि तब्लीग ज़मात के कोरोना पॉजीटिव इतने निकले। पाँच अप्रैल को आईसीएमआर के अधिकारी बता रहे थे कि पहले 5.2 दिन में कोरोना मरीज दुगुने हो रहे थे लेकिन जब से तब्लीग जमात के मामले सामने आये हैं तब से 4.2 दिन में ही केस दुगुने होने शुरू हो गये हैं। सीधे-सीधे आँकड़ा बताया जा रहा था कि कुल तीन हज़ार मामलों में से एक तिहाई तब्लीग जमात के हैं। साफ़ तौर पर कोरोना के लिए केन्द्र सरकार तब्लीग जमातों को दोषी ठहरा रही थी। लेकिन राज्य सरकारें भी पीछे नहीं थीं। दिल्ली में सेकुलर अरविन्द केजरीवाल सरकार हो या राजस्थान में धर्मनिरपेक्ष अशोक गहलोत सरकार...हेल्थ बुलेटिन जारी होता तो उसमें बाकायदा लिखा होता कि पिछले 24 घण्टे में राज्य में कोरोना के इतने नये केस सामने आये और इनमें से तब्लीग जमात के केस इतने थे।

एक लोकल चैनल के रिपोर्टर से बात हो रही थी। उसे मैंने यह क़िस्से सुनाये तो कहने लगा कि उसके टोंक के रिपोर्टर ने कल ख़बर डाली कि टोंक में पहला

हिन्दू कोरोना पॉजीटिव निकला है। इसे वह तब्लीग जमात से जोड़ कर अपनी ख़बर बेचने में लगा था। आपको बताने की ज़रूरत नहीं कि टोंक में मुसलमानों की तादाद ज़्यादा है। ऐसी ही कहानी जयपुर के रामगंज इलाक़े की थी। यहाँ एक सज्जन अरब देश से लौटे थे। एयरपोर्ट पर अपनी पहचान छुपाकर सीधे घर चले आये थे। अगले कुछ दिनों तक दोस्त की मोटरसाइकिल उधार ले दोस्तों रिश्तेदारों से मिलते रहे। पाँचवे दिन कोरोना पॉजीटिव हो गये। लेकिन साथ में मोटरसाइकिल वाले दोस्त को भी पॉजीटिव कर गये। घर के तमाम लोग पॉजीटिव हो गये।

पिछले पाँच दिनों में डेढ़ सौ से ज़्यादा लोगों को अकेले उस शख़्स ने कोरोना पॉजीटिव बनाया। लेकिन वह शख़्स तब्लीग जमात का नहीं था। दूसरा, अगर मुसलमान की जगह हिन्दू होता और कोरोना को लेकर इस हद तक लापरवाही बरतता, गैर ज़िम्मेदार तरीक़े से पेश आता तो इसी तरह सुपर स्प्रेडर बन जाता। लेकिन चूँकि मुस्लिम था और जयपुर में सिर्फ़ मुस्लिम बहुल रामगंज इलाक़े से दो तिहाई नये .केस रोज़ आ रहे थे लिहाज़ा आम शहरी की नज़र में यह सब तब्लीग जमात के चक्कर में हो रहा था। अफ़वाहें फैलती कि कर्फ़्यू को तोड़ कर मुस्लिमों के लड़के मोटरसाइकिलों पर निकल पड़ते हैं और हिन्दुओं के मोहल्ले में थूकते हैं। अफ़वाहें फैलाने वालों में मेरे नज़दीकी दोस्त भी शामिल थे जिनमें से एक का कहना था कि उसने तो ख़ुद अपनी आँखों से देखा है और ऐसे लड़को को पुलिस का डर दिखाकर भगाया भी है। दोस्त ने कहा तो कुछ-कुछ मैं भी यकीन करने लगा था।

वैसे कुछ तो ग़लती मुस्लिमों की थी भी। जयपुर में आशाकर्मी मुस्लिम मोहल्लों में जाँच के लिए जाती तो उनके साथ बदतमीज़ी होती। एक महिला पर तो एक मुस्लिम युवक ने ब्लेड से वार भी किया था। लोग दरवाज़े नहीं खोलते, अपना नाम नरेन्द्र मोदी बता देते। (भीलवाड़ा मॉडल वाले अध्याय में मैंने ज़िक्र किया है।) कहीं अफ़वाह फैला दी जाती कि नाम पता तो एनआरसी (नेशनल रजिस्टर ऑफ़ सिटीजन) के लिए पूछ रहे हैं, जानबूझकर मुस्लिम इलाक़ों को ही निशाने पर लिया जा रहा है। दरअसल पुराना जयपुर शहर जिसे परकोटा भी कहा जाता है वहाँ 22 मार्च से ही कर्फ़्यू लगा था। दुनिया का सबसे बड़ा क़ीमती पत्थरों का मार्केट जौहरी बाज़ार भी इसी इलाक़े में पड़ता है। लोग घरों में बन्द होकर बोर होने लगे थे, दुकानें बन्द थी तो धन्धा नहीं हो रहा था, सब्ज़ी फल किराणा का सामान खरीदने में दिक़्क़तें आ रही थीं। उधर यहीं के मुस्लिम इलाक़े हॉट स्पाट बने हुए

थे। ऊपर से चैनलों से लेकर अख़बारों में तब्लीग जमात से अटी ख़बरें। आम हिन्दू आम मुस्लिम को कोरोना कॅरियर के रूप में देखने लगा था। उन्हें लगता था कि रामगंज इलाक़े में कोरोना क़ाबू में आये तो कर्फ्यू खुले और धन्धे पर जायें। चार पैसों की कमाई हो। ऐसे में सारा ग़ुस्सा मुसलमानों पर निकलता और सारी अफ़वाहों को बिल्कुल सच मान लिया जाता। सरकार ने भी अपनी तरफ़ से इस भ्राँति को दूर करने के लिए अतिरिक्त प्रयास नहीं किये। उल्टे कुछ दिनों तक सरकार के आँकड़ों में भी तब्लीग जमात के अलग से आँकड़ों को शामिल किया जाता रहा था सरकारी प्रेस विज्ञप्ति में।

हालत यह है कि मैंने जयपुर से एक स्टोरी की थी कि रामगंज क्यों नहीं भीलवाड़ा बन पा रहा। तो दफ़्तर से एक प्रोड्यूशर ने पूछा कि क्या हम जयपुर के रामगंज को दिल्ली का निजामुद्दीन बता सकते हैं। इससे लोगों को स्टोरी आसानी से समझ में आ जायेगी और स्टोरी को टीआरपी भी ठीक मिलने की सम्भावना बढ़ जायेगी। मैंने हँस कर कहा...प्यार-को-प्यार ही रहने दो प्यारे, कोई नाम न दो।

7 अप्रैल

कोरोना काल के बाद दुनिया सँवरेगी या बिगेड़गी

कोरोना काल तो अभी शुरू ही हुआ है। जाने कब ख़त्म होगा। जानकार कह रहे हैं कि कम-से-कम एक साल तो टीका बनाने में लगेगा। बहुत हुआ तो साल के अन्त तक टीका बाज़ार में आ जायेगा। लेकिन दुनिया की सात अरब आबादी को टीका लगाने में ही एक साल से ज़्यादा का समय लग जायेगा। कुछ के अनुसार तीन से चार साल लगेंगे फिर भी पूरी दुनिया को टीका नहीं लग पायेगा। आप सोच रहे होंगे कि इतनी निराशाजनक बातों के बीच मैं अचानक से टीका तक कैसे पहुँच गया। दरअसल हमारे यहाँ ऐसे समझदार लोगों की कमी नहीं है जो आगे का सोचते हैं। बहुत आगे का सोचते हैं। ऐसे ही कुछ लेख मैं इन दिनों पढ़ रहा था। मुझे लगा कि इस पर कुछ लिखना चाहिए।

कोरोना काल के बाद कैसी होगी दुनिया। सब कह रहे हैं कि दुनिया बदल जायेगी। यह तो सब को पता है कि दुनिया बदल जायेगी। सवाल उठता है कि दुनिया सँवर जायेगी या दुनिया बिगड़ जायेगी। राष्ट्रीय स्तर पर अलगाववाद बढ़ेगा या दुनिया एकजुट हो जायेगी। ज़्यादा खुल जायेगी दुनिया या संरक्षणवाद पर ज़ोर होगा। सरकारें निरंकुश हो जायेंगी या नागरिकों को और ज़्यादा सशक्त किया

जायेगा। आर्टिफिशियल सर्विलांस के बहाने सरकार लोगों के बेडरूम तक पहुँच जायेगी और महामारी पर नज़र रखने के बहाने नागरिकों की प्राइवेसी पर डाका डालेगी। संयुक्त राष्ट्र संघ का दावा है कि कोरोना के कारण बीस करोड़ से ज़्यादा लोग बहुत ज़्यादा ग़रीब हो जायेंगे। ग़रीबी रेखा की सीमा से नीचे जायेंगे। भारत में दो करोड़ लोग बीपीएल में शामिल हो जायेंगे।

कुछ जानकारों का कहना है कि जहाँ जहाँ निरंकुश सरकारें हैं वहाँ-वहाँ लोगों की तकलीफ़ें और ज़्यादा बढ़ी हैं। आशंका व्यक्त की जा रही है कि कोरोना के बाद तानाशाहों की संख्या में इजाफ़ा होगा। जहाँ जहाँ लोकतन्त्र है वहाँ-वहाँ भी सरकारें लोकतान्त्रिक मूल्यों की हत्या करने की कोशिश करेंगी। राज्यों की भूमिका और ज़्यादा घट जायेगी। सरकारें अपनी मर्ज़ी से सख़्त और इकतरफ़ा फ़ैसले लेना शुरू कर देंगी। इस कारण भी ग़रीबों की संख्या में इज़ाफा होने की आशंका व्यक्त की जा रही है।

इस्राइल के लेखक युवाल नोआ हरारी का कहना है कि सरकारों को महामारी के कारण नागरिकों के घर में घुसने का उनकी जासूसी करने का, उनकी तमाम गोपनीय जानकारी हासिल करने का मौक़ा मिल गया हैं।

युवाल हिब्रू विश्वविद्यालय में इतिहास पढ़ाते हैं। वह एक ख़तरनाक तस्वीर पेश करते हैं। वह कहते हैं कि सरकार एक बायोमीट्रिक ब्रेसलेट पहनना अनिवार्य कर देगी। ऐसा कोरोना जैसी महामारी पर नज़र रखने के नाम पर किया जायेगा। इस ब्रेसलेट के जरिये सरकार आपकी निगरानी कर सकेगी। सरकार कहेगी वह तो आपका टैम्परेचर नाप रही है। आपके दिल की धड़कनों को गिन रही है। आपकी नब्ज़ का ख़याल रख रही है। यह सारा काम जाहिर है कि नागरिकों की भलाई के लिए हो रहा होगा। सरकार अन्दाज़ लगा सकेगी कि आप बीमार तो नहीं है, आप किसी बीमारी की चपेट में तो आने वाले नहीं है, आप पर कोई वायरस हमला करने की फ़िराक़ में तो नहीं है। आप कहेंगे कि इसमें ग़लत क्या है। इससे संक्रमण को रोका जा सकेगा।

लेकिन इसके साथ सरकार यह भी जान पायेगी कि कहाँ गये, किस-किस से मिले और क्या-क्या काम किया। इसके अलावा सरकार जान पायेगी कि आप की भावनाएँ क्या हैं, आप टीवी पर कौन सा कार्यक्रम देखना ज़्यादा पसन्द करते हैं, आप टीवी पर किस नेता के आने और भाषण देने पर टीवी देखना बन्द कर देते हैं या पूरा भाषण सुनते हैं, आप रिएक्ट कैसे करते हैं, किसी सरकारी घोषणा पर आपका रवैया क्या रहता है आदि-आदि यानी सरकार को आसानी से अन्दाज़ा हो जायेगा

कि इस बार के चुनावों में आप उसको दोबारा चुनने जा रहे हैं या नहीं, अगर नहीं तो किसको वोट देने का इरादा रखते हैं यह बात भी सरकार को पता चल जायेगी। लेखक का कहना है कि एक तरह से आप की हर हरकत सरकार की नज़र में रहेगी और आप एक तरह से आज़ाद होते हुए भी ग़ुलाम हो जायेंगे।

लेखक आगे कहते हैं कि आप कहेंगे कि यह सब तो कोरोना का टीका लगने के साथ ही ख़त्म हो जायेगा। लेकिन ऐसा हो ज़रूरी नहीं है। एक बार सरकार के हाथ में इतना बड़ा हथियार लग जायेगा तो वह भला क्यों इसे छोड़ना चाहेगी। 1948 में इस्राइल ने आपातकाल की घोषणा की थी। इसके तहत प्रेस पर सेंसरशिप लगायी गयी, पुडिंग बनाने के लिए लोगों की ज़मीनें ज़ब्त की गयीं। (पुडिंग की बात मज़ाक़ नहीं है)। 1948 की जगह अब 2020 आ गया है लेकिन इस्राइल ने आजतक अधिकृत रूप से कभी घोषणा नहीं की है कि आपातकाल ख़त्म हो गया है। काग़ज़ों में यह अभी भी जारी है। उस समय के अस्थायी क़दम अभी भी लागू हैं। अलबत्ता 2011 में ज़रूर पुडिंग बनाने के लिए ज़मीन छीनने का क़ानून ख़त्म कर दिया गया था। ऐसा ही कुछ इस समय भी हो सकता है। कोरोना काल के बाद भी सरकार कह सकती है कि बायोमीट्रिक ब्रेसलेट पहनना अनिवार्य होगा क्योंकि कोरोना लौट कर आ सकता है, भयावह रूप में सामने आ सकता है, रूप बदल कर सामने आ सकता है या सरकार कह सकती है चूँकि अफ्रीका में इबोला है या बांग्लादेश में कोई अन्य वायरस है तो एहतियात के लिए ब्रेसलेट पहनना ज़रूरी है। कुल मिलाकर हमारी निजता पर पहले ही सरकार अतिक्रमण करती रही है और इतना बड़ा मौक़ा मिलने पर वह उसे हाथ से कैसे जाने दे सकती है।

नोम चोम्सकी कहते है कि एक दिन कोरोना ख़त्म हो जायेगा लेकिन दुनिया या तो बहुत ज़्यादा उदार हो जायेगी या फिर बहुत ज़्यादा निरंकुश हो जायेगी। उनके अनुसार अगर दुनिया निरंकुश हुई तो परमाणु युद्ध का ख़तरा बढ़ जायेगा। तार्किक ढंग से इस ख़तरे से निपटना आसान नहीं होगा। लोग सोचने को मजबूर होंगे कि आख़िर हम कैसी दुनिया में रह रहे हैं। नोम चोम्सकी भी युआल की तरह मानते हैं कि बेहद निरंकुश सत्ता की स्थापना होगी। समाज का अतिवादी पुनर्निर्माण होगा जिसमे और ज़्यादा मानवीय शर्तें शामिल होंगी। हालाँकि नोम चोमस्की यह भी कहते हैं कि हो सकता है कि लोग आपस में जुड़ाव महसूस करें, मिलकर काम करने की आदत डालें, सब मिलकर दुनिया को और ज़्यादा बेहतर बनायें। अगर ऐसा हुआ तो दुनिया की ढेर सारी समस्याओं का समाधान हो सकेगा। वह आगे लिखते हैं कि सामाजिक आर्थिक अर्थव्यवस्था को बदलना पड़ेगा। चोमस्की कहते हैं कि

हम सामाजिक पृथक्करण के दौर में सालों से हैं और यह बेहद नुकसान देह है। हम वास्तव में अब सामाजिक तौर पर अलग-थलग पड़ने की स्थिति में है। हमें इससे निपटने के लिए फिर से सामाजिक सम्बन्ध बनाने होंगे। चोम्सकी लिखते हैं कि तापमान नापना, सैनिटाइज़र साथ रखना, मास्क पहनना, दस्तानों को पर्स में रखना, दूरी बनाकर चलना, गले नहीं मिलना, हाथ मिलाने से कतराना यह सब सामान्य बात हो जायेगी। यह सब जीवन का अंग हो जायेगा। सार्वजनिक जगह पर मिलने से लोग कतरायेंगे। यह सिलसिला कोरोना ख़त्म होने के बाद भी कुछ समय तक जारी रहेगा। लोग भीड़ से डरेंगे। परिवार के साथ रहना ज़्यादा पसन्द करेंगे।

शशि थरुर का लिखा पढ़ रहा था। वह लिखते हैं कि अब ख़ुद की सेहत की जगह नया स्लोगन सामने आयेगा। आपका स्वास्थ्य मेरी चिन्ता है, मेरी फ़िक्र है। अब आप स्वस्थ है इतने भर से काम नहीं चलेगा अब आपको यह भी देखना पड़ेगा कि आपको पड़ोसी भी ठीक है। अगर पड़ोसी ठीक है, चंगा-भला है तो आप भी चंगे भले हैं। उनका मानना है कि कोरोना के नाम पर सरकारें नागरिकों पर बन्दिशें लगाने का काम करेंगी। नागरिकों को पूरा खाका सरकार के पास होगा। कहाँ गये, क्या किया, क्या खाया-पिया, किससे मिले, कितनी देर मिले, क्या बात की, विदेश कब गये, वहाँ क्या किया आदि जानकारी सरकार को मिल जायेगी। यहाँ शशि थरुर अमेरिका का उदाहरण देते हैं कि कैसे वहाँ 9–11 के बाद पगड़ीधारी निशाने पर आये, मुसलमानों को शक की नज़र से देखा जाने लगा। अब कोरोना के बाद एशियाई मूल के लोग निशाने पर होंगे, लोग शक करेंगे कि कहीं यह वायरस लेकर तो नहीं घूम रहे हैं।

8 अप्रैल

हाईवे के हमसफ़र

दिल्ली दफ़्तर से फ़ोन आया था कि हाईवे स्पेशल करना है। चार रिपोर्टर अलग-अलग हाईवे पर निकलेंगे और जायज़ा लेंगे। टोल बूथ की रोज़ाना की आय कितनी घटी है। ढाबे क्या खुले हैं। दुकानदारों का क्या हाल है, ख़ाली सड़कों के कारण ट्रक कितनी जल्दी मंज़िल पर पहुँच रहे हैं आदि-आदि जो दिखे उस पर ट्रावलॉग स्टाइल में एक रिपोर्ट कर दो। बढ़िया-सी (पिछले चौदह दिनों से घर पर था। मेरा एकान्तवास एक तरह से पूरा हो गया था। डॉक्टरों ने भी हरी झण्डी दिखा दी थी। पत्नी को नौकरी जाने का डर दिखाया तो वह भी तैयार हो गयी कि मैं स्टोरी करने घर से निकल सकता हूँ)।

मैंने जयपुर से अजमेर जाने का इरादा किया। गुलाबी नगरी से ख़्वाजा साहब की नगरी तक। सुबह सात बजे हमें हाईवे पर थे। छह लेन का यह हाईवे है। नेशनल हाईवे नम्बर आठ। भारत के सबसे ज़्यादा बिजी हाईवे में से एक। रोज़ लाखों की संख्या में वाहन इस पर से गुजरते हैं। 1428 किलोमीटर लम्बा। दिल्ली को मुम्बई से जोड़ने वाला। यह भी कहा जा सकता है कि कश्मीर जम्मू पंजाब हरियाणा से मुम्बई और गुजरात के कांडला बन्दरगाह तक जाने वाले ट्रक भी इसी हाईवे का इस्तेमाल करते हैं। जिन लोगों को उदयपुर अहमदाबाद मुम्बई जाना होता है वह किशनगढ़ से कट लेते हैं। पहले भीलवाड़ा आता है फिर चित्तौड़, आगे उदयपुर आदि। किशनगढ़ से दूसरा रास्ता अजमेर ब्यावर पाली सिरोही होते हुए गुजरात के कांडला बन्दरगाह तक जाता है। इसी तरह ब्यावर के आगे बर से एक रास्ता कटता है जो जोधपुर, जैसलमेर, बाड़मेर की तरफ़ जाता है। इसी से पता चलता है कि यह कितना व्यस्त हाईवे है। छह लेन का हाईवे मेरे सामने देखते-देखते बना है। पहले दो लेन का ही हुआ करता था। कभी-कभी तो घण्टों ट्रैफिक जाम रहा करता था। सड़क दुर्घटनाएँ बहुत होती थीं।

ख़ैर, जयपुर से निकले और अगले दस मिनट में हम बगरू में थे। यहाँ टोल टैक्स बूथ था। क़रीब-क़रीब सूना पड़ा था। वहाँ काम करने वाले एक कर्मचारी ने बताया कि वसूली रुपये में बीस पैसे ही रह गयी है। मैंने कहा कि चलो इसी बहाने कुछ दिन प्रदूषण से तो बचोगे जो ट्रकों का दिन रात रैला लगे रहने के कारण बूथ पर होता था। इस पर वह शख़्स सीरियस हो गया। कहने लगा कि ट्रक चलेंगे तो रोज़गार मिलेगा। रोज़गार मिलेगा तो ज़िन्दगी चलेगी। प्रदूषण से बच भी गये तो क्या कोरोना जल्दी नहीं गया तो भूख से क्या नहीं मरेंगे। वह कैमरे पर मुझसे बात कर रहा था कि उसका एक साथी भी आ गया। उसने भी हामी भरी। कहने लगा कि वह ख़ुद बिहार से है और यहाँ से जब मज़दूर पैदल बिहार जाते निकलते हैं तो कलेजा फट जाता है। कहने लगा कि इन दिनों पानी की बोतलें भर कर रखता हूँ। पैदल जाते मज़दूरों की और तो कुछ सेवा कर नहीं सकता। मेरी स्टोरी की शुरुआत शानदार बाइट से हुई थी। कायदे से मुझे ख़ुश होना चाहिए था लेकिन मन भारी हो गया था।

हम बगरु में थे। जिस तरह जयपुर के पास सांगानेर क़स्बे का सांगानेरी प्रिंट पूरी दुनिया में प्रसिद्ध है (लंहगे स्कर्ट, तकिये का कवर, डबल बैड की चादरें और लहरिया) आगे बढ़े और दुदू पहुँचे। रास्ते में दोनों तरफ़ कुछ चाय की दुकानें खुली मिलीं या ट्रक के टायर बेचने वालों की। बाक़ी सब कुछ बन्द। यादव भोजनालय बन्द। स्पेशल पंजाबी ढाबा बन्द। वैष्णव गुजराती ढाबा बन्द। आगे किशनगढ़ के

पास मैंने गाड़ी रुकवाई। सड़क के बीच में कोस मीनार थी। अकबर के समय की कहा जाता है कि मुगल बादशाह अकबर के यहाँ पुत्र हुआ तो उन्होंने दिल्ली से फतेहपुर सीकरी के साथ-साथ दिल्ली से अजमेर तक की भी पैदल यात्रा की थी। ख़्वाजा साहब की दरगाह पर सज़दा करने आये थे। तब रास्ते में जगह-जगह कोस मीनारें बनायी गयी थी। कुछ तो वक़्त के साथ खँडहर हो गयी लेकिन यह बची रह गयी। जब छह लेन का हाईवे बन रहा था तब राजस्थान में कांग्रेस की सरकार थी। बीना कॉक कला संस्कृति मन्त्री हुआ करती थी। उनके पास कुछ इतिहासकार, पत्रकार से लेकर स्वयंसेवी संगठन के लोग गये थे और बीना कॉक ने भरोसा दिलाया था कि कोस मीनार बची रहेगी। मैं उस समय 'आज तक' चैनल में था और तब मैंने इस पर स्टोरी भी की थी। वैसे तब किसी हिन्दू संगठन ने इसका विरोध नहीं किया था कि क्यों एक मुगल बादशाह की तरफ़ से बनवायी गयी कोस मीनार बचायी जानी चाहिए।

आज अगर ऐसा होता तो चैनलों पर सबसे गरम बहस से लेकर सबसे सॉलिड बहस हो रही होती। पूरा भारत पूछ रहा होता। लगता है कि चैनलों में सम्पादक नाम की संस्था ही ख़त्म हो गयी है। वैसे अख़बारों का हाल भी बहुत अच्छा नहीं है। ख़ैर, कोस मीनार का इतिहास कैमरे पर उतारने के बाद हम सफ़र पर आगे बढ़े तो एक दो ढाबे खुले दिखाई दिये। एक जगह दो ड्राइवर अपने खलासियों के साथ खाना खा रहे थे। एक जोधपुर से ताज़ा सब्ज़ी लेकर दिल्ली जा रहा था तो दूसरा जैसलमेर के पत्थर अमृतसर ले जा रहा था। दोनों कहने लगे कि जिस सफ़र में 12-14 घण्टे लगते थे वह सात-आठ घण्टों में पूरा हो रहा है। मैंने कहा कि ख़ाली सड़क पर गाड़ी चलाने का आनन्द कैसा है। इस पर नादिर नाम के एक ट्रक ड्राइवर ने शायराना अन्दाज़ में कहा कि ऐसे सफ़र का क्या मज़ा जिसमें कोई हमसफ़र न हो। अगल बगल से ट्रक कार वग़ैरह निकलते रहते हैं तो अच्छा लगता है। मन लगा रहता है। अब क्या ख़ाली सड़कों पर गाड़ी दौड़ाना। मैंने हल्का-सा मज़ाक किया कि सड़क पर हमसफ़र की जगह ट्रक में बग़ल की सीट पर हमसफ़र हो तो सफ़र का मज़ा दुगुना तिगुना हो जाता है। आगे मैंने जोड़ा कि वैसे भी खलासी के रूप में हमसफ़र तो है न। इस पर दोनों हँस दिये थे। इंटरव्यू ख़त्म होने के बाद नादिर ने बताया कि वह बीए पास है। शायरी का शौक़ रखता है। पिता जी को अचानक लकवा नहीं मारा होता और घर की सारी ज़िम्मेदारी उसके मत्थे नहीं आती तो वह कहीं उर्दू शायरी पढ़ा रहा होता।

ढाबे से सटी विक्रम की पंचर ठीक करने की दुकान थी। दुखी था। कहने लगा कि पहले दस बीस गाड़ियों का पंचर रोज़ निकालता था। गुज़ारा चल जाता था। अब तो दो चार ट्रक ही रोज़ आते हैं। घर में अन्न का संकट है लेकिन राशन की दुकान पर गेहूँ चावल नहीं मिलता क्योंकि वह ग़रीबी की सीमा रेखा के नीचे यानी बीपीएल की श्रेणी में नहीं आता। ढाबे वाले का कहना था कि रोज़ की कमाई कभी हज़ारों में थी लेकिन अब कुछ सौ रुपये का ही धन्धा हो पाता है। आगे एक ढाबे वाला तो पैक्ड खाना दे रहा था। बैठने का झंझट नहीं, उसके बाद झूठे बरतन धोने का संकट नहीं। चार रोटी, दाल, कुछ सलाद और थोड़े चावल। यह आइडिया मुझे ज़्यादा पसन्द आया था। हालाँकि ढाबा मालिक ने आगे जोड़ा कि किसान बैठकर ही खाना खाना पसन्द करते हैं।

ढाबे से आगे निकले और किशनगढ़ पहुँचे। यह एशिया की सबसे बड़ी संगमरमर की मंडी कहलाती है। राजस्थान के अलग-अलग हिस्सों की खानों से निकाल मार्बल यहाँ बिकने के लिए आता है। वियतनाम से लेकर इटली तक का संगमरमर यहाँ मिल जाता है। मकराना की खानों का संगमरमर भी यहाँ आता है जिससे ताजमहल बना था। यहाँ से दर्जनों बार गुजरा हूँ। हर बार गाड़ी की शीशा ऊँचा करना पडता था। चारों तरफ़ संगमरमर की धूल, ट्रकों का धुआँ और ट्रैफिक जाम। लेकिन यह क्या आसमान बिल्कुल साफ़। कहीं एक कण भी नहीं। रास्ता पूरी तरह ख़ाली। दोनों तरफ़ संगमरमर-ही-संगमरमर लेकिन कहीं एक आदमी तक नहीं। चारों तरफ़ पथरीला सन्नाटा। यहाँ तक कि संगमरमर के छोटे-छोटे ताजमहल और अन्य फैंसी आइटम बेचने वालों की दुकानों पर भी ताले। मज़दूर या तो गाँव निकल गये हैं या फिर ठाले बैठे हैं।

कोने में उदास खड़ा मिला कान्हा राम। ट्रक चलाता है। कहने लगा कि पहले शायद ही कोई दिन ऐसा जाता था कि वह संगमरमर भरा ट्रक लेकर जयपुर, दिल्ली, पंजाब, यूपी यहाँ तक कि बिहार, पश्चिम बंगाल न जाये लेकिन पिछले बीस दिनों से ट्रक यूँ ही खड़ा है। उसकी तरह उदास। ट्रक मालिक ने वेतन भी बन्द कर दिया है। उधार लेकर काम चल रहा है। बहुत तलाशने पर इक्का-दुक्का मज़दूर मिले जिनका भी यही रोना था। एक दो संगमरमर व्यापारियों से फ़ोन पर बात हुई तो कहने लगे कि जब ख़रीदार ही नहीं आ रहा तो साइट पर आकर क्या करेंगे इसलिए घर बैठे हैं। ऑन लाइन ख़रीद पर ज़ोर दिया जा रहा है। ग्राहक को लैपटॉप के जरिये माल दिखा देते हैं। बात बन गयी तो ठीक नहीं तो जयराम जी की। राज्य सरकार को करोड़ों

के राजस्व की हानि हो रही है। एशिया की सबसे बड़ी संगमरमर की मंडी का हाल बता रहा था कि तालाबन्दी से भले ही जीवन बच रहा हो लेकिन आजीविका ख़त्म हो गयी है। व्यापारी कह रहे थे कि तालाबन्दी ख़त्म होने के बाद भी एक दो महीने तो ग्राहक यहाँ आने से हिचकेंगे ही। इसलिए भी ऑन लाइन ख़रीद पर ज़ोर दिया जा रहा है। ख़ासतौर से उन पुराने ग्राहकों या यहाँ से संगमरमर ले जाकर अपने यहाँ बेचने वालों को जो पहले उनके यहाँ से माल उठा चुके हैं।

सफ़र के अन्तिम पड़ाव में हम अजमेर थे। ख़्वाजा साहब की नगरी। यहाँ कहा जाता है कि इरादे रोज़ बनते हैं मगर टल जाते हैं, अजमेर वही आते हैं जिन्हें ख्वाजा ख़ुद बुलाते हैं। ऐसे समय में ख्वाजा साहब ने बुलाया था जब दरगाह ही बन्द थी। आसपास का इलाक़ा भी कर्फ्यू के प्रभाव में था। हमारे आग्रह करने पर पुलिस वालों ने बैरिकेडिंग हटायी और दरगाह तक जाने दिया गया। आसपास की सारी दुकानें बन्द थीं। फूलों की, खाने पीने की, इबादत के काम आने वाली सामग्री की, चादर जो चढ़ायी जाती थी। यहाँ भी दर्ज़नों बार आया हूँ। देर शाम दरगाह में बैठ कर सूफियाना कव्वालियों का भक्तिमय आनन्द लिया है। लेकिन इस बार तो दिल्ली गेट ही बन्द मिला। हमने वहीं से सज़दा किया और लौट चले। रास्ते में एक रास्ता भीलवाड़ा की तरफ़ कट रहा था। साइन बोर्ड लगा था भीलवाड़ा का। मैंने उस रास्ते की तरफ़ देखकर भी चुपचाप सज़दा किया। गाड़ी अब जयपुर की तरफ़ लौट रही थी।